★

1946-1950

国共生死决战全纪录

刘立波◎著

血拼兰州

图书在版编目（CIP）数据

血拼兰州 / 刘立波著. －北京：长城出版社，2011.4
(国共生死决战全纪录丛书)
ISBN 978－7－5483－0078－6
Ⅰ. ①血… Ⅱ. ①刘… Ⅲ. ①兰州战役（1949）－史料 Ⅳ. ① E297.4

中国版本图书馆 CIP 数据核字（2011）第 070584 号

责任编辑 / 徐　华　箫　笛

血拼兰州

著　　者 / 刘立波
图　　片 / 解放军画报社授权出版　gettyimages 授权出版
　　　　　资深档案专家王铭石先生供稿
出　　版 / 长城出版社
地　　址 / 北京甘家口三里河路 40 号
邮　　编 / 100037
电　　话 / (010) 66817982　66817587
开　　本 / 720 × 1000mm　1/16
字　　数 / 260 千字
印　　张 / 19.5 印张
印　　刷 / 北京龙跃印务有限公司
版　　次 / 2011 年 4 月第 1 版
印　　次 / 2014 年 3 月第 2 次印刷

标准书号 / ISBN 978－7－5483－0078－6/E · 1009
定　　价 / 49.80 元

解读国共生死大较量的历史
重温先辈们激情燃烧的岁月

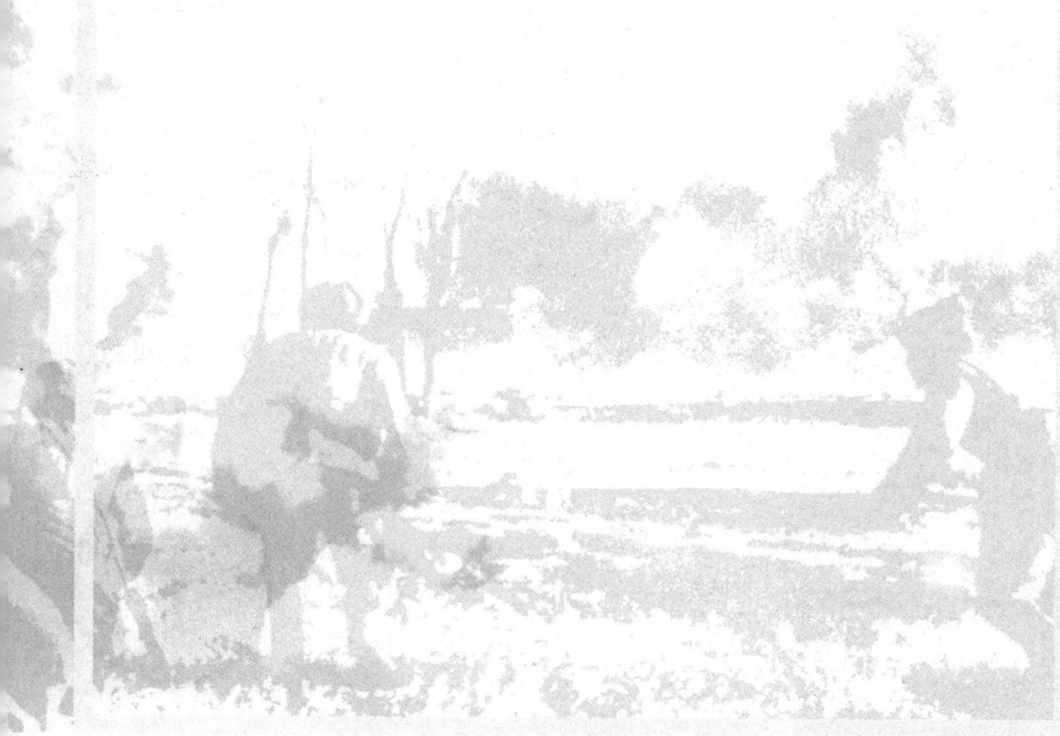

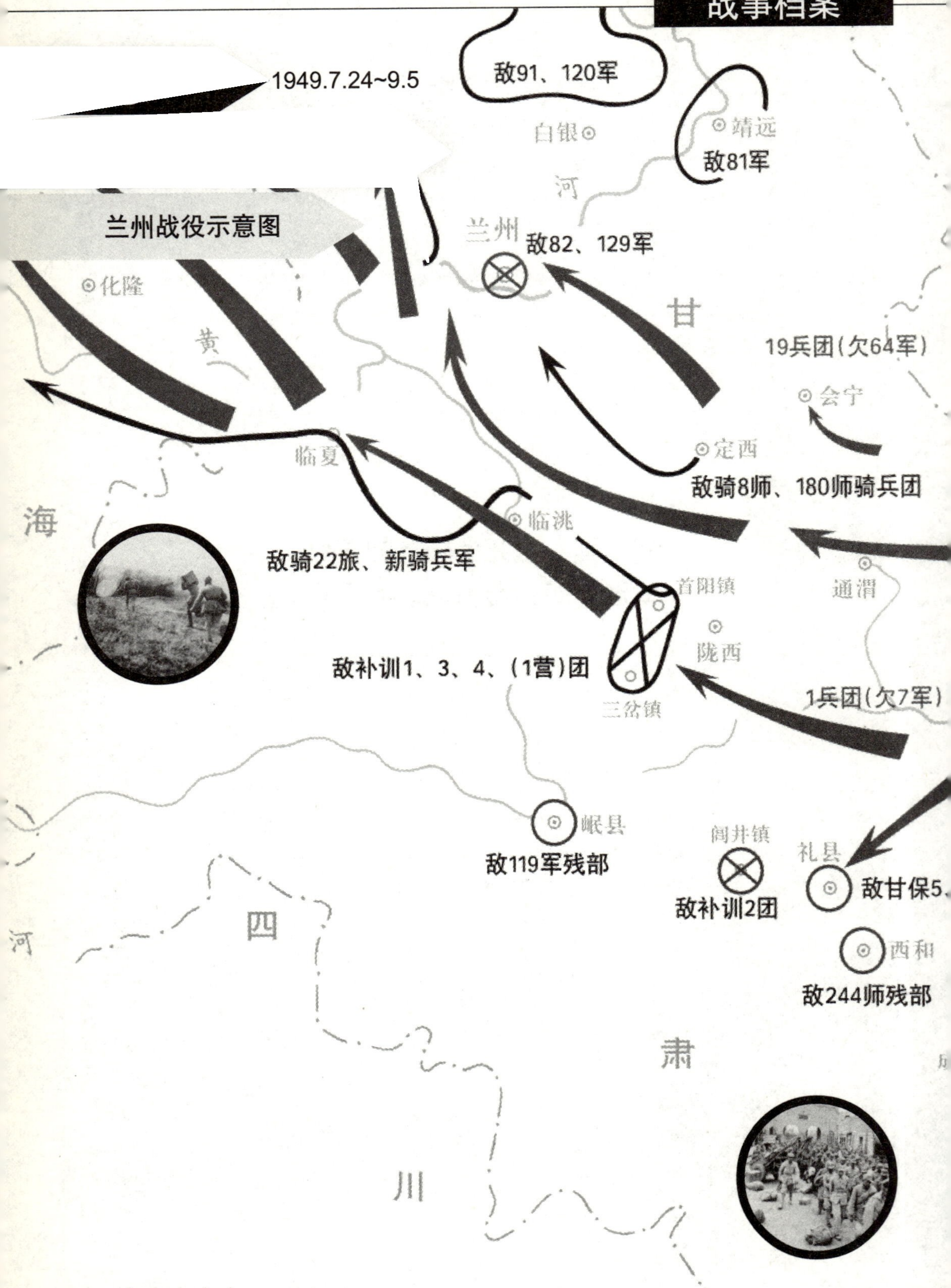
1949.7.24~9.5
兰州战役示意图
敌91、120军
白银
靖远
敌81军
河
兰州
敌82、129军
化隆
黄
甘
19兵团(欠64军)
会宁
定西
敌骑8师、180师骑兵团
临夏
临洮
海
敌骑22旅、新骑兵军
首阳镇
通渭
陇西
敌补训1、3、4、(1营)团
三岔镇
1兵团(欠7军)
岷县
敌119军残部
闾井镇
礼县
敌甘保5、
敌补训2团
西和
敌244师残部
四
河
肃
川

② 作战时间

1949年8月12日~26日

③ 作战地点

甘肃兰州地区

④ 敌我双方参战兵力

我军：

一野第2兵团第3、第4、第6军，第19兵团第63、第65军，第18兵团第62军。

敌军：

国民党军第82军（辖第100师、第248师和第190师）、第129军及2个旅、3个保安团等共约5万余人据守城区；第9军、第120军和宁马第81军共3万余人保障兰州左翼安全；新编骑兵军保障兰州右翼安全。

⑤ 作战结果及意义

国民党军第82军、第129军除一部脱逃外，大部被歼。我军共歼敌2.7万余人。我军伤亡9,376人。此役是西北解放战争史上规模最大、战斗最激烈的一次决战、也是一次大规模的城市攻坚战。它推翻了马步芳家族数十年的封建统治，使西北敌军主力丧失大半。

第一野战军司令员兼政治委员彭德怀，副司令员张宗逊，第2兵团司令员许光达、政治委员王世泰，19兵团司令员杨得志、政治委员李志民。

★彭德怀

湖南湘潭人。1916年入湘军。1922年考入湖南陆军军官讲武堂，毕业后在湘军任营长、团长，参加了北伐战争。土地革命战争时期，任中国工农红军第5军军长，红三军团总指挥及军团前委书记，中革军委副主席，东方军司令员，陕甘支队司令员，红一方面军司令员，红军前敌总指挥等职。抗日战争时期，任八路军副总指挥。1940年指挥百团大战。解放战争时期，任中央军委副主席、总参谋长，解放军副总司令，第一野战军司令员兼政治委员。1955年被授予元帅军衔。

★张宗逊

陕北渭南人。黄埔军校五期毕业。参加过北伐战争和湘赣边界秋收起义。土地革命战争时期，历任红4军3纵队9支队支队长，红一军团第12军代参谋长，红12军第36师师长、军长，红五军团第14师师长，红军中央纵队参谋长，红四方面军第4军参谋长，红军大学参谋长，军委一局局长。参加了长征。解放战争时期，任晋绥军区第1纵队司令员，西北野战军、第一野战军副司令员。1955年被授予上将军衔。

★许光达

时任第一野战军第2兵团司令员。1955年被授予大将军衔。

★王世泰

时任第一野战军第2兵团政治委员。

★杨得志

时任第一野战军第19兵团司令员。1955年被授予上将军衔。

★李志民

时任第一野战军第19兵团政治委员。1955年被授予上将军衔。

第一野战军副司令员赵寿山，参谋长阎揆要，第3军军长黄新廷，第4军军长张达志，第6军军长罗元发，第63军军长郑维山，第65军军长邱蔚。

★赵寿山

陕西鄠县人。(今户县人)。早年从军于冯玉祥部，任参谋、教官。1924年起在西北军杨虎城部任军事教官、营长、团长。1929年任国民革命军第十七路军17师51旅旅长兼汉中“绥靖”司令。1936年“西安事变”时，兼任西安公安局局长。事变后任17师师长。抗战时期，任国民革命军第38军军长，第3集团军总司令。1942年秘密加入中国共产党。1948年2月，任解放军西北野战军第二副司令员，第一野战军副司令员。

★阎揆要

陕西佳县人。黄埔军校第一期毕业。曾在西北军杨虎城部队任警卫团副团长、团长。抗日战争时期，历任八路军总司令部科长、参谋处处长、军政处处长，冀鲁豫军区参谋长。解放战争时期，任军委一局局长，陕甘宁晋绥联防军副司令员兼参谋长，西北野战军第4纵队副司令员兼参谋长，西北野战军参谋长，第一野战军参谋长。1955年被授予中将军衔。

★黄新廷

时任第一野战军第3军军长。1955年被授予中将军衔。

★张达志

时任第一野战军第4军军长。1955年被授予中将军衔。

★罗元发

时任第一野战军第6军军长。1955年被授予中将军衔。

★郑维山

时任第一野战军第63军军长。1955年被授予中将军衔。

★邱 蔚

时任第一野战军第65军军长。1955年被授予少将军衔。

国民党西北军政长官公署长官马步芳、副长官兼参谋长刘任，兰州决战指挥部总指挥马继援。

★马步芳

甘肃临夏人。国民党西北军政长官，陆军上将。行伍出身。马步芳14岁即入军营，学得一身兵痞作风。1928年后历任第26师第77旅副旅长、旅长、第八路军第9军暂编第1师师长、青海南部边区警备司令、陆军新编第2军军长等职。抗日战争时期，历任第82军军长、青海省政府主席、第40集团军总司令。解放战争爆发后，历任青海省保安处处长、西北军政副长官、代理西北军政长官。1937年曾野蛮屠杀西路军将士1万多人。

★刘 任

河北盐山人。国民党陆军中将。陆军大学毕业。历任国民党中央军校南宁分校教育长；抗战开始后，任第188师师长，步兵学校西北分校主任；抗战胜利后，任军事委员会西北行辕参谋长，西北军政长官公署副长官兼参谋长，华中军政长官公署副长官等。1949年去台湾。

★马继援

甘肃临夏人。马步芳之子。国民党陆军中将。1936年任国民党青海南部边区警备司令部参谋长，骑兵第5军及82军军官训练团第3大队大队长。1937年任第82军骑兵第3旅旅长。1941年后任第82军副军长，整编第82师师长，第82军军长，等职。1949年7月升任西北军政公署副长官，国民党兰州决战指挥部总指挥。1949年9月出逃台湾。

目 录

如果说，把中国20世纪上半叶国共两党的战争比作一盘棋的话，蒋介石和毛泽东就是对弈的棋手。在他们的博弈中，毛泽东妙着连连，手手皆活。这盘棋下到了1949年初，已是大局铁定，到了“收官”和“紧气”的阶段了，毛泽东已胜券在握。中共中央七届二中全会期间，毛泽东下定太原战役一结束，就投入西北作战的决心。

1932年，马步芳派马忠义团镇压果洛贡麻部的反抗，马元海部一天之内就割了男女牧民80颗人头，对反抗头领或残杀，或砸断踝骨关入监狱。

1942年，马家军在查朗滩将男女60人包围，12天不给吃喝，活活将其饿死，并将12名僧侣当作活靶子乱枪打死，又将10名留长发的牧民用布裹头，浇入滚沸酥油，像点天灯一样活活烧死。

扶眉战役大获全胜，胡宗南元气大失，已无战略主动，退守汉中。“二马”决定平凉会战。文广村决定“钳胡打马”。二马心口不一，“平凉决战”计划流产。固关之战第一炮打断马家军旅长的胳膊，消灭青马骑兵第14旅。青马官兵走一路，为解放军义务宣传一路。固关、任山河之战胜利，分割青、宁二马，使其不能相顾。

第四章 危如累卵兰州城 / 92

在短短的一个月内，马步芳就逮捕共产党员和革命群众300多人，制造了灭绝人性的“沙沟惨案”。

马步芳叫嚣：“宁可错杀一千，不让走脱一人！”

除了白色恐怖，血腥统治之外，马步芳还大肆搜刮民财，造成兰州一片混乱，经济萧条。

第五章 侦察性攻击 / 112

三路大军乘胜追击，8月19日完成对兰州的三面包围。敌吹嘘兰州“是攻不破的铁城”。马家军拼血本死守兰州，彭德怀决心“杀鸡用牛刀”，在我军一阵地未攻克情况下，野司下达战术要点，把大炮推上山，逐个确定摧毁目标，但因我军10师28团战士麻痹大意，阵地被敌偷袭。马家军小胜，马继援上沈家岭视察，命令：“活着你们要守住阵地，死了也要为真主争光！”

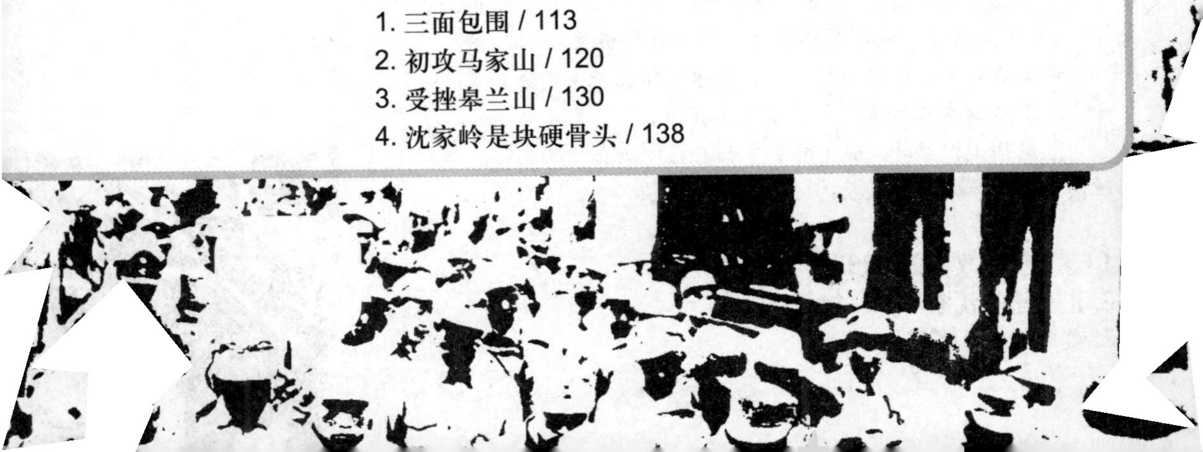

目 录

第九章 卡住黄河大铁桥 / 236

“敌人失去了沈家岭、狗娃山主阵地，说明已全线崩溃。现在关键是卡住黄河铁桥，把敌人堵在城里‘包饺子’！千万别让敌人跑了！”副团长命令3营急速奔向黄河铁桥。

12勇士突如其来的攻击解了桥头之危。彭德怀司令员亲切地和这12位勇士握了手，并把兰州各界人民献的鲜花，送了一束给他们。

在围歼残匪的战斗中，广大指战员们发挥了积极性，仅有的遗憾是战斗中没有全歼敌人。

第十章 “兰州人民翻身了！” / 258

彭德怀站在望河楼上，指着黄河上不时漂过的马家军的尸体说：“革命的力量，人民的力量是不可战胜的。马步芳虽然猖狂一时，但他终究逃脱不掉灭亡的下场！”野司破天荒犒劳大家到饭馆吃饭。彭德怀说：“这次会餐有两个意思，一是庆祝兰州解放，二是欢迎18兵团和19兵团。”“天摇了，地动了，兰州人民翻身了！”兰州城大街小巷贴满了红绿标语，欢庆的人们载歌载舞。

第十一章 胜利，献给共和国的厚礼 / 282

兰州战役胜利之后，马步芳、马继援望风而逃，飞赴重庆，1兵团不费一枪一弹解放西宁；青马残兵败将聚众投降，青马家族封建军事集团彻底覆灭；溃逃河西的国民党军残部3万余人在酒泉起义。

马鸿逵父子且战且退，一飞了之；马鸿宾父子被策动起义，宁马军事集团土崩瓦解，银川、宁夏全境解放。

第一章

彭德怀受命经略大西北

∧ 1947 年转战陕北时的毛泽东。

如果说，把中国20世纪上半叶国共两党的战争比作一盘棋的话，蒋介石和毛泽东就是对弈的棋手。
在他们的博弈中，毛泽东妙着连连，手手皆活。这盘棋下到了1949年初，已是大局铁定，到了“收官”和“紧气”的阶段了，毛泽东已胜券在握。
中共中央七届二中全会期间，毛泽东下定太原战役一结束，就投入西北作战的决心。

1. 大势已定

1949年，是决定中国命运的一年。

经过解放战争前三年的作战，国民党军队的精锐几乎丢光，正面临着全面崩溃，连美国政府也不得不承认国民党政府在军事上的失败已成定局。蒋介石无奈之下，在美国的支持和策划下，又玩起了“和平”把戏，企图以和谈为幌子，加强长江防御，凭据长江天险阻挡人民解放军南渡，达到“划江而治”，以争取时日，重整军力，伺机反扑。1949年元旦，蒋介石发表了要求和谈的《新年文告》，随即下野“引退”，李宗仁在南京任“代总统”。

也是在这个元旦，毛泽东为新华社写了1949年新年献词，题目是《将革命进行到底》，表达了中国共产党要将革命进行到底的坚定不移的决心。文章开头就是“中国人民将要在伟大的解放战争中获得最后胜利，这一点，现在甚至我们的敌人也不怀疑了”。“中国人民决不怜惜蛇一样的恶人”，“已经有了充分经验的中国人民及其总参谋部中国共产党，一定会像粉碎敌人的军事进攻一样，粉碎敌人的政治阴谋，把伟大的人民解放战争进行到底”。

其实，毛泽东早就胜利在望。他是辩证法大师，能从常人不经意之中看到历史大势的走向，作出英明的判断，并率领他的团队为之进行卓有成效的奋斗。在这种奋斗中，他极善于出其不意，攻其不备，极善于把思想和精神的力量变成物质的力量。同时，他还是一个出色的艺术大师，非常善于把自己的政治主张艺术地表达出来。一个最出色的例子就表现在《三大纪律八项注意》这首歌曲上。这首歌，是他在创立红军时就定下来的，在抗战时期、解放战争时期，以至于在解放后每当党内斗争到了严重关头时，他都要反复强调，有时还亲自指挥自己的老部下们唱这支歌，可见这支歌在他心中的分量。仔细一想，就会发现，他把人民军队最重要的东西都巧妙地放在了这首歌中，他认为每个军人都能也必须做到这些。他把军队的三大任务集中了一下，把打仗集中为一切行动听指挥，把群众工作集中为不拿人民一针一线，把经济集中为一切缴获要归公；而八项注意

妙高臺
中正題

> 时任陕甘宁晋绥联防军政治委员的习仲勋。

习仲勋

陕西富平人。土地革命战争时期，任陕甘边游击队总指挥部政治委员、中央陕甘边特委军委书记、陕甘边革命委员会主席、中共陕甘边苏维埃政府主席等职。抗日战争时期，任中共关中地委书记、中共绥德地委书记、绥德警备区政治委员、中共中央组织部副部长等职。解放战争时期，任中共西北局书记、陕甘宁晋绥联防军政治部委员、西北野战军副政治委员、中共中央西北局书记兼西北军区政治委员等职。

则是具体任务和政策，说话和气是反对军阀主义，买卖公平是工商业政策，不搜俘虏腰包是俘虏政策等等。而一般人却仅仅以为这首歌只是上级的一个简单规定和纪律问题。

眼亮的人早就看出来了。在重庆谈判期间，毛泽东应友人之请，将自己的诗词《沁园春·雪》拿出去，发表后在国统区引起轰动。词写得大气磅礴，意气风发，通篇充溢着从容和自信。有人从中看出了其中的帝王气象，说给蒋介石听，蒋心有不甘，也想写一首诗词来与之一比高低，他找了一些文人墨客，费尽心机，也没有弄出什么名堂，只好作罢。

正是凭着这种从容和自信，在蒋介石对解放区发动全面进攻的时候，在胡宗南以10倍于己的兵力进攻延安时，毛泽东一反常人思维，决定放弃延安，但不离开陕北。在胡宗南、马步芳和马鸿逵从三面以25万大军围剿他时，他带着几百人的首脑机关，只用4个半连的警卫兵力，从容而自信地游走于陕北的穷乡僻壤之中。最危险的时候，一日数惊，和敌人只隔一道山梁，人喊马叫声都能听得见；最艰苦的时候，他和大家冒雨行军一天一夜，连一口热水也喝不上。即使这样，他依然是从容、乐观和自信的。现在我们只能从有限的记录影片和照片中一睹他和他那支队伍的风采了。我们看到他身穿粗布衣，手持一根木杖，和大家一起行走于千山万壑，有时也骑马，有时也坐汽车，但那是极少的。他走到哪里，就住在哪里，就在那里办公、开会，指挥全国各个战区作战。周恩来曾风趣地说过：在世界上最小的指挥所里，毛主席指挥了世界上最大的战争。我看到过他们在陕北靖边县小河村开会的一些照片，会场在农家的院子里，在搭起的草棚下，一张粗木桌，几条木凳，毛泽东、周恩来、任弼时、陆定一、彭德怀、习仲勋、张宗逊、王震、贺龙、陈赓等人，大家都随意而

< 1949年1月21日，蒋介石宣告“引退”后回到家乡奉化溪口镇。这是他与前行政院长孙科（右一）等人在溪口合影。

坐，从穿着到神态，也都从容而自信，气定神凝，毫无做作之感，没有排场，没有等级森严的座次。对此，贺龙曾笑着说，我们那里开会起码在房子里，毛主席开会在外面，到底哪个艰苦，回去要好好宣传一下。小河村会议是一个重大的战略转折点，它又一次证明毛泽东的英明，从方向路线到政策策略都完全正确。小河村会议后，毛泽东的路是越走越亮堂，越走越宽广了。

和毛泽东相反，蒋介石的日子是越来越不好过了。1946年6月下旬，蒋介石连假面具也不要了，干脆撕毁和平协定，悍然发动了全面内战。蒋介石不能容忍一山二虎的局面。在他看来，日本投降了，在美国政府的帮助下，他可以用军事上绝对优势的力量，一举消灭共产党和他的军队。他把解决共产党中央首脑的重任，交给了自己的嫡系兼爱将胡宗南，让他联合西北的马步芳和马鸿逵，以10倍于对手的兵力去进攻陕甘宁，直取中共首脑驻地延安，这是蒋介石下的一步狠棋。和这步狠棋相对应的倒是毛泽东的大度，你要延安嘛，给你就是。毛泽东主动让出一座空城，毛泽东要的是更多的城，要的是全国的胜利。

蒋介石最初扬言要三个月解决共产党；后来又改口说，要几个月；再到后来，他只好又改口了，说事情才刚开始。战事与蒋介石的愿望相反。共产党和他的军队并没有像蒋介石希望的那样，不是越打越少，越打越小；反而越打越大，越打越多了。他自己的军队倒是越打越小，越打越少了。仅开打一年，初步盘点了一下，就发现丢掉了正规军97个半旅，连同非正规军共112万人，被毙、被俘的将官200多人。全面进攻只好作罢，而把进攻重点放在了山东和陕北，他还是想消灭中共首脑于陕北，或是把他们赶过黄河，进而歼灭之。不想毛泽东又出奇招，派刘邓大军挺进中原，此举不仅减

> 时任西北军区司令员的贺龙。

贺　龙

湖南桑植人。土地革命战争时期，任中国工农红军第4军军长，中共湘鄂西前敌委员会书记，红二军团总指挥，红3军军长，红二、六军团总指挥，红二方面军总指挥。抗日战争时期，任八路军120师师长，冀中军政委员会书记，晋西北军区司令员，陕甘宁晋绥联防军司令员。解放战争时期，任晋绥军区司令员，陕甘宁晋绥联防军司令员，西北军区司令员，中共中央西北局第二书记等职。

轻了山东和陕北的压力，又直逼他的南京、武汉等心腹之地。蒋介石本想把战争一直放在解放区打，以消耗解放区的人力、物力，加之经济封锁，最后赢得胜利。但毛泽东根本不上他的当，他命令各解放区的野战军全面出击，把战争打到外线去，打到国统区去，无后方作战，一切从前线夺取，以战养战，使蒋介石的计划彻底落空。紧接着毛泽东又是好棋连连，通过辽沈、淮海、平津三大战役，提掉了蒋介石举足轻重的几个大片棋子——总计150多万精兵。更要命的是，蒋的军队越打越没士气，越打越不团结，越打越不互相信任，也越打越离心离德，国民党元老派李济深、冯玉祥等和他分道扬镳；高级将领投降起义接连不断，连傅作义这样的人都接受了人民军队的改编……

蒋介石军事上一败涂地，政治上的日子更不好过。蒋管区的通货恶性膨胀，物价飞涨，民族工商业不断破产，人民生活更加贫困；城市里反饥饿、反内战、反迫害风起云涌；农村的抗丁、抗粮、抗税的斗争愈演愈烈。“蒋家王朝“像坐在火山口上一样不得安生。蒋介石颁布的“戡乱总动员令”，在毛泽东看来，是帮了共产党的大忙，解决了一个大问题，就是让全国人民看清了到底是谁要和平，谁要战争——蒋介石又输了。毛泽东说，这时的蒋介石是众叛亲离：众叛，是全国人民反对他；亲离，是他的内部派系林立，面和心不和，连美国人也对他不满了。中共中央《中国土地法大纲》的发布和施行，又让毛泽东一下子把占中国人口最大多数的农民抓到了手里，连国统区的老百姓都盼着能早一天见到解放军，早一天解放他们，早一天分到土地。这一步，蒋介石又是一个大输家。

2. 第一野战军亮相

为了适应全国范围大规模作战的需要，中央军委于1948年11月1日颁布了《关于统一全军组织及部队番号顺序的规定》；1949年1月15日又发出了《关于各野

∨ 1947 年，毛泽东在转战陕北途中休息。

< 张宗逊，1955 年被授予上将军衔。

张宗逊

陕西渭南人。土地革命战争时期，任红12军第36师师长、军长，红五军团第14师师长，红军大学校兼政治委员长，红军中央纵队参谋长，红三军团第4师师长，红四方面军第4军参谋长，红军大学参谋长，军委一局局长等职。抗日战争时期，任八路军120师358旅旅长，吕梁军区司令员兼政治委员。解放战争时期，任晋绥军区第1纵队司令员，西北野战军、第一野战军副司令员。

战军按番号顺序排列》的指示。遵照中央军委的指示，西北野战军从1949年2月1日起改称中国人民解放军第一野战军，彭德怀任司令员兼政治委员，张宗逊、赵寿山任副司令员，阎揆要任参谋长，甘泗淇任政治部主任，王政柱、李夫克任副参谋长，张德生任政治部副主任，刘景范任后勤司令员，方仲如任后勤副司令员。第一野战军下辖第1军、第2军、第3军、第4军、第6军、第7军、第8军。每军下辖3个师，每个师辖3个团。各军编有直属炮兵团、工兵团及警卫分队。同时，中央和军委也明确了一野所肩负的解放大西北的重任。

第一野战军正式成立亮相，彭大将军挂帅，帐前战将云集，兵强马壮。

> 甘泗淇，1955 年被授予上将军衔。

甘泗淇

湖南宁乡人。土地革命战争时期，任中共湘赣省委宣传部部长，湘赣军区政治委员，湘赣省苏维埃政府财政部部长，红六军团政治部主任，红二方面军政治部主任等职。抗日战争时期，任八路军 120 师政治部主任，陕甘宁晋绥联防军政治部主任，晋绥军区政治部副主任等职。解放战争时期，任晋绥野战军政治部主任，西北野战军政治部主任，第一野战军政治部主任等职。

第 1 军军长贺炳炎，政治委员廖汉生，参谋长陈外欧。下辖第 1 师（原 358 旅改编），师长黄新廷，政治委员余秋里；第 2 师（原独立第 1 旅改编），师长王尚荣，政治委员颜金生；第 3 师（原独立第 7 旅改编），师长傅传作，政治委员曹光琳。该军由原第 1 纵队改编。

第 2 军军长王震兼政治委员，郭鹏、顿星云任副军长，王恩茂任副政治委员，张希钦任参谋长。下辖第 4 师（原独立第 4 旅改编），师长杨秀山兼政治委员；第 5 师（原 359 旅改编），师长徐国贤，政治委员李铨；第 6 师（原独立第 6 旅改编），师长张仲瀚，政治委员曾涤。该军由原第 2 纵队改编。

第 3 军军长许光达，政治委员朱辉照，朱明任副政治委员，李文清任参谋长，邓家泰任副参谋长，江勇为任政治部副主任。下辖第 7 师（原独立第 2 旅改编），师长唐金龙，政治委员梁仁芥；第 8 师（原独立第3旅改编），师长杨嘉瑞，政治委员孟昭亮；第9师（原独立第 5 旅改编），师长朱声达，政治委员王赤军。该军由原第 3 纵队改编。

第 4 军军长王世泰，张仲良任政治委员，孙超群任副军长，张文舟任参谋长，刘护平任政治部副主任。下辖第 10 师（原警备第 1 旅改编），师长高锦纯，政治委员左爱；第 11 师（原警备第 3 旅改编），师长郭炳坤，政治委员高维嵩；第 12 师（原警备第 4 旅和骑兵第 6 师合编），师长郭宝珊，政治委员李宗贵。该军由原第 4 纵队改编。

第 6 军军长罗元发，政治委员徐立清，副军长张贤约，参谋长唐子奇，副参谋长陈海涵。下辖第 16 师（原教导旅改编），师长吴宗先，政治委员关盛志；第 17 师（原新编第 4 旅改编），师长程悦长，政治委员黄振棠。该军由原第 6 纵队改编。

第7军军长彭绍辉，政治委员冼恒汉，黄忠学任政治部主任。下辖第 19 师（原晋绥军区独立第10旅改编），师长何辉燕，政治委员朱绍田；第 20 师（原晋绥军区独立第 12 旅改编），师长张新华，政治委员龙福才。该军由第 7 纵队改编，仍留山西作战。

第8军军长姚喆。下辖第22师（原晋绥军区独立第11旅改编），师长樊哲祥，政治委员黄立清；第 23 师（原晋绥军区独立第 14 旅改编），师长罗斌，政治委员姜文华。该军由原第 8 纵队改编。

此时的一野总计下辖 7 个军、2 个骑兵师，共 15.5 万人。

张宗逊副司令员，陕西渭南人，1926 年入黄埔军校学习，秋收起义后，上井冈，战罗霄，一展英姿；开辟赣南，转战闽西，更让敌人闻风丧胆。第一、第二次反“围剿”中，他率红 36 师屡战屡胜；第三次反“围剿”中，他指挥红36 师攻击敌人，被冷枪打穿了帽檐，扔掉帽子就追击大军阀陈济棠。敌人惊呼是“才胆过人的英雄汉”。在第四次反“围剿”中，他指挥红 12 军毙俘敌 6,000 余人，大壮红

> 第一野战军司令员兼政治委员彭德怀。

中國
人民解放軍

< 第一野战军副司令员张宗逊。

军军威。为了培养更多的红军团以上指挥员，他任红军大学校长兼政委。长征路上，张宗逊先后任军委一局局长，中央纵队参谋、红4师师长。彭德怀和他在红军时期就认识。张宗逊在打遵义时受伤，彭德怀还专门去看望他。抗战时，张宗逊任八路军120师358旅旅长，吕梁军区司令员兼政委。1947年2月，陕甘宁野战集团军成立，张宗逊任司令员。随后，任西北野战军副司令员，协助彭德怀在陕北与国民党军周旋，为稳定西北战局，促进敌我力量对比转变发挥了重要作用。蒋介石把他看作"西北共军一只虎"，胡宗南把他看作一克星。解放后，张宗逊任副总参谋长。

赵寿山副司令员原是国民党的高级将领。陕西户县人，他是杨虎城的部下，国民党的爱国将领，积极主张抗日，参加了张学良、杨虎城发动的"西安事变"。曾任国民党军第17师师长，38军军长，到绥德、延安参观，受到毛泽东、叶剑英和其他中共领导人的接见，他决心与共产党合作抗日，并获准入党。后率一部在河南洛宁起义，投奔解放区。1948年1月，赵寿山被任命为中国人民解放军西北野战军副司令员，并参加了前敌总指挥部工作，直接与西北国民党军队作战。

参谋长阎揆要，陕西佳县人，黄埔一期毕业生。曾任国民党第3军骑兵营长，炮兵团长，1927年在陕北清涧起义，曾任杨虎城部队警卫团团长。抗战时期，任八路军总司令部参谋处处长、冀鲁豫军区参谋长。解放战争时期，任军委一局局长。在黄埔军校时，他和胡宗南同班，是无话不谈的好友，对胡宗南的脾气、秉性、志趣、爱好，尤其是作战招术更是明察秋毫。人称“智多星”，在对敌作战中，他总有出人意料的奇思妙想。

中央在组成第一野战军领导成员时，毛泽东曾与彭德怀商量，要调张宗逊或是阎揆要到军委工作，彭德怀皱起眉头说：“一野需要他们，你若委以重任，我不能本位主义，只有服从了。”

毛泽东笑了：“我知道调他俩你不高兴。”

彭德怀说出了心里话：

“不仅是我彭德怀离不开他俩，更是西北战场离不开他俩。将不明，则三军大倾；将不精微，则三军失其机。我们多年合作，互补互助，相辅相成；有他俩在，我思路活跃；若没他俩，我脑子板结得用铁锤也难砸开条缝儿。况且，他们对西北地形熟悉，对胡宗南吃得透彻。”

毛泽东笑得更开心了：“如此看来，若解放大西北，就不能动你的这哼哈二将喽。没想到你彭老总早搞了‘桃园三结义’喽！”

张宗逊和阎揆要，既是彭德怀的左膀右臂，也是得力的智囊，多年的相知相处，他们深为彭德怀所器重；同时，他们也非常敬重这位身为军委副主席兼中国人民解放军副总司令员的老首长。彭德怀说西北战场离不开他们那是大实话。他们熟悉西北、熟悉胡宗南，这只是其一，更重要的是，在我军弱于胡宗南军，更弱于胡马联军的情况下，就更需要他们这二位足智多谋的强将了。

第1军军长贺炳炎是位独臂将军。他是湖北松滋县人，1929年参加革命后，先喂马、当勤务员，不久调到总指挥部手枪队当战士、班长。1930年，贺龙部在松滋杨林市地区遭敌重兵围攻，贺炳炎和手枪队的战士护卫贺龙、邓中夏等军团首长突围，与尾追的敌人奋力拼杀，但仍不能摆脱危境。贺炳炎急中生智，一刀砍破马驮上装银元的口袋，银元哗哗落地，敌人见钱眼红，顿时你争我夺，顾不上追赶红军了。待敌人主力扑来时，贺炳炎早已护卫军团首长突出了重围。他作战勇敢，曾把自己的枪让给战友，自己到炊事班操起菜刀突入敌阵，左劈右砍，勇猛无比，有“贺小龙”之称。1935年底，他已是红2军5师师长。在一次战斗中，他失去了右臂。后来在贺龙麾下的红军18团中，又出了一位名震西北的独臂将军余秋里，他失去的是左臂。大概是命运的巧合吧，在团长失去右臂不到一年里，团政委失去了左臂。这两个“一把手”成了最好的搭档。正是这一对好搭档，带出了一支铁打的队伍，成了第一野战军第1军的基本骨干。

第2军军长王震，人称“胡子将军”。他是湖南浏阳人，是毛泽东的同乡，是一位充满传奇色彩的著名战将。王震13岁时只身到长沙打工，加入共产党后，回到家乡拉起了游击队。1930年9月12日这天，王震和他率领的游击队转为正规红军，王震见到了他仰慕已久的毛泽东。此后，王震历任团政委、师政治部主任、师政委、红8军代政委、湘赣军区代司令员、红六军团政委、红二军团政委等职。

在长期征战中，王震满脸的络腮胡子长得又密又长。不少人劝他抽空把胡子刮一刮，他却说："不到陕北，不见到毛主席，我不刮胡子！"抗战爆发后，王震被任命为八路军第120师359旅副旅长，1938年任该旅旅长，从此，他与359旅结下了不解之缘。359旅在华北前线是一支能打仗的部队，后来奉命调回陕北。现在人们提起"359旅"，更多的是与南泥湾大生产的奇迹联系在一起。中原突围，王震率领他的部队又经受了一次艰难的征战，吸引了敌人大量兵力，打乱了敌人围歼部署，为中原军区主力突围赢得了时间。西北野战军成立后，王震任第2纵队司令员兼政委，一直在彭德怀指挥下作战。一野2军的前身就是359旅。

第3军军长许光达，原名许德华，是湖南长沙人。1926年1月入黄埔军校炮科大队学习，听过周恩来的演讲，坚定了共产主义信仰。毕业后，被分配到国民革命军第二方面军当见习排长。听到南昌起义的消息后，他奉命率领部队，找到了起义军第25师。许光达在师部见到了师长周士第，周师长把他安排在75团当排长，后升任连长。1930年，许光达任红6军17师师长。1931年5月，红二军团整编，许光达任8师22团团长。在马良坪战斗中，他显示出卓越的军事才能，以一个团的兵力与敌十几个团周旋，牵制了敌人，并安全突围，让贺龙惊喜不已。不久，许光达任8师师长。在一次战斗中负伤，在上海恢复健康后到莫斯科学习。1937年回国后，历任抗大教育长、西北军区独立旅旅长、晋西北军区第2分区司令员。在八年抗战中，他的指挥素质和军事理论素养更加成熟，已成为军内外公认的一员儒将。1947年，西北野战军成立，许光达任第3纵队司令员。

∨ 20世纪40年代，毛泽东与彭德怀在延安。

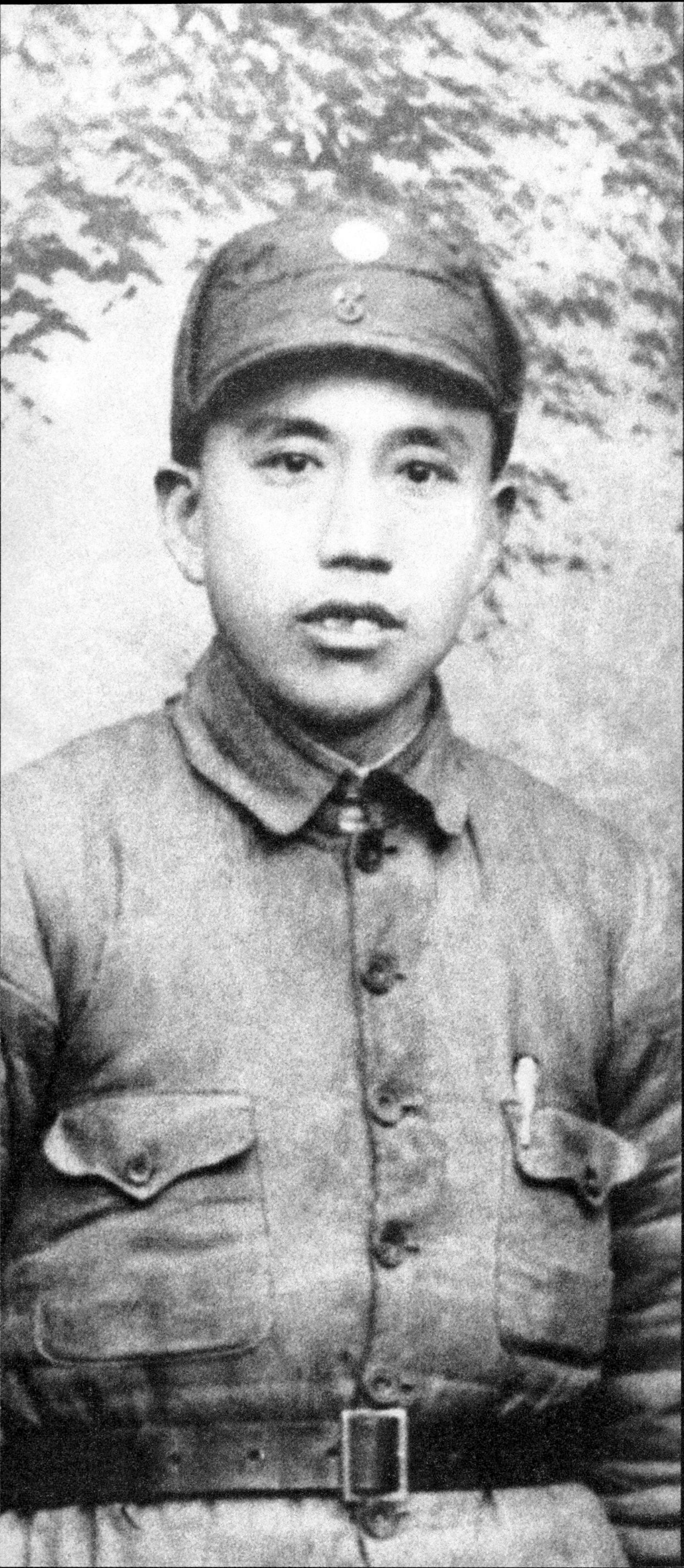

< 时任红军第二军团政治委员的王震。

在一野部队中，还有许多战将，如第4军军长王世泰、第6军军长罗元发、第7军军长彭绍辉、第8军军长姚喆，以及黄新廷、王尚荣、唐金龙等，他们和他们所率领的部队都有辉煌的战绩和不平凡的经历。

3. 彭德怀领兵太原

大西北横跨五省（区），占全国版图的1/3，纵横320万平方公里，它地跨黄土高原、内蒙古高原和青藏高原，平均海拔在2,000米以上，除了峰峦叠嶂就是无垠的沙漠戈壁。山峰终年积雪，平川雪水积聚，又有数不清的盐湖沼泽，至于人迹罕至的戈壁沙漠，更是险恶莫测。这片土地有着灿烂的文化，古老的文明。闻名遐迩的丝绸之路就横贯于此。但近代以来，由于战乱不断，加上地瘠民贫，始终人气不旺，人口只有2,000余万，不足当时全国总人口的1/20。同时，它还是块多民族、多宗教和与多国接壤的复杂地区。这块巨大的战略区经略得如何，对新中国的建立关系重大。毛泽东将大任交给了彭德怀。

1949年初，一野的实力满打满算，也只有15.5万人，可西北国民党军却有约40万之众。国民党西安"绥靖"公署主任胡宗南部13个军约17万人，其主力位于陕中及渭河流域；西北军政长官公署代理长官马步芳部、西北军政长官公署副长官宁夏马鸿逵部及蒋系部队共8个军约14万人，分别驻防甘、青、宁三省；新疆警备总司令陶峙岳部3个整编师约7万人驻守新疆省；晋陕绥边区总司令邓宝珊部一个军约1万人驻守陕西榆林地区。

战争打的就是实力。为了迅速解决西北战场问题，不拖全国解放的后腿，彭德怀考虑再三，还是向中央提出了补充兵力的报告。对于彭德怀的要求，毛泽东在回电中说，2、3月中央准备开二中全会，希望彭德怀、贺龙、习仲勋、王震都能到会。并说"如情况许可，西北我军能在你们动身前打一仗，再休整为好。如不可能则不强求。华北部队参加西北作战问题，待你们来中央时面商。"

当时，毛泽东思考的重心在即将召开的七届二中全会上。他深知全国的战争形势必将有很大的变动，在此关头，统一全党，尤其是各大战略区的领导人的思想更为重要。于是，他下决心要彭德怀等西北战区的主要领导人，同其他战略区的领导人一样，必须亲自来西柏坡参加这次不同寻常的重要会议。这时，开会比打仗消灭敌人更为重要。

根据毛泽东的来电，彭德怀迅速调整了原来的决心，制定了新的作战计划，明确了他和王震走后的战役指挥关系。2月17日，他同王震一道离开陕西澄城，前往河北平山县西柏坡村，参加即将召开的中共中央七届二中全会。

在会议期间，毛泽东代表中央委托彭德怀在会后直接去太原前线，接替生病的徐向前指挥太原战役的后期作战。彭德怀爽快地答应了。毛泽东高兴地对彭德怀说：

“好！就这样定下来。太原战役一结束，周士第的第18兵团、杨得志的第19兵团就跟你过黄河，充实一野部队，投入西北作战。”

3月13日，会议结束了。第二天天还没亮，彭德怀和王震就打点上路了。他们带着一班警卫人员，分乘两辆美式吉普车，告别了西柏坡，向西急驰。车过娘子关，他们就分手了，分别向太原前线和陕北战场奔去。

到了太原前线，彭德怀立即到榆次峪壁村看望病中的徐向前。由于战事紧急，他们没有多谈。彭德怀就返回前线后，拉着几位兵团领导钻到一线看地形，熟悉情况，别人拉都拉不住。杨得志说：

V 在太原前线总前委扩大会议期间，彭德怀（右）与第19兵团政治委员罗瑞卿交谈。

“老总，前面乱得很，敌人打得很凶。我们在地图上汇报一下吧！”

“不行！”彭德怀态度坚决，“不到前面去，光靠电话和地图，神仙也打不了胜仗，我没那个本事，还是笨办法好，到实地摸它几遍！”

彭德怀把太原城外地形反复琢磨透了，选定了3个敌占高地，说：“你们3个兵团，一家一个制高点，要不惜一切代价把它拿下来，太原不攻自破。”果然，不出两天，3个高地全部得手。彭德怀趴在铺满地图的小桌上，亲笔给毛泽东起草了一份电文：

太原战斗发展甚速。24日拂晓攻城，当日可能攻下。拟于5月初回陕。

21日，毛泽东和朱德发布《向全国进军的命令》，命令我全军将士“奋勇前进，坚决、彻底、干净、全部地歼灭中国境内一切敢于抵抗的国民党反动派，解放全国人民，保卫中国领土主权的独立和完整”。

同日，人民解放军百万雄师开始强渡长江天险；

23日，南京国民党总统府的青天白日旗随风落地；

24日，太原解放。

回陕之前彭德怀有两件事要做，一是再去探望病中的徐向前，做一次长谈；二是要看看他要带走的部队。

彭德怀在太原前线总前委的扩大会议上说：“我这次来太原办两件事，一是总攻太原。太原敌人城防坚固，我参加此役，主要是学习攻坚战的经验。二来是来带兵的。打下太原以后，18兵团和19兵团将调西北战场参加对胡、马的决战，争取在一年左右的时间里，全部解放大西北。”

太原战役的后半段，让彭德怀对18、19兵团指战员有了深一步的了解。这次随同两个兵团一同入陕的还有归建的一野第7军和1军3师，这两部分加起来有20多万人马！加上一野原有兵力，就不比胡马差多少了。有了这支大军，彭德怀消灭胡、马匪军，加速解放大西北就更有信心了。他决定在部队出发之前，到各单位随便走走，看看。

两兵团的指战员听到这个消息，很兴奋，也好一阵忙活。那时，听到彭德怀的威名，谁不如雷贯耳？特别是那些解放战士（即俘虏兵），还刮胡子、洗澡、穿上最整洁的军衣，要见的可是解放军的副总司令呀。有的营连干部还悄悄地背报告词，生怕到时表现不利索。

< 陈漫远，曾任 18 兵团副司令员兼参谋长。

> 周士第，1955 年被授予上将军衔。

陈漫远

广西蒙山人。土地革命战争时期，任中国工农红军第七军团政治委员，粤赣军区政治部主任，红一军团政治部敌工部部长，红十五军团第73师政治委员等职。抗日战争时期，任八路军第115师344旅参谋长，晋察冀军区第3分区司令员，晋西北军区参谋处处长，晋绥军区参谋长等职。解放战争时期，任陕甘宁晋绥联防军晋绥军区司令员，华北军区第1兵团参谋长，第 18 兵团参谋长、副司令员等职。

彭德怀心里虽然也很兴奋，但在表面上却显得平静如水。他还是那件老棉袄，腰间扎着皮带，脚上的土布单鞋的底都磨薄了，绑腿打得很精心，不松不紧，和往常一样。这就是大将风度。

按计划，兵团的领导都到齐了。彭德怀朝周士第一挥手："走，从你们看起！"说着，先爬上了吉普车。

周士第是 18 兵团司令员兼政委，广东乐会人，出身黄埔，参加过北伐和南昌起义，当年是起义军的 25 师师长。因早年当过"大元帅府铁甲车队队长"，在国民党阵营里也很有名气。后来从红十五军团参谋长当到红二方面军参谋长。抗战中，任 120 师参谋长兼抗大七分校校长，到晋绥军区，仍当参谋长，一直是贺龙的得力助手。这次太原战役他是副总指挥。18 兵团由他来挑大梁，那是稳稳当当。

周士第的两个副手也非常得力，一个是王新亭，一个是陈漫远。王兼任兵团副政委，陈兼任参谋长。这两位都是老红军，曾长期在高层军政机关工作。特别是王新亭，当过旅、师、军的政治部主任，还当过红四方面军的组织部长，抗战时期是 129 师组织部长，后来到 368 旅，从政治部主任到政委，然后到太岳纵队当政治部主任，太岳军区政委兼主任，最后为司令员。18 兵团刚成立时，他是 60 军的军长兼政委。

兵团政治部主任胡耀邦更不用说了，后来成了家喻户晓的风云人物。

18 兵团下辖 3 个军：第 60 军、第 61 军、第 62 军。

< 时任 18 兵团政治部主任的胡耀邦。

60 军军长张祖谅，原是华北军区 8 纵副司令员兼参谋长，河南商城人，1931 年的老红军。早年当过红 31 军保卫科长、368 旅政治部主任和晋冀鲁豫军区 19 军分区司令员；军政委袁子钦，在延安抗大时期就非常知名，是抗大总校的政治部主任。60 军的两位军政副职是白天和桂绍彬。参谋长邓仕俊。60 军下辖 178 师、179 师、180 师。

61 军军长韦杰，政委徐子荣，副政委郭林祥兼政治部主任，参谋长胡正平。韦杰是壮族人，1929 年的老红军，在红十五军团 73 师当过团参谋长、团长，后来当骑兵团长及 74 师师长。抗战时期任八路军 115 师 688 团团长和 129 师新编 1 旅旅长，任职前为华北军区 14 纵队司令员。61 军辖 181 师、182 师、183 师。

62 军军长刘忠是福建上杭人，也是 1929 年的老红军，当过一军团侦察科长，太岳军区 2 分区司令员、太岳军区司令员和华北边区第 15 纵队司令员。军政委是鲁瑞林，副军长方升普，参谋长熊奎，政治部主任高德西。62 军下辖 184 师、185 师和 186 师。

看完了 18 兵团再看 19 兵团。

第19兵团司令员杨得志、政委李志民。耿飚和葛晏春任副司令员，政治部主任是潘自力。所辖63军、64军、65等3个军，都是经过战火千锤百炼的老部队。名将杨得志早在长征时就是个“星”级人物。他是湖南醴陵人，1929参军后，当过红一军团的1团团长，红2师师长。抗战时期，从八路军2纵队司令员当到冀鲁豫军区司令，后又任冀鲁豫军区1纵队司令员、晋察冀野战军司令员。他战功、声名赫赫，连国民党军都传遍了，俘虏兵过来就打听：“这是不是杨得志的部队？”

63军军长郑维山，军政委王宗槐，副军长兼参谋长是易耀彩，龙道权是副政委，下辖187师、188师、189师。还有一个独立骑兵第5师。郑维山军长是1930年的老红军，河南新县人，在红30军当过89师、88师政委，后任晋察冀军区4分区司令员和晋察冀野战军3纵队司令员。

64军军长曾思玉，军政委王昭，副军长唐子安、副政委傅崇碧。下辖190师、191师、192师。军长曾思玉是江西信丰人，1930年参加红军，当过中央警卫团的政委，冀鲁豫军区8分区司令员，冀察军区司令员，任现职前是华北军区4纵司令员。

65军军长是邱蔚，王道邦任政委。邱军长是湖南浏阳人，1929年参军后，当过红三军团13的副团长，晋察冀军区4纵10旅旅长和8纵队司令员。65军下辖193师、194师和195师。军参谋长由副军长王克斌兼任，军政治部主任也由副政委蔡顺礼兼任。

彭德怀最后来到一野7军和1军3师，和彭绍辉军长、罗贵波政委及3师师长傅传作、政委曹光琳作了交谈，提出入陕归建后的要求。正好，两个兵团的领导也都在场，

邱　蔚

湖南浏阳人。土地革命战争时期，任红三军团第5军1师1团排长，第6师17团连长、营长，第4师11团侦察参谋，第1师13团副团长。抗日战争时期，任晋察冀军区第1军分区一支队3团团长、第1团团长。解放战争时期，任陕甘宁晋绥联防军教导第2旅副旅长，晋察冀军区第4纵队10旅旅长、第8纵队司令员等职。

鲁瑞林

甘肃临夏人。土地革命战争时期，任红五军团第13师1团连政治委员，红31军第91师政治部民运科科长，31军供给部政治委员。抗日战争时期，任八路军129师386旅772团政治处组织股股长、旅政治部组织科科长，太行军区第5军分区副司令员，分区政治委员，第3军分区司令员。解放战争时期，任太行军区副司令员，晋冀鲁豫军区第13纵队副司令员、第18兵团61军副军长。

彭德怀特别强调了离开山西时的群众纪律问题。他严肃地说：这次西进是历史性的。刚打了胜仗，不许翘尾巴，还要准备对付更猖狂的敌人，部队必须谨慎。最后他加重了语气说："这不是我说的，是主席在七届二中全会上一再要求的！"

接着，各部队西进的行动命令就进入了执行阶段。

5月1日，中原军区第19军在陕南组成，军长刘金轩，第一政治委员张邦英，第二政治委员汪锋。辖第55师和第57师。在一野发起陕中战役时，中央军委将第19军拨归一野指挥。陕中战役取得重大战果，解放了关中地区十余县，并解放了胡宗南的老巢西安。

5月24日，第一野战军发出歼灭青海马步芳、宁夏马鸿逵集团的动员令。5月25日，彭德怀由太原回到一野司令部驻地乾县秦家庄。26日，18兵团开始从太原出发，经风陵渡西过黄河；6月初，19兵团从禹门口西渡黄河入陕。

西北国民党军的丧钟敲响了！

4. 打仗打将

毛泽东曾经说过，一些战役表面上是双方的将领在打，实际上是他和蒋介石在打。在西北战场，毛泽东选将彭德怀代表他和蒋介石打；而蒋介石选将胡宗南及青宁二马代表他和毛泽东打。

彭德怀是一位身经百战、屡建奇功的指挥员。他指挥作战的胆略和艺术，深得毛泽东的信赖和赞赏。他出生在湖南湘潭县乌石镇彭家围子一个贫苦农民家庭，早年因母亲去世、父亲病重，不得不停学砍柴卖钱，以补贴家用。他为别人放过牛，当过车水工、堤工。1916年，彭德怀到长沙投军，编在湘军第2师第3旅6团1营1连当兵，当过班长、代排长、排长、代连长、连长、代营长、营长、代团长、团长。1928年7月，同滕代远等率领独立5师1团发动平江起义，随后成立红军第5军，任军长兼13师师长。同年底，率红5军主力到达宁冈，与红4军会师。

毛泽东对彭德怀是非常喜爱的。早在红军时期，毛泽东就曾写诗称赞彭德怀：

山高路远坑深，大军纵横驰奔。谁敢横刀立马，唯我彭大将军。

∧ 彭德怀，平江起义的主要领导人之一。

V 时任八路军副总指挥的彭德怀。

> 抗战时期，时任第二战区战地总动员委员会主任委员的续范亭。

续范亭

山西崞县（今属定襄）人。1924年任国民党第3军第6混成旅旅长，新编第1军总参议等职。1931年“九一八”事变后，积极呼吁团结抗日。1937年9月起任第二战区民族革命战争战地总动员委员会主任委员，第二战区保安司令部司令，暂编第1师师长。1939年后任山西新军总指挥，晋西北边区行政公署主任，晋绥边区行政主任，中国解放区人民代表会议筹备委员会副主任委员等职。

彭德怀看了后，很谦虚地把最后一句改为：“唯我英勇红军。”

1937年8月，红军改编为国民革命军第八路军，彭德怀任副总指挥。9月，八路军改编为国民革命军第18集团军，彭德怀任副总司令。他指挥发动了著名的百团大战。在105天的战斗过程中，总计进行了大大小小的战斗1,824次，毙伤日军20,645人、伪军5,155人，俘日军281人、伪军18,400人，拔除日伪据点2,993个，缴获大批战利品。抗战八年，在广阔的民族革命战场上，在交织着民族矛盾和阶级矛盾、国共合作和国共磨擦的复杂历史环境中，彭德怀在党中央、毛泽东的正确路线指引下，展其雄才大略，成为人民军队的杰出帅才，中国共产党的著名领导人物之一。更为可贵的是，他还始终如一地和士兵同甘共苦，与人民同呼吸、共命运。在延安，辛亥革命元老、抗日英雄续范亭将军见到彭德怀，有感于他的高贵品质，题诗相赠：

爽直将军贵姓彭，志如铁石气如鲸。三军一致称模范，粗布征衣半老兵。

1945年8月，彭德怀出任中共中央军委副主席兼总参谋长，至1947年3月，他一直在中央军委协助毛泽东、朱德等运筹帷幄，决策军机。当蒋介石发动全面内战后，彭德怀以很大的注意力集中于保卫延安的部署上。彭德怀后来出任西北野战军司令员兼政委、第一野战军司令员兼政委，与他1947年主动请缨，临危出任西北野战兵团统帅有很大的关系。

毛泽东对彭德怀是深信不疑的。在胡宗南重兵进攻陕北的危急时刻，彭德怀主动请战，挑起保卫延安的重任，充分体现了他对革命事业和人民的赤胆忠心。当时，毛泽东也正有此意，他让任弼时准备一个腹稿，用来说服彭德怀挑起保卫党中央、中央军委和解放军总部的重担。不想，彭德怀却主动提了出来。毛泽东十分感慨地对彭德怀说："危难受命，勇挑重担，德怀同志，你可又是为我分忧哇！"

就这样，彭德怀率领西北野战军6个旅两万多人，对决胡宗南集团的34个旅23万之敌。彭德怀奇谋善断，出其不意，攻其不备，指挥若定，纵横驰骋，巧打蘑菇战。40天里，首战青化砭，再战羊马河，攻克蟠龙镇，三战三捷，敌人闻风丧胆，人民振奋不已。沉重打击和钳制了胡宗南这支蒋介石的战略预备队，配合全国各个战场，为早日转入战略反攻做出了重大贡献。在解放战争进入全面反攻时，毛泽东又理所当然地把解放和经略大西北的重任交给了彭德怀。

1949年6月，蒋介石已丢掉了半壁江山，人民解放军正以风卷残云、摧枯拉朽之势，乘胜前进。这时，蒋介石还在做梦。他想保住西北和西南这两块地盘，以待时机，重振旗鼓，卷土重来。因此，他对西北的胡宗南、马步芳和马鸿逵集团寄予很大的希望。当时，胡宗南还有近20万兵力，青宁二马也还各有近10万兵力，没有受到过解放军的重大打击。这就是蒋介石做梦的本钱。他不想轻易地就把大西北拱手让给共产党，他要用胡宗南和青宁二马的力量和彭德怀的第一野战军拼个鱼死网破，以求一逞。

于是蒋介石背着李宗仁，委派国民党政府行政院长兼国防部部长阎锡山，在广州召集胡宗南、马步芳和马鸿逵等，召开"西北联防军事会议"，密谋西北的军事防御，筹划在兰州与共军决战的计划。

如果说，毛泽东让彭德怀经略大西北，既是顺理成章，也是经精心考虑和挑选的话。那么，蒋介石让自己的嫡系和爱将胡宗南长期坐镇西安，经营西北，同样是处心积虑后的选择。其一，中共首脑在陕北十余年，一直是他的心腹之患，欲除之而后快；其二，陕西是战略重地，可向几个方向实施战略机动。这样的地方，只能交给自己的嫡系和心腹来经营，而胡宗南就是最好的人选。

V 1942 年，蒋介石与胡宗南在一起。

∧ 中原大战前，蒋介石与冯玉祥（左）、阎锡山合影。

蒋介石对胡宗南一直是另眼相看的。胡宗南是黄埔军校一期的学生，蒋介石是校长，除了师生关系外，二人还是同乡，这就更近了一层，加上胡宗南聪明机灵，很讨蒋介石的欢喜，蒋也就特别关照这个小老乡，胡宗南也就很自然地成了蒋家的常客。臭名昭著的大特务头子戴笠就是胡宗南推荐给蒋介石的。后来，胡宗南和戴笠对蒋介石忠心耿耿，蒋对他们也偏爱有加。从此这二人就两人一路飞黄腾达，炙手可热。胡宗南曾升任国民党军第1师师长、第1军军长，第十七军团军团长、第八战区副司令长官，第一战区副司令长官，最后升任第一战区司令长官。胡宗南还是黄埔系学生里第一个跨入将军行列的人。蒋介石赋予胡宗南独特的人事权，凡胡以下各集团军总司令的去留，都决定于胡宗南，所有军长、师

中原大战

1930年3月，阎锡山、冯玉祥与李宗仁三方合作，共同反蒋。4月起双方在中原地区混战。9月，阎冯联合汪精卫等成立国民政府，与蒋介石的南京国民政府相对抗。同月，张学良在蒋的拉拢下，以调停为名占领平津。11月，阎冯军失败，攻入湖南的李宗仁桂军亦退回广西。这次军阀混战，双方使用兵力100多万，死伤30万人，历时7个月，蒋介石集团取得胜利，阎冯等成立的政府随即垮台。

长皆由胡直接任命，再报请加委，团长一级更是由胡宗南派定。因此，国民党内部早就有人发牢骚说："黄埔系是蒋委员长的'嫡子'，而胡宗南是蒋委员长的'太子'。"

对胡宗南，彭德怀1939年初就曾与其接触过。当时彭德怀去重庆与蒋介石会谈后路过西安，为了解决国民党反共摩擦问题，与胡宗南见过面。胡宗南那时30出头，正是春风得意之时。彭德怀回到前方，有人问他对胡宗南印象如何？

彭德怀回答：此人志大才疏。

后来，事实证实了彭德怀的评价。胡宗南信誓旦旦地要进攻延安，消灭西北人民解放军，完成"戡乱大业"，但与西北人民解放军交手几年一直，被彭德怀牵着鼻子走，损兵折将，狼狈不堪。第一野战军成立之时，胡宗南已是惶惶不可终日了，他在摆出一副经营西北战场的姿态的同时，已经暗暗地做好了向西南逃跑的准备。当得知彭德怀率18、19兵团入陕的消息后，胡宗南主动退出盘踞了多年的西安，实际上就是望风而逃。

蒋介石另外想利用的马家军由马步芳和马鸿逵两部分组成，由于兰州战役主要歼灭的是青海马步芳部，所以在后面专门说他。这里简略地说说宁夏的马鸿逵。

马鸿逵生于1892年，乳名三元。小时候，他不爱学习。他的父亲马福祥是西宁镇宁使，曾在他脚上系了个木墩子强迫他读书。1909年，马鸿逵考入兰州陆军小学堂。1912年到其父部下任营长，继升任宁夏新军统领。1925年3月，冯玉祥正式就任西北边防督办后，开始着力经营张家口以西地区。马福祥父子迫于冯军势力，只得对冯表示顺从。马福祥将绥远都统交冯军大将李鸣钟，自己担任没有实权的西北边防会办，其部队交马鸿逵带领。冯为安慰马氏父子，委马鸿逵为陆军第7师师长。1927年，马鸿逵任冯玉祥的国民革命军第2集团军第一方面军第4军军长。

蒋、阎、冯中原大战结束后，马鸿逵父子又与冯部杨虎城争夺西北地盘。蒋介石为了酬劳马鸿逵，制止杨虎城向西北地区发展，想以马鸿逵为甘肃省主席。蒋介石在征求马福祥意见时，马福祥认为他儿子性情横暴，怕他做不好地方官，转而保举侄子马鸿宾为甘肃省主席，马鸿逵为宁夏省主席。后来，马鸿逵又活动想当河南省主席，但没能如愿。他接任宁夏省主席后，把宁夏当成他个人的私产，独揽党政军一切大权。为了维持其独裁统治，他一直养着一支十几万人的军队。毛泽东曾说过，马鸿逵残杀陕北人民甚多，从来没有做过好事。

古兵法云："以不教民战，是谓弃之。"

在彭德怀的眼里，士兵的鲜血和生命是无比珍贵的。他曾多次说过："指挥千军万马打仗可不是儿戏，必须精心策划，周密部署。指挥员多用一分心血，战士就少流一分鲜血。不能以战士的生命去冒险。要牢记，任何父母，当知道自己的孩子牺牲了，那痛苦和悲伤都是难以忍受的。"他不仅以此严格自律，也要求部下尽量靠前指挥，减少失误。

一野各部队在作战间隙，继续开展以诉苦（诉旧社会和反动派所给予劳动人民之苦）和三查（查阶级、查工作、查斗志）为中心的新式整军运动和群众性的练兵运动，以增强纪律性，发扬民主作风，提高军事技术和战术水平，为消灭胡马匪军做好准备。

新式整军运动发源于西北野战军1纵队358旅，是以诉苦为发端的群众性自我教育运动。经过运动，群众纪律好了，上下级之间、军民之间相互关系好了，战斗力大大增强。毛主席为此写了篇《评西北大捷兼论解放军的新式整军运动》的文章，把这种做法推广到全军。新式整军运动，是我军建军以来进行的第一次大规模的民主运动，是我军思想政治工作在新的历史时期的重大发展，对我军的巩固、发展和争取全国解放战争的胜利都具有重要的作用。

当时，有80万俘虏兵加入了人民解放军，被称为解放战士。有的部队解放战士高达80%，少的也有20%，平均在50%左右。对其管理教育问题就突出了。彭德怀对此曾有一个调查统计：解放战士中贫农约占70%，中、雇农和其他贫民约为25%，出身地主和其他剥削阶级的占5%。相比之下，解放战士的苦水最多，在家乡和在旧军队里受到过双重压迫和残害，所以诉苦在这些人中效果最好。对俘虏兵，"即俘、即查、即补、即训、即打"已是经常的做法。有的上午被俘，经过政治训练下午就参战。有的俘虏兵还当了排长、连长。在当时还有许多的由老八路、土改后参军的新战士、解放战士组成的"三合一班"，只要开个诉苦会，就把大家的心开到一起了。解放区怎样土改知道了，蒋管区农民的苦处知道了，八路军的好传统好作风也知道了。诉苦运动，是群众意志和智慧的一个创造，是政治教育的一场革命，其效果之大，影响之深远，超出了想像和预料。有些解放战士和新入伍的人一到部队就问：

∧ 马鸿逵，时任国民党宁夏省主席。

“南京还有多远？”

“什么时候去捉蒋介石？”

各部队还开展了英勇杀敌立功竞赛活动。一位文化不高的战士写了一首顺口溜：

不怕苦，不怕难，不怕挨饿没有饭，不怕行军路程远，不怕战斗流血汗，不怕渡河有艰险，英勇杀敌做模范，遵守纪律政策不违犯，打到西安活捉胡宗南。

这些，都充分体现了当时一野部队的精神风貌。

通过新式整军的部队，面貌一新，精神焕发，斗志昂扬。部队从上到下都是心亮、眼亮、刀亮、枪亮。谁要是碰上这样的部队，那就有他好瞧的了。

彭德怀率领指挥的一野40万大军，将与胡宗南和马家军在西北大地上进行最后的决战！

∧ 我军某部在诉苦运动中，战士们纷纷宣誓：决心为全国的被压迫者复仇。

❶解放军某部向敌阵地冲击。

②

③

④

⑤

❷ 我军工兵部队在敌火力下扫雷、架桥，为步兵开辟前进的道路。

❸ 我军正在歼灭逃敌。

❹ 我军战士冒着敌人的炮火，向国民党军阵地发起冲击。

❺ 我军干部战士在荒原上露营。

李宗仁

（时任国民党代总统）

是年（1949年）夏初，国防部曾令二马派其骑兵劲旅南下渡泾河，肃清该处的共军，并严令胡宗南与马氏约定日期，出兵作呼应，且派空军助战，以巩固泾河两岸的防地。

孰知马军渡过泾河后，胡宗南竟因蒋的密令，不肯出兵接应，驻扎西安的空军亦不见踪影，致马军为共军所乘，损失极大。

二马以胡宗南不独公然违抗中央军令，且对友军背信忘义，愤恨达于极点。

尤以马鸿逵为甚，一面电呈中央，力辞所兼军政各职，一面着其堂兄马鸿宾军长从权暂行代理其所辞各职……马鸿宾旋因大势已去，独力难支，乃通电拥护中共政权，被中共委为宁夏副主席。青海省省主席兼军长马步芳则不受中共的招降，彭德怀乃分兵进攻西宁。而马步芳性极倔强，即集中所部七八千人于西宁一带，企图死里求生，背城一战。殊不知此在战略上已属失着，因外无援兵而死守孤城，何异瓮中之鳖，且马步芳的才能亦非彭德怀的敌手……以故激战数日，城被攻破，演成全军覆没的惨剧。

马步芳狼狈逃至机场，乘机到香港，仅以身免，为西北地区“剿共”战役中的失败的最惨烈者。

——摘自：《李宗仁回忆录》

★★★★★

杨成武

（时任第20兵团司令员）

太原战役是一个典型的阵地攻坚战。在前一阶段作战中，采取了围困、瓦解和攻击相结合的方针，进行了极其艰巨的攻坚作战与卓有成效的政治攻势，歼灭和瓦解敌人6万名，为攻城创造了条件。

战役后一阶段，我们华北3个兵团和西北的1个师会师太原城下，兵力占绝对优势，士气旺盛。我们采取了集中兵力猛插分割，将敌主力一举歼灭在外围，然后攻城。

这样，避免了敌人越打越集中，避免了逐碉堡逐阵地争夺，拖延时间，增大我军伤亡。这个正确方针，是有重大意义的。在攻城中集中强大炮火，摧毁和压制敌人火力，各路进攻，向心突击，插进敌人的纵深，将守敌各个歼灭。

太原这座军事要塞的迅速攻克，表明了我军经过几年来的战斗锻炼，已经成长为一支具有强大战斗力的队伍。

——摘自：杨成武《会攻太原》

第二章

漫话马家军

∧ 我军向陇东一带进军。

1932年，马步芳派马忠义团镇压果洛贡麻部的反抗，马元海部一天之内就割了男女牧民80颗人头，对反抗头领或残杀，或砸断踝骨关入监狱。
1942年，马家军在查朗滩将男女60人包围，12天不给吃喝，活活将其饿死，并将12名僧侣当作活靶子乱枪打死，又将10名留长发的牧民用布裹头，浇入滚沸酥油，像点天灯一样活活烧死。

1. 血腥的发家史

在毛泽东的眼中，西北战场上的敌人主要就是两大块，一块是蒋介石的嫡系胡宗南集团；一块就是由马步芳、马鸿逵和马鸿宾组成的马家军。由于马步芳的父亲和他自己在青海多年主政和长期经营，其主要势力在青海，被简称为“青马”；马鸿逵、马鸿宾，主要势力在宁夏，被称为“宁马”。若再简称，就是西北二马，老百姓干脆就叫“马家军”了。

从历史上看，马家军初期为清朝所用，民国初成为割据地方的封建军阀，后来，死心塌地依附于蒋介石集团，成了反共反人民的死硬派。“马家军”历史上和红军曾多次交手。红军西路军在与“马家军”的交战中曾严重失利。在被歼灭前，“马家军”没有受过重创，一贯骄横。“马家军”生性剽悍骁勇，在以步战为主的年代里，以骑兵为主的马家军，很像是今天的快速反应部队，来去如风。就是马家军的步兵，每个班也配一匹骡马，用于驮全班的辎重。因此，马家军颇有战斗力，不把解放军放在眼里。

马步芳，字子香，回族。少时随父马麒从军，12岁出任甘边宁海镇守使署少校参谋。抗战时，任国民党40集团军总司令、国民党第二次全国代表大会中央监察委员。1949年任西北军政长官公署长官，率部在陕、甘、青等省与解放军作战，同年8月，兰州解放，逃往重庆，后移居埃及。1957年出任台湾驻沙特阿拉伯大使，1960年辞职。1975年病故于沙特阿拉伯，终年73岁。

马步芳祖籍甘肃河州，即今甘肃临夏回族自治州。河州民国初年叫导河县，后改称临夏，是近代西北历史上很有名的地方。它位于甘肃西南，北踞黄河天险，东由洮河环绕，西南层峦叠嶂，直通甘南藏区和青海循化；境内积石山高耸，大夏河穿越而过。由于江河切割，群峰锁护，山川险要，河谷富饶，自汉代以后，历代中原王朝都曾在此设州置郡，把河州作为西陲重镇加以经营。

在长期的开发经营中，由于战争、移民、屯田和茶马互市等多种历史原因，到了清

20 世纪 20 年代，孙连仲出任国民党青海省主席。

代，河州已成为一个多民族聚居的地区。明清以来，河州的回族势力逐渐强盛，并造就了一大批回族人物。其中在清末民初势力最大的主要有三家，就是后来的马步芳家族、马安良家族和马鸿逵家族。除马安良家族被进驻甘青地区的冯玉祥国民革命军消灭外，马步芳、马鸿逵两家都成为雄踞西北的不可一世的土皇帝。解放前所谓的“西北四马”，说的就是马步芳、马步青、马鸿逵、马鸿宾。这四马，就是这两个家族的主要代表。马步芳和马步青是亲兄弟，马鸿逵和马鸿宾是叔伯兄弟，但辈份比马步芳要长一辈。在人前，马步芳经常故作亲昵地称马鸿逵为“老爸爸”。

据说，马步芳的曾祖父生下兄弟七人，早年都是务农出身，老二马海晏后来官至清军副将，老七马海渊做过西军营长、宁海军副统领，其余均未入官籍。马海晏共生三子：马麒、马麟、马凤，除马凤因早年与藏人械斗夭亡外，马麒、马麟后都官至省长。马麒就是马步芳的父亲。

马麒是个非常不简单的人物。他在青海经营多年，有很大的势力和影响。他在地方封建势力与国民军的搏斗中，翻手为云，覆手为雨。他一会儿暗中组织封建武装抗拒国民军，一会儿又接受改编，被国民军所收买。几经反复，终于在青海站稳了脚根。

1927年9月，北伐胜利，军事初定，国民政府定都南京，蒋介石窃取了北伐成果，出任了国民政府主席。冯玉祥将蒋介石扶上台后，为了扩大自己在西北的地盘，提议国民政府将青海、宁夏、绥远分别建省。1928年9月5日，青海正式脱离甘肃，改为行省。组成省政府委员会，孙连仲为主席，马麒即为五人委员会之一，并兼任建设厅长。青海建省后，国民军虽然控制了全省的军政，但其触角并没有深入青海腹地，马家若干年经营起来的各种政治军事势力并未从根本上被摧毁，只是改头换面暂且蛰伏起来而已。当时国民军虽然积极开办党务，施行禁烟、禁止女子缠足、清乡、清赋、考察县政等一系列新政策，但都不过是徒具形式而已，马家的封建势力仍然有强大的潜在力量，诸事仍需马氏协助。为了稳定地方，孙连仲以收编名义，将宁海军分别改编为国民军第2集团军第七方面军第26师，以马麒为师长，马麟为副师长。下辖的三个旅长、副旅长，分别由马海渊、马步芳、马步云、马镛、马步青担任，后来又任命马麟为甘肃剿匪司令。换汤不换药，马家的基本队伍始终保持没变，社会基础仍然十分强大。就是到了被歼灭之前，这种状况也没有多少改变。马步芳、马鸿逵、马鸿宾这三个人的儿子，都是其手下的军长，以下各级主官，也大多为马氏、河州回族人所把持。

最能说明马麒为人的是“河湟事变”。

青海建省前后，地方封建势力结成的反冯力量也同时迅速扩大。以马仲英、马廷勷、马廷贤等为首的地方回族反抗武力终于发展成一场与国民军全面对抗的军事战争，这就是西北近代著名的“河湟事变”。

事变的核心人物是马仲英。马仲英是马家七太爷马海渊的孙子，马宝的儿子。在马氏家族中，马仲英一门不属马麒的直系，但在宁海军中仍是一支重要力量。从马海渊、马宝到马仲英、马仲杰祖孙三代都供职于同一军中。国民军入甘之后，马仲英为了挽救马氏家族的政治危机，首先打出了反叛的旗帜，并在其叔父马麒的鼓动策划下，赴河州老家拉起了第一支反冯武装，那时马仲英才17岁，可谓是名声大著，风云一时。后来因看马麒、马步芳投机反复，马仲英决心另谋发展，与马麒决裂，并利用“河湟事变”，将自己打造成当时甘肃回族军阀中的另一个支派。“河湟事变”中另两个主要人物马廷勷、马廷贤兄弟，是马安良之子，当年西军的核心人物。

1927年6月，马仲英、马廷贤正式成立黑虎吸冯军。马仲英任军长兼第1师师长，马廷贤任副军长兼第2师师长，并以三围河州城为标志，正式揭开了反对国民军的战争。

在马仲英二围河州城时，国民军的赵席聘带援兵从天水赶到。赵初到河州，对河州素来隔阂极深的民族矛盾和宗教问题毫无顾忌，当即下令炮轰了西郊的大拱北，又让士兵烧了城外西南的“八坊十二寺”。这两个地方都是当时河州有名的建筑和繁华之区，而且是甘肃伊斯兰教的活动中心。特别是“八坊”，当时有“小北京”之称，有“东边苏杭，西边八坊”的美誉。赵席聘炮轰大拱北、纵火烧八坊，这使河州回族百姓顿时增加了对汉人的仇恨，民族宗教矛盾骤起，4万多回族百姓无家可归，投靠了马仲英。当时，马仲英虽一再强调不杀汉人，不焚汉庙，初到河州也曾法定：“杀一汉人二人偿命，杀一回人一人偿命”。但此时，河州八坊回民房屋被焚，家破人亡，群情激愤，已无法制止。回民妇女夜间偷烧汉庙，男子残杀汉人以为报复，一时回汉仇杀的惨剧又重新上演。一些汉人纷纷逃往藏区和莲花堡一带。

这次“河湟事变”历时三年之久，骚扰全省，糜烂地方，回汉人民深遭灾难，房舍被焚，财产被掠，数十万人民惨死在刀刃之下，成为无告的冤鬼。战争引起的回汉仇杀再次兴起，剥皮、剜心、倒点油灯、大卸、奸淫，无恶不作，为乱之惨，骇人听闻，成为清同治七年后甘青地区最大的一次战乱。

清同治年间，河湟一带回族人民爆发起义，清廷派左宗棠带兵血腥镇压，就曾引起过回汉之间大规模的仇杀事件。这个国民军的赵席聘，就是个不管不顾的愣头青，又打炮，又放火，惹起一场民族和宗教的大乱来。仅在这一点上，他连马仲英还不如。马在开始的时候，还知道有所顾忌。

“河湟事变”的政治后果是结束了甘肃民国初年的八镇割据的政治局面，使蒋介石的势力进入甘肃、青海地区。从此，西北地区，特别是甘青地区的政治力量开始了新的组合。

“河湟事变”也再一次暴露了马氏家族的狡诈。在这场剧烈的政治风暴中，甘肃回族各镇军阀几乎丧失殆尽，唯有马麒安然地渡过了这一难关，并利用这次事变，得到更大的发展。这次事变，始作俑者是马麒。可是当反冯之火燃起之后，就迅速退避，及至国民军进剿时，他又摇身一变，积极配合镇压反冯武装。国民军初入甘时，他主动接收改编，并令其子马步青随国民军南下河南与蒋、阎作战，又先后派马麟、马步芳在河州、定西、河西追杀马仲英。

对马麒暗中倡乱行为，当时人民就早已不满。马仲英起事之初，河州百姓即联名向兰州国民军剿匪司令部进行揭露。其状文中写道：

同治年间，陕贼白彦虎，甘贼马占鳌等，先后起叛，凡被扰乱地方，子女玉帛，抢夺尽净，而河逆马占鳌其前行马海晏，所得最多。民国初年，马麒割据西宁，剥削番汉两族，不遗锱铢，纳款稍缓，即穷兵于不毛，以逞其专……

在清同治年间的第一次河湟事件中，为了讨好清廷，马占鳌和马海晏都曾不止一次地对自己的回族同胞犯下过残杀的罪行。因有功于清廷，被左宗棠收编为清军。在他们的发迹史上都曾有过残杀人民，包括回族同胞的血腥记录。八国联军攻占北京

∨ 八国联军侵华时，在北京午门外列队的美国军队。

八国联军

1900年英、美、德、法、俄、日、意、奥八个帝国主义国家组成的侵华联军。他们为了镇压义和团运动，阴谋瓜分中国，联合出兵进攻中国，遭到中国人民的英勇抵抗。联军攻陷大沽，占领天津、北京。沙俄还乘机单独出兵东北，在海兰泡和江东六十四屯屠杀中国人民，制造了骇人听闻的惨案。次年，帝国主义国家迫使清政府签订了丧权辱国的《辛丑条约》，更加激起了全国人民的反帝斗争。

马海晏

甘肃河州（今临夏）人，马占鳌的学生，武艺精湛，尤以刀术、大枪、流星锤为长。清同治年间发动和领导河州回民起义。同治十一年太子寺大破左宗棠湘军，打破自太平天国以来湘军不败的神话。起义军后被朝廷招安投靠清廷。1900年八国联军入侵北京，马海晏随董福祥部等甘军入京，顽强抵抗八国联军，谱写了甘军可歌可泣的历史赞歌。后因抵抗失败，护送慈禧出逃，途中马海晏于宣化病故。

后，马海晏曾作为甘肃简练军的管带随驾护卫慈禧太后和光绪皇帝，最后死在了河北宣化。死后清廷追认记名总兵，令其子马麒接其旧部，这使马麒的羽翼日益丰满。

1927年的“河湟事变”，更说明马麒是个政治老手，极善应付。当国民军大举进剿时，马麒不仅月纳数万资助，而且让弟弟马麟亲赴河州帮助国民军收集回民枪支，在北乡寺沟峡治河设船迎渡汉民回庄，按人口发粮计数百家之多，以消除汉人的不满情绪。马麟还在河州张贴布告，劝导回民不要强拉汉民的牲畜，夺走汉民的妻女。宁海军还先后在大通、化隆、定西、渭原等处截击反冯武装。因此，国民军对马麒始终没能公开决裂，而是加以利用。“河湟事变”虽然使马氏家族面临一场政治危机，但马麒左右逢源，终于化险为夷，保住了自己家族在青海的统治地位。

马麒于1915年着手创建宁海军，这是马氏家族在青海地区军阀事业的奠基性标志。在那种动乱离合的年代，马麒深知军队的重要，从中央到地方，正是军人当道的世界。升官、发财、扩地盘都要靠军队，没有军队，政治上就难以立足。而经武尚勇是马氏家传祖风，扩军拓地也是马麒梦寐以求的目的。到了马步芳这一代，达到了顶峰，成为名震一时的“青海王”，直到被蒋介石任命为西北军政长官公署长官，被人叫做“西北王”。对此，马步芳多次沾沾自喜地对人说过：祖上没办到的事，他办到了。他还说过：“我们的官是从血里捞的。”

< 1942年，蒋介石巡视青海时与马步芳合影。

2. 残暴的军事统治

马家对青海地区的征服本来就是靠武力进行的，特别是在马步芳时代，这种武力统治更为发展。凡蒙藏头人，稍有不服，即派大兵进剿。

1940年，同德县藏寺活佛班智达因与马家不和，马步芳就派兵大肆烧杀。后来班智达在写给国民政府蒙藏委员会的控告文中详细揭露了这一罪行的经过：

智达为藏族活佛，久隶青海，虽以往之摧残压榨苛虐，坚忍供俸以期苟延残喘。无如马氏欲念未足，复于本年夏历正月间派骑兵30名至寺，宣称马主席命令智达至青议事。智达经长官宣召，弗敢违延，当即征集牛马礼品意同前往。讵料该来兵不煌延缓，当将智达拘执，监同立刻就到。属寺僧民，素乏智识，观其强暴行径，以为此次绑架以去必无善果，遂啸集民众将来兵复围，互相开枪，以至击毙多名……青省已派大兵，由马团长得胜率领……将未及逃亡妇孺惨杀净尽，所有历代寺藏珍物及民众财资席卷运青外，该团长已搜踪追至……除少数渡过黄河者外，杀死溺毙及掳者共500余人，掠去羊16万余只，牛8万余头，马9.000多匹。智达经此浩劫，容身无地，难民啼号，惨不忍睹……不久由胡专员派秘书谢凤舟前来欧拉（甘肃夏河县境）宣示主席谕云：已呈准青海马主席正式复函，藏寺人民上庄复业，青政府不咎既往等语。智达听闻之下，认为马氏开恩，当复召集流亡，共得300余户移渡黄河北岸，夏历五月下旬将行回寺。讵料马步芳阴谋诡诱，复由苏乎调来骑兵1,000潜在黄河北岸，将难民全部截杀，计击毙俘去者1,300百余人，幸免难民已为异城乞丐。夫马氏为国家大员而竟失信于边民，人道天理均置不顾，可申为叹！然此仅为马氏对藏寺一部分而言，其他除青属各部落藏族，自马氏专政以来，随时被其摧残压榨而外，而川属之俄洛三部亦时遭同样之残害。殃民逞兵，残暴已极……

1942年，马步芳派军镇压果洛时，在查朗滩将男女60人包围，12天不给吃喝，活活将其饿死，并将12名僧伽当作活靶子乱枪打死，又将10名留长发的牧民用布裹头，浇入滚沸酥油，像点天灯一样活活烧死。更为残忍的是，为取人胆竟将一些僧伽、牧民活活挖胆而致死。至于奸淫抢掠，罚款拷打更是家常便饭。马家军所到之处，常迫令蒙藏头人每夜送妇女以供淫乐。许多妇女常常被奸污后以各种方式残杀致死，有姿色者多被掠为妻妾带走，甚至于连寺院中的尼姑也不能幸免。其野蛮和残暴，怵目惊心。直杀得（青）海南藏民谈“马”色变，尤其以果洛部落受害为最，以至于解放多年以后，那里的藏胞谈起“马家”仍然咬牙切齿。

据粗略统计，仅马步芳时代，马家军血腥屠杀蒙藏寺院部落就有几十起之多。其中较大的如对果洛地区七次大屠杀，对玉树休马、百多玛部落的大屠杀，对色航寺、达日江寺、邦小寺、拉秀寺、藏什寺、兰采寺的抢掠焚烧，都是极为野蛮残酷的大血案。

1929年夏历正月二十五日，马仲英部经过永昌，因民团打死其旅长马彦海，马仲英不但杀了民团团长杨介臣、营长徐勉，还怒杀城内男子2,299人，使永昌成了"寡妇城"。

1930年，马廷贤率部攻打天水城，喊杀声和枪炮声震天动地，城上城内群众，均恐惧异常。没有多时，城东角匪部架起云梯，有一名匪徒以厉鬼姿态，带头爬城。他赤臂露体，腰间挂着一颗血淋淋的人头，口角咬着一把沾满血的钢刀，端着手枪，向城上冲杀。城上群众顿时大骇，纷纷后退逃命。城上一乱，匪徒即乘势上城，军队也不能支持，城遂被陷。破城后，马廷贤部到处屠杀、奸淫、虏掠，仅在南门一处，就有300多人被残杀。

青马素有残暴和嗜杀的恶名，这也与他们残杀俘虏的恶行有关。早在上个世纪20年代，青马曾在甘肃将雷中天部的200多名军官骗到一个院落全部砍死。最为血腥、野蛮和残暴的是1936年对红军西路军俘虏的屠杀。马步芳用红军战士的鲜血换得了蒋介石的垂青。马步芳得意地对部下说：

"有了西安事变和剿匪胜利这两层事情，中央才对我们有了深刻的认识，现在不仅本军名誉得到光荣，甘青民众的地位也提高了许多。"

不久，马步芳终于由青海省代主席升任为青海省主席，成为蒋介石在西北的一支重要的反共力量。

和马家军相反，我军曾俘虏宁马上校团长马奠邦，马奠邦是马鸿宾的女婿，彭德怀亲自接见了马奠邦，并写了一封信给马鸿宾，要求释放我被俘人员。我方给了一匹马，把马奠邦放了回去。马鸿宾没有处分这个女婿，也放了我方人员。相比之下，马鸿宾要好一些，最后，他也没有逃跑，选择了起义。

3. 扩军备战

1949年春，国民党反共的各个战场，已经七零八落，溃不成军，全国解放已成定局。尤其是太原、西安的解放，解放军对西北国民党军队的钳形攻势，已日益紧迫。

马步芳深感压力沉重，惶惶不可终日。蒋介石却加紧了对马步芳笼络利用，封官许愿，还想依靠大西北作垂死挣扎，马步芳被誉为"西北党国干城"，不断地给其鼓励和打气，极尽利用之能事。5月，让马步芳代理西北军政长官，7月，又正式任命为长官。

V 红军西路军骑兵部队一部。

< 时任国民党社会部劳动局局长的贺衷寒。

国民党社会部劳动局局长贺衷寒

湖南岳阳人。国民党陆军中将。黄埔军校第一期毕业。1928年任黄埔军校第六、第七期学生总队长、黄埔同学会书记长。1931年任江西“剿匪”总司令部宣传处处长，党政委员会委员，训练总监部国民军事教育处处长。1932年任豫鄂皖三省“剿匪”总司令部政训处处长。1934年任军事委员会政训处处长。1942年任社会部劳动局局长。1949年去台湾。

为了给青宁二马打气，蒋介石还派他的亲信贺衷寒、顾希平从广州飞到兰州，借献旗、慰劳为名，笼络二马为其卖命。而马步芳也利令智昏，为了实现梦寐以求的统治西北的野心，誓死与人民为敌，他大力扩军备战，大肆宣传污蔑“共产党杀回灭教，鸡犬不留”，煽动迷惑人民，不顾人民死活，拔丁要款，拼凑兵马，做困兽之斗。

马家军强征壮丁，早已是民怨载道，臭名昭著。对逃跑的壮丁打杀，割头示众，更是家常便饭。所以，有些人竟以剁指、用石灰弄瞎眼等方法自残。

马步芳任命韩起功为新组建的骑兵军军长，让韩起功在河州一带征兵。照常理，临夏河州一带是马步芳的老家，又是回族地区，对本族的人应该客气一些了。曾任青马上校参谋长的韩得庆，在回忆录中说了这么一件事。韩起功派出的征兵人员都是跟随他多年的传令兵、副官等，这些人凭借他的权势，狐假虎威，狗仗人势。有一个姓王的老阿訇，年近80岁了，他以宗教职业者的身份，向韩起功恳求免征他的独子，以免生活无人照料，一连三次，韩都不允。最后，韩起功对老阿訇说：“将你的胡子剃掉，你自己去当兵，把你的儿子留下！”

当时，老阿訇气得发抖，就拿起拐棍，顺势给韩一棍。韩当场就让人把老阿訇绑了起来。到了晚上，韩即暗示他的名叫牙古的副官将老阿訇带到洮河边枪毙掩埋。第二天，尸体被涨起的水浪冲出，暴露在河岸上。群众目睹此景，愤恨不已。就连韩手下的旅长马步康也不无讽刺地说：“韩军长带着万儿八千的人，打死一个老阿訇，算不得什么！”

这个七拼八凑起来的骑兵军人数有11,000人左右，却只有步枪、机枪1,000余枝，军马300余匹。更为可笑的是，这个军长竟是文盲！马步芳对韩得庆说："你也是韩军长的老人手，他不识字，年纪又大了，你在外省人又熟，见识又广，又是黄埔生，如果开会时，他在言语上有听不懂的话，你可紧随他，为他分劳。"

这样拼凑的军队怎能打仗？在临夏洮河沿线，骑兵军一遇王震兵团，不战则溃。马步芳得知后，下了"将不战而退，贻误军机的韩起功枪毙"的命令。但当时连马步芳自己都忙于飞逃重庆，也就没人顾得上执行这个命令了。韩起功逃回西宁，得知马步芳要杀他，吓得偷偷带着家属向河西逃跑。在祁连山他自己的散兵游勇向他逼索金银，并强奸了他家的女眷，以泄他们平素对韩起功的愤恨。韩起功最后还是被押回临夏，被人民政府执行了死刑。

骑兵军组成后，马步芳对韩起功和韩得庆说："你们到天水去，既要防守共军西犯，又要着重监视驻天水的周嘉彬军的动向。周是张治中的女婿，张治中在北平与共产党有联系，若不小心提防，他会在你们背上戳一刀。你们一定要特别防范，决不能疏忽大意。万一他有什么不轨的举动，先下手干掉他。"

从1949年夏天起，马步芳先组成了以韩起功为军长的骑兵军，继而组成以马全义为军长的步兵军。还给他的老牌军官刘呈德、马孝昌以军长、师长的职衔，让他们急急忙忙到河西走廊的武威、张掖一带征拔壮丁。又从陇东调回一贯善战的莽汉马忠义授以骑兵师长之职，让其到夏河一带组编骑兵，命名为长官公署的骑卫师。他妄图以扩编部队的人海战术来扭转败局，表示对蒋介石的忠心，在"蒋家王朝"最后的垂死挣扎中，充当马前卒。

客观地说，在马家军中，青马的战斗力是最强的。部队的士兵主要来源于甘青两省交界地区的信奉伊斯兰教的回族、撒拉族、东乡族等。在上层统治阶级利用宗教观念蒙蔽驱使下，也由于历史上形成的民族隔阂与仇杀，以及没有文化等原因，青马士兵在对外族和外族的军队作战中，表现了很强的内聚力、奋勇精神以及残暴行为。青马的武器装备比较差，蒋介石舍不得把优良装备给地方武装，同样是国军，也还有厚薄之分呢。但因其凶悍顽强，在战斗中敢于近战格斗，若对方的火力差，工事不坚固，是很难对付的。红军的西路军就是吃了这个亏。红军的武器差，火力弱，就难以阻挡住青马匪军的抵近死命冲锋，而且往往是行动迅速的骑兵的冲击，最后，在白刃格斗中被优势敌人消耗掉。另外，青马的部队还善于打反冲击和侧后包抄，这是很厉害的一手。因为是骑兵，就比步兵要快得多。在没有机械化的时候，骑兵就是快速反应部队。他们来得快，跑得也快。如果你没有坚固的工事，或者是你离开了工事去打追击战，那你就上当了。他回过头来反冲击，你就受不了了。在河西作战中，一开始红军就吃过他们的这种亏。后来有经验，就依托坚固的工事，或是村子里的土墙、房屋和城堡作战，而不轻易地打出击战了。

∨ 马鸿逵在向部队训话。

❶ 我军某部缴获的国民党军汽车。

★ ②

★ ③

★ ④

★ ⑤

❷ 解放军以每日行军 90 公里的速度，追击逃敌。
❸ 我大军涉水过河，追击国民党军残部。
❹ 船民将隐藏在水底下的船只拖出来，支援我军部队渡江作战。
❺ 我军某部跨过大河，向前挺进。

廖汉生

(时任第 1 军政治委员)

我军对于青马早有足够的了解，对于进军青海要同青马进行一场恶战，也有充分的思想和物质准备。

青海是马步芳的老巢，马步芳家族对青海进行了长达40年的黑暗统治。在那里建立了暴君式的反动政权，组织了一整套家族式的反革命武装体系，其部队有近10万余众。

为了不断扩充其势力，马步芳积极投靠蒋介石，成为国民党反动派在西北镇压革命、镇压人民的帮凶、祸首。

1936 年马步芳在河西走廊拦击西进的红军，几致我全军覆没，欠下了一笔笔血债。

在抗日战争中，马步芳屡次进犯我抗日民主根据地，犯下了不可饶恕的罪行。

在解放战争取得全面胜利、蒋家王朝大势已去的形势下，马步芳仍然执迷不悟，死心塌地地为蒋介石效劳。

他接受蒋介石提供的美式装备，统领西北军政大权，自命为“西北支柱”，做着“西北王”的迷梦。

青海的解放，正是同马步芳统治集团进行了一系列殊死搏斗之后才取得的。

——摘自：廖汉生《解放青海》

郑维山

（时任第19兵团第63军军长）

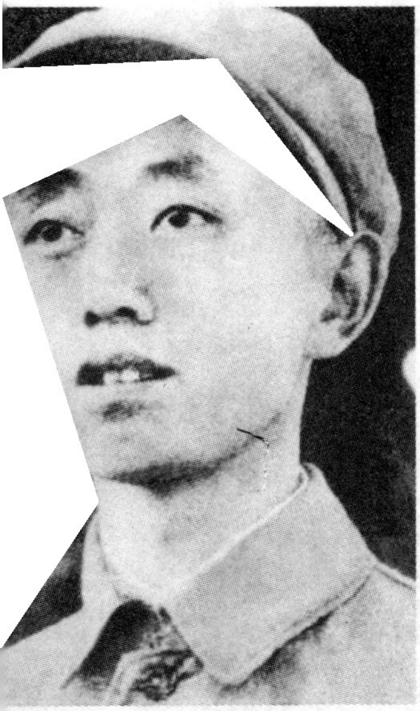

我对青马匪军的凶悍、野蛮、残忍有深刻体会。他们受宗教迷信和马步芳民族仇恨教育的毒害很深，战术上善反击，惯拼杀，能前赴后继地冲击，这在反动军队中是少见的。

要战胜它不但需要勇敢顽强，还需要充分发挥我军的优势，注重战术的运用和协同。

我们是胜利之师，有比敌人强大得多的炮兵，有向敌讨还血债和解放大西北的强烈志向，消灭青马主力、解放兰州有充分的信心。

——摘自：郑维山《忆兰州战役》

第三章

千里追击，钳胡打马

∧ 扶眉战役中，我军战士抬着重机枪通过壕沟抢占阵地。

扶眉战役大获全胜，胡宗南元气大失，已无战略主动，退守汉中。
“二马”决定平凉会战。文广村决定“钳胡打马”。二马心口不一，“平凉决战”计划流产。
固关之战第一炮打断马家军旅长的胳膊，消灭青马骑兵第14旅。青马官兵走一路，为解放军义务宣传一路。
固关、任山河之战胜利，分割青、宁二马，使其不能相顾。

1. 扶眉战役分割胡马

在彭德怀的指挥下，第一野战军的扶眉战役打得精彩绝伦。从7月10日开始到14日结束，短短的几天里，各部队按照部署，出其不意，勇猛穿插，穷追狠打，打得胡宗南部晕头转向，丢盔弃甲，狼狈不堪。等他缓过神来，已丢了4个主力军。

得知胜利，彭德怀高兴地一拳打在桌子上说：“这才叫全胜！”

扶眉战役的战绩是：歼敌1个兵团部、4个军部、8个整师另3个整团，共4.4万余人。其中毙伤敌1.3万余人，俘敌3.1万余人。缴获骡马2,400匹，各种炮290余门，机枪1,160挺，长短枪9,000余支，汽车6辆，电台26部。收复了武功、眉县、扶风、岐山、凤翔、永寿、麟游、宝鸡、千阳等县城9座。我军伤亡失踪4,600余人，与敌损失之比为1：10。

接到胜利捷报，毛泽东也非常高兴，立即致电祝贺：

歼胡四个军甚慰。

彭德怀高兴地想，形势的发展是多么快呀。1947年3月，一次才能消灭胡宗南的1个旅，刚过了一年，宜川战役一次就能消灭5个旅，到了第三年，一口就吃掉了胡宗南的4个军。在战役总结时，他还非常高兴地表扬了第4军。在1948年西府战役中，

宜川战役

1948年春，西北野战军经过新式整军运动后，以主力5个纵队转入外线作战。2月24日，以一部兵力突然包围宜川城，主力隐蔽设伏于宜川西南地区。至3月1日，在宜川西南瓦子街全歼敌增援的两个整编师。3月3日，野战军乘胜攻克宜川城，又歼敌1个旅。此役共歼敌1个整编军部、两个整编师部、5个旅约3万人，从根本上改变了西北战场的局势。

第4军因缺乏大兵团作战的经验，打得不够好，这次打得很出色，尤其是罗局阻击战为歼敌4个军起了关键作用。彭德怀高度评价第四军顽强的战斗作风，称赞“四军这次打得好，立了功”，并发电报通令嘉奖。

扶眉战役是第一野战军在西北战场上进行的一次大规模的围歼战，也是与西北战场之敌进行决战的第一仗。它的作用和意义是非常重大的。首先，使退守汉中的胡宗南失掉了北面的屏障，再无还手之力；其次，完全隔断了胡、马集团的联系，粉碎了胡、马联合反扑或联防的一切幻想，造成有利于我军各个击破的局面；第三，使第一野战军总兵力由相对优势变为绝对优势，为歼灭二马，解放大西北奠定了胜利的基础；第四，锻炼提高了部队大兵团作战的能力。

在扶眉战役中，青、宁二马只是做了个支援胡宗南的姿态，就很快地后退了。这是马步芳对胡宗南未参加咸阳攻击的报复。本来，马步芳让马继援带兵攻打咸阳，进而拿下西安，想在蒋介石面前争个头彩，让不战而退的胡宗南难堪。由于胡宗南没出援手，马继援被打得损兵折将，大败而回。

同时，这也是马鸿逵设想的“让胡宗南与共军作战”，以坐收渔利的具体实施。这一仗，胡宗南丢了4个主力军，大势已去，二马借共产党之力，斩断了国民党中央军伸向西北之手，西北就再也没有什么力量能与他们匹敌了。但二马又怕彭德怀挥师西进，直捣兰州、银川，进而威胁青海、河西和新疆。二马便把原来打算攻击咸阳，进而收复西安的兵力，集中于陇东地区，想依赖六盘山一带的有利地形，在平凉地区举行会战，挫败我军的进攻，想以退为攻，扭转危局。

平凉是甘肃与宁夏的咽喉，地处六盘山，东通陕西，西达兰州，北上宁夏，关山险峻，壁峭沟深，西兰公路贯穿其间，是古往今来通往西北四省的要道，也是历代兵家的必争之地。二马判断，彭德怀必然指挥大军沿西兰公路夺取平凉，进而打开兰州和银川的门户。虽然，从天水西进也是一条要道，但宝鸡至天水的铁路早已被破坏，沿途高山峻岭，不利于大兵团行动，他们猜想彭德怀不会走这条路。

此时，马步芳收到了蒋介石嘉勉他的电报，对他在国民党全线溃败的危局之时，敢逆流而上，出兵攻打咸阳称赞有加。随后不久，马步芳

＜1948年3月3日，我军攻克宜川城。

又接到被任命为代理西北军政长官的命令，这更让他欣喜若狂。他头脑发热，狂妄自大起来，全然不知这是蒋介石在利用他。

马步芳得意地想：长官宝座到手，青、甘、宁、新四省的兵力都可指挥调动了，有手中20万实力雄厚的人马，就可以和彭德怀在西北一争高下了。他和副长官兼参谋长的刘任计算着：自己的老底有5个军、14个师，8.4万多人，其中的82军和129军所属的7个师，就有6万人，是攻如猛虎，守如磐石的“铁骑”；宁夏的马鸿逵有4个军、13个师，也有7.2万多人，其中128军、81军所属的6个师近5万人，虽称不上是“铁骑”，但作战勇猛顽强，也是锐不可当。再加上西北长官公署直接指挥的3个军、8个师，共3万多人……

刘任是国民党中央军派来的，是桂系的人，是个死硬的反共分子。他深知蒋介石的意图，如果二马能守住大西北，这样就能和大西南连成一片，蒋介石还能依赖这半壁江山和共产党斗一阵子。因此，他顺着马步芳，鼓动地说：

“我们现在的兵力是西北有史以来最强大、最雄厚的！完全可以和彭德怀一较高低。”

马步芳得意忘形地对刘任说：“我要西北部队联合作战，协力对敌，建立牢固的西北抗共堡垒！我马某人既受命于国家危难之时，就要拿出血本，力挽狂澜，凭我们现有的实力，只要同舟共济，共赴危难，就定能挫败共军，平定西北！”

定下决心，马步芳就派刘任赶紧到静宁县的马继援公馆，召集驻平凉地区师以上指挥官开会，制定“关山会战指导复案计划”（即“平凉决战”计划）。

参加会议的有青海兵团司令兼82军军长、马步芳的儿子马继援，参谋长马文鼎，129军军长马步銮；宁夏兵团司令兼128军军长卢忠良，11军参谋长刘寄亚，81军军长马惇靖；中央军119军军长王治岐，91军军长黄祖勋，120军军长周嘉彬等高级将领。

会议是从争吵开始的。

王治岐首先指责兴平失利，是由于友军没有及时支援造成的。黄祖勋更是直言不讳他说，这是地方军与中央军各保实力造成的。

刘任尽量两边说好话，缓和气氛，缓和矛盾。但大家谁也不听他的，仍然争吵不休。刘任大声说道：

“诸位，我们如今身处险境，不战则必亡，战或可争一生！当前

∧ 时任国民党西北军政长官公署长官的马步芳。

> 号称“西北王”的马步芳。

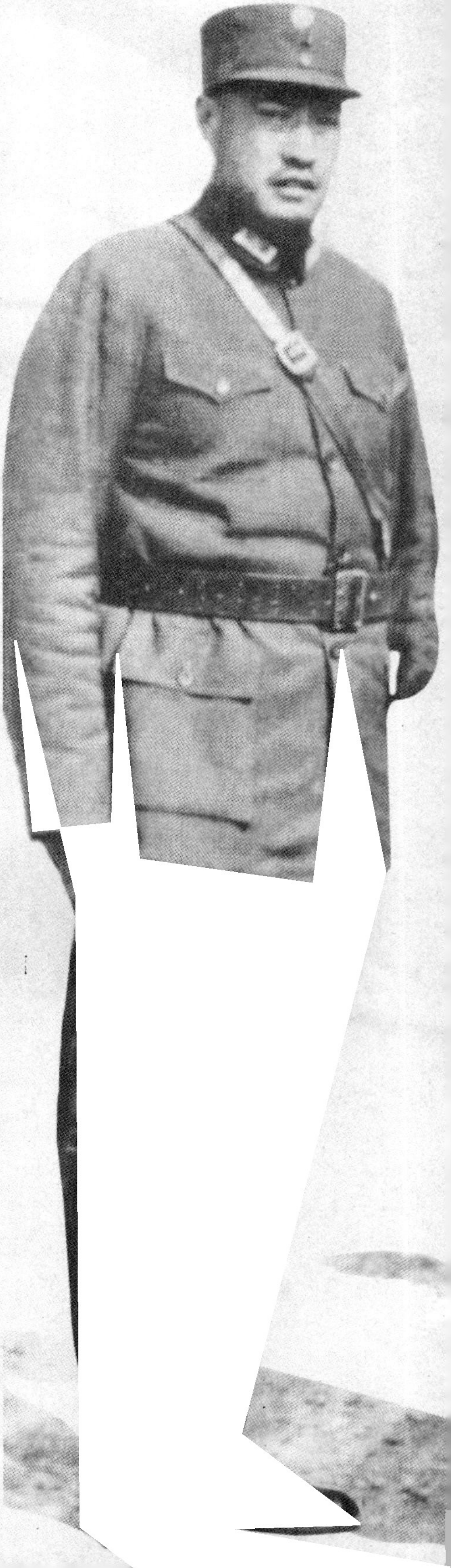

彭德怀的大军步步紧逼，追着我们打。我们与其步步退让，坐以待毙，不如凭险一搏，战上求生！眼下最要紧的是内部精诚团结，同心同德，一致对敌！”

“说什么一致对敌，可有人总是一致对内！”黄祖勋气愤地说，“照此下去，我军也不知道哪天会被自己人吃掉！这是军人的奇耻大辱，更是千古罪人！”

马继援知道黄祖勋话里有话，很是愤怒。马继援生性狂妄，且又年轻气盛，血气方刚，哪能咽下这口气，便怒目圆睁，把桌子拍得山响：“我们马家骑兵一直冲锋在前，奶奶的，坐山观虎斗是中央军，千古罪人是中央军！”

黄祖勋也不吃这一套，他一脚踢翻了凳子，大声叫道：“老子去广州评理，定将罪人千刀万剐！”

马继援拔出手枪，咆哮道：“你敢临阵脱逃？你只要敢迈出这门坎，老子就毙了你！”

会开成这样。中央军与马家军撕破了脸。刘任劝也劝不开，压也压不住。只好说：“别吵了，休会吧。”

接到刘任的电话后，马步芳急速赶来。他毕竟精于世故，老奸巨滑。大敌当前，千万不能先乱了自家的阵脚。他不但没有斥责或是辱骂谁，也没有借口战时分裂军队、破坏团结等罪名处罚谁。而是一种故作的平和心态与大家见面，开口就说：“诸位都是我的老朋友，见个面谈谈天机会难得。中央军老大哥很辛苦，为救国难嘛，暂且忍耐一下，等把共军赶出西北，咱们再共同享乐！听说这次会开得很好，老大哥原谅大弟弟们的一些不是，这让我很感动，更为钦佩！谁都知道，共军一听黄军座的名字就吓破了胆；嘉彬兄、治岐兄更是文韬武略。三位军座实为西北中坚，今后更要精诚团结，共抗共匪，把西北变成坚强的抗共堡垒！”

说完，又给中央军的几个军长和每位军长夫人各送了一份礼品。

第二天，马步芳把众将领带到山上，但见山连着山，山拥着山，山高沟深，悬崖峭壁，大有一夫当关，万夫莫开的险峻之势。

马步芳故作轻松地说：“蒋总裁为保西北，电令我们奋歼共匪。平凉扼甘宁之咽喉，定为共匪的必争之地。你们看这一线，山高沟深，处处有险可守。从战备上讲，共匪远离后方，供应困难，到这里又是长途跋涉，劳累不堪；而我们有兰州、银川为依托，供应方便，且以逸待劳，再有胡宗南部伺机而出击其共军后方……彭德怀胆敢西犯，定将他全歼！”

国民党第119军军长王治岐

甘肃天水人。国民党陆军中将。黄埔军校第一期、陆军大学毕业。历任黄埔军校教导团排长、连长，国民党军第1师营长，江苏保安第2团团长，第1师参谋主任、高参，甘肃保安旅旅长，中央军校第七分校第十五期第1总队总队长，第80军副军长，甘肃省保安处处长，第165师师长，第119军军长，甘肃省政府主席兼第119军军长。1949年12月在武都参加起义。

他又说道：“自西安失守后，共匪声势大振，目前，我们只宜固守原防。就西北地理条件而论，甘、青、宁偏处于一隅，地瘠民贫，这就有利于我们争取时间，相机转入反攻。”

话到此处，刘任就以参谋长的身份，顺水推舟地宣布了平凉作战方案：

第一案：集中优势兵力，以陇南兵团（120军军长周嘉彬，173师师长李焕南，245师师长刘漫天，91军军长黄祖勋，246师师长沈芝生，191师师长廖风运，119军军长王治岐，244师师长蒋汉城，247师师长陈倬）在天水、秦安占领阵地。马继援指挥的陇东兵团扼守六盘山。马敦静指挥的宁夏兵团凭据固原一带有利地形阻击共军西进。为了保持主动，避免决战，采取逐次抵抗手段，诱共军深入。各军务必把握战机，相机转守为攻，夹击取胜。

第二案：为了保持主力，避免胶着，必要时向临夏、定西、同心一带转进。以华家岭为轴，在该线占领阵地，以逸待劳，轮番夹击，歼灭共军。

第三案：如果共军冒险西进，对我不利时，我军为诱共军深入，继续向兰州方向转进，占领皋兰山一带既设阵地，控制强大预备队，配合友军，围歼共军，确保兰州。

刘任说完，众将官这才明白过来。原来这是马步芳的一计，在会上不好统一，就借着看地形的机会，统一了大家的认识，并且就这样定下来执行了。

看大家没有异议。刘任大声地说："命令卢忠良指挥第128军、第11军，共6个师又一个骑兵团、两个炮兵营，于平凉以南进行防御，由四十里铺、安口窑、华亭地区，以平凉为中心，形成一个弧形防御地带，积极抗击共军主力！"

"命令马继援率第82军、129军共7个师。由安口窑地区西移六盘山，待机实施迂回，从弧形防御地带之右侧即华亭、安口窑方向反突击，攻击共军右翼！"

刘任又对黄祖勋、周嘉彬和王治岐说："你们共守天水、陇西、定西等地，防止共军绕道进击！"

2. 文广村决策钳胡打马

在胡宗南集团4个军被歼灭之际，二马集中兵力似有救援之势。据此，扶眉战役后，彭德怀令各兵团就地休息一天，拟看清情况再动。

7月14日，毛泽东电示彭德怀、张宗逊、赵寿山：

马匪既有反扑援胡消息，你们主力停止追击准备打马是对的。但打马是一个较为严重的战役，各军宜有几天恢复疲劳，然后发起攻击，并准备一直打到平凉，全歼一切被抓住的马匪。1兵团如已追至宝鸡，即用该兵团歼灭宝鸡、凤翔之敌，然后由凤翔抄至马匪后面，如属可能亦是有利的，请相机酌定。

毛泽东深知马匪的反动、顽固和凶残，他对打马作战，重视无比，他反复提醒部下，决不能小看马匪。这从他多次的电报中可看出。

> 1935年，由美国著名进步作家斯诺拍摄的杨得志。

1949年5月26日，毛泽东在给彭德怀、张宗逊、赵寿山的电报中说：

依你们现有兵力，可以打胡，不能同时打马，而欲同时对马，必须等候18、19兵团开到或至少一个兵团开到，方有把握，否则无把握。因此，你们应耐心等候三四个星期，不要性急，待18、19兵团开到，打几个好仗，即可直取兰州，基本上解决西北问题。只要胡马不走，仗总是有打的。

在扶眉战役开打之前，毛泽东又两次提醒彭、张、赵不可轻视马匪。在6月22日的电报中，他说：

假如胡马各照你们来电所述，分向渭南、泾北进攻，则你们的作战计划是对的，但请注意：(一)以许兵团由泾北转至渭南，难于保持秘密，似不如令杨兵团改开西安集中，留许兵团就地钳制马匪，或退止三原诱马深入较为适宜。又一个军不足钳制马匪，至少要有两个军。

过了几天，6月26日，毛泽东又一次电示彭、张、赵：

许兵团留下必要兵力监视二马，以待杨兵团赶到接替。杨兵团应立即向西开进，追近二马筑工，担负钳制两马任务，并严防二马回击。此点应严格告诉杨得志，千万不可轻视二马，否则必致吃亏。杨得志等对打马是没有经验的。

当杨得志看到毛泽东的这封电报时，内心不禁涌起一股热流。

V 我军跨过陕西渭河大石桥，向兰州进军。

在毛泽东的眼中，马匪是当时最残忍、最顽固而又最有战斗力的。红军的西路军曾吃过马匪的大亏，对没有和马匪打过交道，又是在即将取得全国胜利的时候，一些人容易犯轻敌的毛病。事实证明，毛泽东的反复提醒并不是多余的。

遵照毛泽东的指示，依据二马的新动向，彭德怀决定，第一野战军立即实施“钳胡打马”的作战方针。

7月18日，野战军司令部指示各兵团：“歼灭胡匪4个军的胜利之后，我各兵团即将转向歼击马匪的进攻作战，特别1、2、19兵团，已成为当前最主要之任务。”并强调指出，“对此次深入马匪之统治地区大规模的作战行动，严防敌骑兵之袭击，应引起我们全体指战员后勤人员的严重注意。”要求除战斗部队时刻要加强战备外，一切机关、后勤人员都应尽可能武装起来，在一切场合都能随时投入战斗；行军要严密组织，尽量缩短行军长径；必须在驻地警戒，进入阵地后，部队才能宿营，每个营区，都要指定随时有充分准备的值班部队，以对抗敌骑兵的袭击；部队进入战斗时，应随时注意加强侧后警戒，并控制必要的预备队。

以上指示得到了各部队的严格执行。

7月19日，在宝鸡虢镇北文广村一座破庙的大殿里，第一野战军召开军以上高级干部会议，总结扶眉战役经验，确定下一战役目标。会议认为，二马准备平凉决战，这是野战军聚歼二马的良好战机。

彭德怀在会上作了重要讲话。他说：“胡宗南虽然还有10万多兵力，但已经没有进攻关中的能力了。二马退守陇东地区，在没有受到我军歼灭性打击的情况下，估计将在平凉六盘山一带依天险进行抵抗。西北地区的雨季就要来了，陇县南北山高路险，人烟稀少，考虑到这些，战役行动应尽量提早。”

会议决定，除第18兵团（欠62军）取积极防御姿态，钳制胡宗南部于秦岭外，集中第1、2、19兵团和第62军共10个军的优势兵力，分三路向平凉攻击前进。以第19兵团和陇东分区部队为右路，沿西兰公路及其两侧首先歼灭泾川之敌，然后协同中路、左路部队歼灭平凉、安口窑、华亭之敌；以第2兵团并指挥第62军为中路，沿千阳、陇县大道前进；以第1兵团为左路，与中路平行北上，先取陇县，直插平凉以西，断敌退路，并准备打击由兰州、固原方向可能增援之敌。会后，彭德怀即将此决定上报中央军委。

收到电报，毛泽东和朱德、周恩来研究后，回电说：

以三个兵团追歼二马是否足够。我们觉得似应从18兵团抽4至5个师西进，作为预备队。如这样做，便需该兵团集中主力攻占凤县、留坝，威胁褒城（但不可占褒城），迫使南山敌军后撤，然后该兵团可以抽出4至5个师西进助战。是否应当如此，请酌办。

毛泽东又一次表示了对打马的重视。但他在说出自己的意见之后，总是以商量的口气，给前方指挥员以临机决断之权，从不强加于人。

看完毛泽东的电报，彭德怀综合各种情报及昨日会议的决心，于次日向毛泽东报告了准备攻打平凉的计划。他说：在扶眉战役中，胡宗南部损失4万余人。现马步芳、马鸿逵部各3个军退守平凉、泾川、陇县地区，配备相当分散，有各个歼击可能。我以10个军，准备26日开始攻击。进而解放甘、宁、青三省全部，准备今冬入四川，明春夏入新疆。

对彭德怀的报告，毛泽东以个人名义回了电：

德怀同志：打胡胜利极大，甚慰。不顾天热乘胜举行打马战役是很对的。打完这一仗应休整一短期，然后再进，惟休整时间不宜太长，以恢复疲劳，整顿队势，补充缺额为原则。如能于8月上半月完成打马战役，休整半月至一月，9月西进，10月占领兰州、西宁、及甘（张掖）凉（武威）肃（酒泉）三州，则有可能于冬季占领迪化（乌鲁木齐），不必等到明春。照我想，只要平凉战役能歼两马主力，则西北战局即可基本上解决。往后占领甘、宁、青、新四省基本上只是走路和接管问题，没有严重的作战问题。

在兰州战役前后，彭德怀和毛泽东几乎每天都有电报往来。空中的电波来回不停地传递着统帅部和西北战区指挥员之间的信息。

扶眉战役大胜后，我军民的士气特别高昂。各部队都在利用战斗间隙，进行短暂的休整，补充人员、武器装备、物资，开展即将进行的歼击二马的教育动员，对解放官兵进行教育，学习缴获武器装备的使用方法，做新区群众的宣传鼓动工作。

被解放的人民欢天喜地，对支前爆发出空前的热情。做担架的，筹措粮草的，做鞋袜的，整修车辆的，到处都是人欢马叫，热火朝天的景象。

经过短暂的准备。从7月21日至24日，第一野战军的第19、第1、第2兵团先后由乾县、礼泉、凤翔、宝鸡等地出发，按预定部署向西进击。大军矛头指处，二马节节溃退，地方保安部队纷纷缴械投降。

第18兵团分驻秦岭一线，执行钳胡任务，保障三个战役兵团的侧翼安全。

国民党西北军政副长官郭寄峤

安徽合肥人。国民党陆军中将。保定陆军军官学校第九期毕业。七七事变时，任国民党卫立煌第14集团军总司令部参谋长，随卫北上抗日。忻口战役中接任第9军军长。1938年2月，任第二战区前敌指挥部参谋长，12月任第一战区长官部参谋长。1942年初任重庆卫戍副总司令，8月任第八战区副司令长官兼参谋长。1946年11月任西北行辕副主任兼甘肃省主席，1948年7月任西北军政长官公署副长官。1949年去台湾。

3."平凉决战"计划流产

正当第一野战军三路大军直指平凉的时候，马步芳和马鸿逵之间的矛盾逐渐暴露了。

7月27日，国民党行政院任命马步芳为西北军政长官公署长官，取消了原来的"代"字。而这一职位，也是马鸿逵垂涎已久的。但宁马的力量及影响历来不如青马，这一点马鸿逵也是心知肚明的。二马早先在青甘交界的享堂有过一次会面，经协商，西北军政长官由马步芳来做，马鸿逵做副长官兼甘肃省政府主席。其实，马鸿逵看重的是甘肃省政府主席的位置，有实权，有油水，而不太在乎副长官那个虚职。在这之前，二马曾千方百计合力将甘肃省政府代主席郭寄峤挤出了甘肃。马步芳坐上西北军政长官公署长官的位子以后，就不想让马鸿逵当甘肃省政府主席了，而是想让自己的儿子马继援来当。这就当然地引起了马鸿逵的不满。

7月24日在甘肃静宁举行的高级军事会议，马鸿逵就没有出席。他看了平凉会战计划后十分不满，照这样布局打法，他的主力就有被消耗和被歼灭的危险。这是马步芳在利用他的力量与解放军决战。如果宁马打胜了，青马则乘机加入战斗，扩大战果，功劳还是他青马的；如果打败了，吃亏的就只是他宁马了。

马鸿逵看出了马步芳的用心，他越想越生气，越想越恨马步芳，骂道："你小子还算计我，老子才不上你的当哩。"

∧ 我军突破马步芳云盘山防线，继续向西挺进。

国民党第128军军长卢忠良

甘肃河州人，国民党陆军中将。1929年后，历任国民党军团长、陆军新编第7师第19旅旅长、第十五路军师长等。抗日战争时期，任第11军暂编第9师师长等。抗日战争胜利后，任整编第18师暂编第19旅旅长，第128军军长兼第256师师长，后兼任宁夏兵团指挥官。1949年9月率部起义。

马鸿逵立即给卢忠良发去密电，命令他："保存实力，退守宁夏。"

于是，卢忠良听令，自行向平凉以北撤退。宁马一撤，青马就暴露于第一野战军的直接攻击之下了。

马继援气得大骂不止，狂妄地叫喊："没有卢忠良，老子照样打垮彭德怀！"

"打？怎么打，还是撤吧。"马步芳对儿子说。

马继援只好作罢。这样一来，所谓的"平凉决战"计划就流产了。

但为了阻击我军西进，马步芳还是命令马继援调集第82军的骑兵14旅、骑兵第8旅等8个骑兵团的兵力，集结在固关、关山岭、马鹿镇一带阻击我军。并在两个骑兵旅后方的庄浪、静宁、隆德等县，集结了第82军的3个主力师和129军的两个师，共5个步兵师的兵力，企图增援固关地区，将我军就地歼灭。

固关是青马防守的第一个咽喉要道，也是我西进大军必须打通的第一道大门。它位于陇县西北60里左右，处陕甘交界处，四面高山耸立，山势险要，沟壑纵横，灌木丛生，地形复杂。旧的西兰公路由此盘山而上，这条惟一的公路夹在东西走向狭窄的深谷里，是典型的易守难攻之地，也是兵家历来必争的秦陇要道。马继援让有"精锐铁骑"之称的骑兵第14旅在这里构筑工事，凭险扼守。

4. 砸烂固关

我军乘胜追击，士气高昂，各部队都争先恐后地要把最艰巨的任务争到手。大家心里都明白，全国就要解放了，再捞不到多少仗打了，都想借此机会多打几仗，用为人民多立功，来迎接新中国的诞生。

同时，大家一提起马匪，无不切齿痛恨。这伙匪帮一贯与人民为敌，曾杀害了我西路军多少健儿，就是在西府战役时，青马还将我教导旅来不及转移的伤员全部残杀。多少年来，他们大搞封建割据，以极其残酷的手段压榨盘剥西北各族劳动人民，使甘、青、宁三省成了全国最黑暗、最落后的地区之一。

就在这次西进途中，王震和彭德怀路过一个破旧的窑洞。王震刚一进去就叫了一声“哎呀”，然后跑了出来。彭德怀进去一看，也跑了出来。他们看到一家老小五口，包括一个十几岁的小姑娘，都是赤身裸体，全家只有一条供出门的裤子。彭德怀难过地说：“我知道饿饭是什么味道，我从小就饿怕了。这一次，我看到了比我童年经历过的更为可怕的贫穷。青宁二马的黑暗统治，给西北人民带来的是多么深重的灾难！”

< 时任西北野战军第 2 纵队司令员的王震。

王 震

湖南浏阳人。土地革命战争时期，任中国工农红军湘东独立 1 师师政治委员，湘赣军区代司令员，红六军团政治委员，第二军团政治委员等职。抗日战争时期，任八路军 120 师 359 旅旅长兼中共延安地委书记，延安军分区司令员，卫戍区司令员，八路军南下支队司令员等职。解放战争时期，任中原军区第一副司令员兼参谋长，西北野战军第 2 纵队司令员兼政治委员，第一野战军第 1 兵团司令员兼政治委员。

西进途中，广大指战员亲眼目睹了当地人民极端贫困的状况，那食不果腹，衣不遮体的悲惨景象，使许多人想起了自己的童年，激起了深刻的阶级同情，和对马匪的仇恨，许多人把自己的衣物和粮食分给了老乡，有人甚至把自己仅有的鞋子也脱下来送出去，自己光着脚前进。

现在终于到了报仇的时候了。

彭德怀和王震经过慎重考虑，把歼灭固关守敌的任务交给了 1 军 1 师和 7 军 20 师。1 师的 2 团和 3 团正面主攻，20 师绕到敌后断其后路。

7 月 28 日凌晨 2 时左右，担负主攻的 1 师两个团以急行军的速度，沿着通往固关的公路急进。7月的夏夜，十分闷热，战士们个个挥汗如雨，终于在拂晓前赶到了固关的前哨打火洛。

此时，敌人也没闲着，他们正在固关以东的公路两侧和南北山头上赶修工事。

凌晨5时，我2、3团立即成钳形向固关守敌猛扑过去。3团的3营，直插固关的西南，实施迂回包围。2团3营在团特务连和师警卫连配合下，由陈家山登上固关北山，向守敌发起攻击。其余部队沿公路和两侧高地实施正面攻击。

顿时，山谷里，枪炮声、喊杀声响成一片，很快就扫清了外围之敌。

敌人遭此突然打击，个个晕头转向，慌了手脚。他们做梦也没想到我军会来得这么快。

敌旅长马成贤一面令其部属仓促应战，一面观察我军情况。

此情况正好被我炮兵观察所看到了，立即瞄准射击，"轰隆"一声，第一炮就落在马成贤的指挥部里了，把马成贤的左臂炸断了。接着又有密集的炮弹落了下来，炸毁了敌电台。马成贤急忙捂着流血如注的胳膊，痛苦地对参谋长马尚武说："你接替我指挥，我负伤的消息暂时保密，我到后方去，让马军长增援你。"

说完，马成贤带着卫兵骑马逃走了。敌人失去了指挥官，更加惊慌失措了。

趁敌混乱，我3团的三个营同时向固关南侧守敌展开猛烈攻击。这时天色已亮，部队的运动已被敌人发觉。担任前卫营的3营便兵分五路，向固关镇东南大小山梁上冲击，准备占领制高点。此时，敌人也企图抢占此阵地。3营的勇士们动作迅猛，跑在了敌人的前面，首先占领了低处的几个阵地，随即向固关东南的制高点大嘴山发起攻击。

大嘴山孤峰矗立，灌木杂草丛生，南北是悬崖，东西两面只有单人能攀登的小路。地势险要，攀登不易。敌人在山峰架有一挺机枪。9连以2排为突击队，他们在营的3挺重机枪和连组织的火力掩护下，强行仰攻。从冲锋出发地到山颠，勇士们手持钢枪，迅速攀登前进。敌人以机枪、排子枪和手榴弹阻击他们。排长郑德英把3个枪榴弹筒组织好，射手刘大洲、熊文平七发七中，消灭了敌人的火力点，5班乘机发起冲锋，一排手榴弹打入敌群，班长曹吉修第一个攀登上去，副班长王广忠、战士王吉荣紧跟着冲入敌人阵地。机枪班副班长李凯的轻机枪也紧跟了上去，他端起机枪一阵猛扫。战士们把敌人压了下去，把象征胜利的红旗插上了最高峰。

∨ 隐蔽待命的我军部队。

紧接着，1、3排也冲了上去，9连的战士们顺着山梁向敌人压下去。敌人开始还企图依赖低处的山包作垂死挣扎，但哪里抵得住我勇士们居高临下的猛打。山是陡直的，杂草有半人深，战士们不顾一切地冲下去，猛追猛打，奋勇消灭敌人。战斗中，机枪手曲万福负伤了，班长薛德华接过机枪猛打，薛班长负伤了，战士陈长生又接过来打；弹药手张树林牺牲了，最后，这挺机枪只剩下陈长生一人，他一直坚持到战斗结束。

1营和2营也紧随着3营很快地攻了上来。师里的重迫击炮和山炮打到敌群里，敌人像热锅上的蚂蚁，四处乱窜，全乱了套。

此时，我2团3营正和固关北山守敌拼命搏杀。

上午9时，3营9连突击队在战斗英雄齐万禄的带领下，一举攻占了姚家店西北1号阵地，使河滩守敌的腹背受到严重威胁。为了顽抗，敌人立即组织了两个连的兵力进行反冲击。这是马家军的拿手好戏。

3营的战士们与敌人展开了肉搏战，阵地上刀光闪闪，杀声震天。战斗英雄齐万禄，杀得满身是血，耳朵也被子弹打穿了，仍然不下火线。他一面坚持战斗，一面鼓励大家："同志们，好好打！坚决把敌人杀下去，为人民报仇！"

在他的带动下，战士们越杀越勇，越战越强。机枪手们没有刺刀，就举起枪托，抡起圆锹，照着敌人的头上猛砍。敌人的一次次反冲击，被3营的勇士们一次次粉碎了。接着3营又乘胜攻击，连续攻下了敌人的2、3、4号阵地，北山的敌人纷纷向河滩固关镇内退去。

至此，固关南北山主要阵地都被我军占领，对敌人造成了南北夹击之势。沿公路两侧向前正面攻击的2团1、2营和3团的2营迅速向前推进。2团4连指导员刘廷友瞅准敌人防御的弱点，率1排战士迅速隐蔽接敌，勇猛直插敌人的中心阵地，一阵手榴弹把敌人打得抬不起头来。手榴弹打光了，刘指导员喊道："同志们，用刺刀和敌人拼，杀敌报仇的时候到了！"

霎时，战士们端起几十把明晃晃的刺刀冲进敌阵。壕沟边，阵地上，刀光闪闪，杀声震天动地，顽抗到底的敌人，都死在了英雄们的刺刀下。战斗中，刘廷友手持红旗冲在最前面，红旗指向哪里，战士们就杀向哪里。各连密切协同，迅速地拿下了五、六、七号阵地，向固关镇内逼去。

< 守敌向我军举手投降。

在我强大炮火的有力支援下，我攻击部队层层紧缩包围圈，打到上午11时左右，敌人已全面溃退，纷纷向西南山沟逃窜。

我炮兵抓紧时机，集中延伸射击，炮弹呼啸着飞向马群。顿时，几千匹马被炸得四处狂奔，互相践踏。固关完全笼罩在一片硝烟火海之中。

为了尽快结束战斗，素有“攻如猛虎，守如泰山”之称的1团投入了战斗，他们协同2、3团以泰山压顶之势，向溃败的敌人猛扑过去。

这时，大炮的轰鸣声、刀枪的撞击声、子弹的呼啸声、战士们的喊杀声、战马的嘶鸣声，响彻云霄。狼奔豕突的敌兵，被杀得人仰马翻，尸横遍野。没死的拼命向西奔逃，战士们穷追不放。

战斗英雄郭生生带着全班冲在最前头，他们连翻三座山头，终于追赶上了敌人。一阵猛打猛冲，将一个连的敌人冲散了，活捉了30多个敌人，缴获了100多匹战马。

恰好这时，我7军20师已先敌一步插到了三桥子，将正在没命奔逃的敌人当头一棒打了回来。溃逃之敌已被我团团围住，成了网中之鱼，只好一个个跪在地上举手投降。

固关一战，青马骑兵第14旅被全歼，第248师骑兵团大部被歼，缴获战马2,000余匹，给马匪以极大震憾。

“解放军打仗非常厉害！”马匪的下级官兵这才知道，其实马家军很重视对士兵的反动宣传，政工人员和各级军官常对士兵说：“我们是河州人，硬汉子，会骑马打仗。红军是娃娃兵，我们要一个打他几个。”同时，又恐吓士兵，“如果被捉去，不是活埋，就是剁八件，还要灭我们的教门哩！”这些反动宣传给一部分官兵种下了仇视解放军，死心为马匪卖命的思想。

解放军对俘虏非常宽大，并不是像长官们说的那样，“杀回灭教，对俘虏抽肠挖肚，大卸八块。”非但如此，反而好得很，给吃给喝，还发给回家的白洋和路条；受伤的还给治疗，好了才让回去，也发给路费和路条，有的还给粮食，天下哪有这样好的军队。

对于我军的俘虏政策，曾在马继援的骑兵14旅任重兵器营营长的马援海印象最深。他在固关战斗中被俘，事后回忆说：

解放军接受了我们的投降，把我们送到固关镇上一家院落里。有一位干部向我们说：“你们中间的回族人举手。”等了一会，大家都不敢举

∧ 我军西进途中解放了陕西重镇宝鸡。

手。解放军连长说："我们解放军按党的民族政策办事，尊重少数民族的风俗习惯。叫你们举手，是为了分开回、汉族，好给你们分灶做饭。我们优待伤兵和俘虏，你们不要害怕。"这时我们开始明白了，所有的回族人都举起了手。这样优待了四天以后，年轻士兵很多自愿报名参军的。对年龄大的人来说，解放军就答应他们回家参加生产劳动。第二天我们随军到了秦安，每人给两块硬币、20斤粮食、解放证一纸，让我们回到了家乡。伤兵们则受到野战医院的治疗护理，治好了伤，发给每人硬币3块，20斤粮食、解放证一张，大家欢天喜地地回到了家乡。

这些被释放的青马官兵走一路，为解放军义务宣传一路，他们对受马匪欺骗宣传的老百姓说：

"你们不要跑，解放军对拿枪打他们的人都不杀，你们怕什么？"

骑兵14旅的被歼，让马步芳父子不敢再调动后面的几个步兵师和我军作战了，只好继续向定西后退。

笔者的一位老首长，就是西进大军中一员，他对我说：

一路上都是追击战，没有后顾之忧，大家的兴致非常高，士气高得不得了。在一些高坡处，各军、师文工队都有宣传鼓动点，说快板，打横幅标语，唱歌，送水，有些部队还唱着专门为着打马家军骑兵而编写的歌曲："马家骑兵不可怕，沉着顽强来打它。

目标又大又好打，坚决送它回老家……”还有的部队唱着：“快快地追赶，英勇的围歼，光荣立功在今天。胡宗南吃了大败仗，马匪吓得心胆寒，他想逃跑难上难……”

19兵团第65军194师，在瓦亭、三关口，痛歼马匪军，青马只得继续向西奔逃；宁马向银川方向溃逃。紧接着第64军又在任山河地区给宁马的主力第128军第68旅等部以歼灭性打击，毙伤俘虏敌3,000多人，宁马部队进一步向宁夏腹地退却。

∧ 我军部队在行军途中路过瓜田而不入，真正做到了“不拿群众一针一线”。

任山河一仗彻底地分割了青宁二马的联系，使其再也不能相顾。不仅为解放大军西进扫清了道路，还造成了我军西进兰州、银川，各个歼灭马步芳、马鸿逵的有利态势。

从此，64军把宁马的第11军、第81军、第128军和贺兰军，钳制在宁夏境内，使他们处于自身难保，无心他顾的危境，有力地保障了我军主力进攻兰州的右翼安全。一直到打下兰州，宁马的军队始终也没敢动一动。

宝鸡以西回民较多。这些地区长期以来，深受二马反动宣传的毒害，对共产党和人民军队所知甚少。为了争取、宣传、教育群众，第一野战军颁发了《回民工作手册》、《宽待回民俘虏守则》及《团结回民守则》等规定，并严格执行，受到了沿途回民群众的欢迎。《宽待回民俘虏守则》特别要求，除了尊重其宗教信仰和饮食习惯外，还规定，每人发给白洋三块，让其回家。1949年8月3日，《人民日报》刊登了《团结回胞守则》全文，请注意，《人民日报》发表时，将“回民”改为“回胞”，一字之改，足见其水平和亲情更高一筹。守则共有十条如下：

一、保护清真寺、拱北，不随便进去，不在他们墙上画宣传画、贴画报；
二、不在回民家里吃驴、骡、马肉，吃牛羊时，要请阿訇宰；
三、不和回民青年妇女交谈，不入回妇房子；
四、不干涉阿訇夜间礼拜念经，遇回民礼拜时不偷看，不喧哗；
五、不去回民房子里洗澡；
六、在回民水井打水洗手，剩水不倒回去；
七、称呼回民为“老乡”、“老表”，不准叫“回子”；
八、不对回民说猪，不问回民为何不吃猪肉，不问清真寺是什么；
九、不在回民家里吸烟、喝酒；
十、人人宣传我党的少数民族政策；

有些部队还进一步细化了这些规定。如一野4军就于8月1日在马鹿镇米家大滩印发了《第四军纪律教令》。规定了保护清真寺、尊重回民风俗习惯、损坏家具赔偿、不增加回民负担等九条纪律，向群众反复宣传，并身体力行，深深地感动了他们。我军每到一个宿营地，不少群众带着喜悦的神态围拢上来，诉说渴望解放的心情，久久不散，得知我军决心要歼灭二马，解放大西北时，他们脸上露出了期望的微笑，问寒问暖，关心备至。

一野各部队严格执行党的民族宗教政策，受到了回族同胞的欢迎。彭德怀电告军委说：

我军所至均受到当地人民热烈欢迎，尤其清水及其以北之张家川龙山镇莲花镇居民，回汉居民（大部为回民）行为很好，如烧开水、张贴标语口号并控诉马匪暴行等。

固关，这道大门被砸烂后，我各路大军像开了闸的潮水，势如破竹地向西汹涌而去，他们意气风发，斗志昂扬，挥汗如雨，用双脚追着敌人的马蹄子，拼命地追着马匪，咬住马匪，穷追猛打，不给敌人以喘息之机。当他们站在六盘山顶，想起当年毛泽东写下的著名诗句，不禁感慨万分，现在，终于到了“缚住苍龙”的时候了。

1兵团大军直捣马步芳的老家青海西宁，2兵团、19兵团解放大军直指兰州城下。

❶战斗中的我轻机枪阵地。

★ ②

★ ③

★ ④

★ ⑤

杨得志

(时任第19兵团司令员)

青、宁二马面对我军的行动，陷入战退难决的窘境：欲战，自知难以抵抗我30万胜利大军；欲退，则惧怕失去甘、宁咽喉，老巢难保。

直到我军全面出动之后，他们才制定了所谓"关山会战指导复案计划"作出平凉决战的部署。部署一出笼，宁马立即觉察青马要保守实力，让他们打头阵的企图。

于是，马鸿逵急电宁马临时总指挥卢忠良：保存实力，退守宁夏。这样，敌人的平凉决战计划未及实施，便向西撤退了。

这时，青马主力也撤到了静宁地区。很明显，敌人已放弃在平凉与我决战的企图，而改为各保其家，节节抗击，迟滞我军前进的战法。

——摘自：杨得志《忆太原战役》

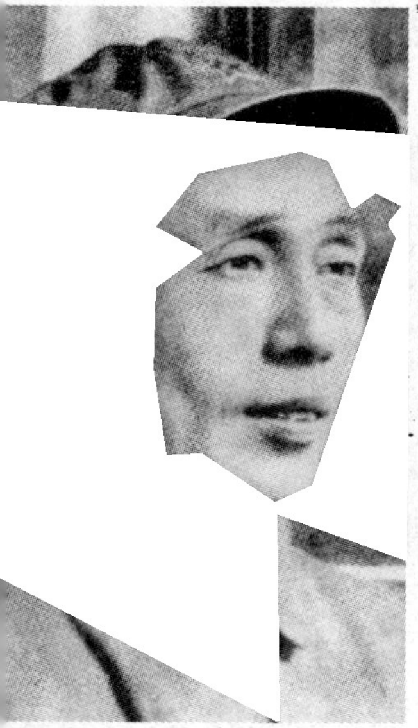

李志民

（时任第19兵团政治委员）

我各路大军长驱直入陇东，跟踪追击青宁二马，至7月27日，宁马已向平凉以西撤退，青马主力也撤至静宁地区……

我65军之193师勇猛地向敌人发起强攻，很快占领了敌人阵地，夺取了三关口，打开了通路。

8月2日，65军之195师攻占战略要地六盘山。

至此，我各路大军已直入甘肃腹地，虽然未能歼灭青、宁二马主力于平凉地区，但却达到了分割二马的目的，为以后各个歼灭敌人创造了更为有利的条件。

敌人失去了平凉地区这一有利的决战阵地，使兰州、银川暴露于我军的攻击之下，陷于空前不利的困境。

——摘自：《李志民回忆录》

第四章

危如累卵兰州城

∧ 人民群众将大批粮食弹药运到前线支援我军作战。

在短短的一个月内，马步芳就逮捕共产党员和革命群众300多人，制造了灭绝人性的“沙沟惨案”。

马不芳叫嚣：“宁可错杀一千，不让走脱一人！”

除了白色恐怖，血腥统治之外，马步芳还大肆搜刮民财，造成兰州一片混乱，经济萧条。

1. 血雨腥风逞凶狂

马步芳当上了西北军政长官公署长官，大权独揽，不可一世。他踌躇满志地对身边的人说：“先人没有办到的事，我都办到了。”他甚至自诩为“西北支柱”，连日在兰州举行大小宴会、演戏，招待前来祝贺的亲信、高官和青海来的著名人士及宗教领袖。驻新疆哈密的骑兵第5军军长马呈祥（马步芳侄子）来了，在陇东前线的马继援也带着妻子赶来参加庆祝活动。

马步芳得意地下令：“组织一个青海、甘肃慰问团，让少将参议李学模当团长，公署副参谋长彭月翔也参加，代表我到关中前线和后方医院慰劳官兵和伤员，每人发银圆一块！”

不仅如此，他还暗中指使青海的高文元以祝贺自己升任长官为由，在青海纠集部属和地方著名人士组成一个青海代表团，携带着搜刮来的民脂民膏及3,500匹军马前来祝贺，场面上搞得热闹非凡。

但马步芳也深怀恐惧。“蒋家王朝”已经土崩瓦解，正在作最后的垂死挣扎。西北战场，胡宗南被彭德怀打得节节败退，自己的失败也是早晚的事。但这种情绪他不能流露出来，只能藏在心里。他深知自己作恶太多，只能一条道走到黑了。他一面加强控制，一面把重要的战略物资向青海西宁抢运，以备不测。

利用特务，大搞白色恐怖，进行血腥统治，是专制政府的必然选择。越是临近灭亡，就越是要如此。

解放战争的节节胜利和人民反蒋斗争的空前高涨，让国民党甘肃省当局惊惶失措，从1948年初始，颁布了《紧急治罪法》、《戒严法》、《户口连保》、《新闻取缔》等众多反动法令。

马步芳上台后，这种法西斯统治更加变本加厉，更加疯狂地破坏中共地下党组织，

< 国民党军疯狂残杀共产党人。

> 1942 年，马步芳（左二）迎候来青海视察的蒋介石（右一）。

搜捕共产党人，迫害革命群众。他多次对军警头目说："现在是非常时期，我们要拼命保命，破产保产。对共匪决不能客气，宁可错杀一千，不让走脱一人！"他还杀气腾腾地发布了"严禁共匪活动"的"十杀"令，在兰州刮起血雨腥风。

他一上任即任命所属第 129 军 357 师师长杨修戎为兰州城防警备司令。不久，357 师调往陇东作战，他又任命青海省驻兰办事处主任赵珑继任。这个办事处平时就负有特殊任务，内部暗设侦察组织，豢养便衣特务多人，从事秘密活动。赵珑接任司令后，权力更加集中。他秉承马步芳的旨意，主要加强了三个方面的工作：一是对共产党人、进步人士的言论和行动进行了解、监控和镇压；二是对郭寄峤、马鸿逵等人及社团群体进行监视；三是厉行保甲连坐法，严密控制往来陌生行人和空运旅客的行动。

血腥镇压首先对准中共地下组织，特别是在兰州解放前夕，马步芳在兰州进行疯狂大搜捕、大屠杀，使中共皋榆工委（即兰州市委）西区工委遭到严重破坏。在短短的一个月内，就逮捕共产党员和革命群众 300 多人，大批共产党员、民主人士、进步青年、革命群众在黄河北崖沙沟被枪杀、活埋，甚至被装入麻袋投入黄河，其中有共产党员和进步人士 76 人，制造了灭绝人性的"沙沟惨案"。

一时兰州城内的大街小巷，到处是便衣侦探。他们到处横行妄为，搜查行人，进家入户；酒馆饭店，结队闯入，逮捕侦询，非刑拷打，冤案不断，甚至于借故枪杀。他们还把注意力放在了解兰州大学等学校师生和各厂矿员工的动态上。对一些青年学生，凡认为可疑的，索性用麻袋套住被捕者的上身，在黑夜里用吉普车拉到黄河边，丢入河中。这种事屡次发生，让人惊慌不安。

这种倒行逆施，就连国民党内部的许多党、政、军、警、宪、特人员也看不惯，他

们在私下称兰州为“烂州”，称皋兰为“搞烂”，以发泄对马步芳血腥恐怖政策的不满。

但凡专制者，都怕老百姓的舌头。马步芳还对新闻进行钳制，规定省政府各机关的新闻由甘肃省保安司令部政工处统一发布，军事新闻由西北军政长官公署政工处统一发布。新闻从业人员消息不能如实写，社论不能公正地说话，甚至副刊上的文字，也要绞尽脑汁地反复推敲。比如，当时轰动西北的兰州民主东路邱家大血案发生后，当局下令不准发消息。《河声报》不顾禁令作了报道后，当即被封门停业三天，该报采访主任还接到电话警告，叫他“小心脑袋”！。兰州解放前夕，当局就逮捕了新闻界好几位记者、编辑，往往前一天还在上班，第二天就不见人了，谁也不敢打听，谁也不知道下落。直到解放后，人们才陆续了解到他们当时遭逮捕的情况。

这种监控甚至到了连自己人也不放过的地步。

陈秉渊是国民党青海省政府交通厅的官员。1949年7月，他在青海乐都老鸦峡接到西北长官公署下达的命令，让他负责在西宁接收由兰州运抵的物资，并明确规定：凡从兰州起运的军公物资，由西北财经委员会发运，到西宁后由陈秉渊接收保管，倘有失误，定予严惩。就是这样的官员，到兰州公干后，在探亲访友中也受到了特务的监视。他曾应友人之约，到南关一大饭店赴宴，刚落座不久，就有几个人在他们对面的另一桌坐下，盯着他们。友人即暗暗告知他：“这是便衣稽查，少说话！”陈匆匆应酬之后，即离席告别。他感叹道：“朗朗乾坤，就这样制造恐怖气氛，实在是太过分了。这种众叛亲离的趋势，难道不是自己人为形成的吗？”在返回青海时，当局先让他坐袖珍飞机“西宁”号走，赶到机场时，警备司令部派出警官多名，名为检查机场秩序，实则是查看他的随身行李和接触的人士，使这位陈先生瞠目结舌，莫名其妙。不久，当局又通知他飞机取消，改乘汽车返回。车行至西关路口，又有警卫强制停车检查，使他气愤不已。放行后，他万感交集，警察局对他尚且如此，一般人行路之难，便可想而知了。

1949年7月，马步芳将兰州的重要军公物资运往老巢青海西宁。这批物资包括大批各类油料、被服、枪支弹药以及各种军火、机件和空军后勤物资。伪西北财经委员会调动了100多辆公私载重汽车，日夜不停地向青海拉运。就这样，一场灾难性的物资掠夺开始了。甘青公路上，车水马龙，昼夜不停。在这一大批的物资中，还有甘肃造币厂一宗新铸的银圆，刚将圆坯铸成，还来不及打上正反面图像及币值，就急忙装进麻袋运到西宁。经过半个多月的抢运，这批物资才抢运完毕。幸运的是，这些物资后来都被解放军各主管部队接收，回到了人民的手中。

2. 横征暴敛刮民财

除了白色恐怖，血腥统治之外，马步芳还大肆搜刮民财，造成兰州经济萧条，一片混乱。当解放大军兵临城下时，大部分店铺关门倒闭，许多市民逃亡乡野。

临战前夕，反动当局成立了“兰州各界战时服务团”，说是服务团，其实就是马步芳向工商界强征硬索的组织，团部设在国民党甘肃省党部礼堂。他们还把兰州商界的头面人物也委派成下属成员。其中，兰州市商会常委监事郑立斋是该团征募大队大队长，兰州市商会理事长张子杰是征募组副组长，纱布业吴宏斋、百货业理事长刘善初和行栈业理事长陈茂春，也都被迫参加了“服务团”。服务团成员按规定都要戴上印有“反共救国”白字红底的袖章。

40年后，陈茂春回忆了他亲身经历的马步芳军队在兰州商界的两次大勒索，可见当时民族工商业者生存之艰辛：

马继援的82军由平凉往兰州撤退之际，兰州市政府派了一个姓王的官员到了市商会，开口就说：“战争需要，平价收购宽面洋布10万匹！”

当时兰州商界有个规矩，各商号凡购进的货物都如实地在商会作登记。因此，商会对商号的货物了解很清楚。行栈、百货、纱布行业的理事陪同这位姓王的官员到下属各商号登记所要的布匹。被登记的布匹中，行栈业约合9万余块银圆，百货业约合1万余块银圆，纱布业约合3万余块银圆。三个行业被征购宽面洋布不足10万匹。

登记完毕，王姓官员说：“限三日内将布匹送到兰州市警察局。”

布匹送到警察局后，多日不见下文。被征去的布，行栈业是大多数，会员们天天来找陈茂春要钱。陈茂春也就天天跑到商会去找会长张子杰，一连跑了十几天。

一天，张子杰对陈茂春说：“警察局答应给一千两黄金。”陈茂春想，给了一千两再说吧。到了第二天，陈茂春和刘善初、吴宏斋一块儿到了市商会。

张子杰摊牌了，说：“黄金是给了，但警察局长郭庄要借二百两。你们看咋办？答应还是不答应？”

他们三人都不吭声。“一共一千两，你就要二百两，这事情咋给大家交代呢？”陈茂春想，“这不是明明敲竹杠么，不给是不行的！”

他便说：“不得不如少得，少得不如现得，拿到手才算数，先借给他吧。”

张子杰这才说:"你们答应了,我盖了章子你们去取黄金吧。"

从警察局拿回来八百两黄金后,纱布、百货、行栈三个行业按金额多少,打折扣,把八百两黄金分给了各商号。就这一次,三个行业就损失了白洋7.6万多元。

这事刚完,当局又向兰州商会要8万条毛巾,说要给82军士兵每人发一条。这时,解放军已经打到阿干镇了。阿干镇在兰州正南方,离兰州约30公里,兰州街上店铺都关了门。

市政府来了一个督办的人,将陈茂春和刘善初找了去,他们一起在街上到处找。走到城南门"万里金汤",见城门洞两边有十几个小摊子,有的摆着几条,有的摆着十几条。不由分说就将这些毛巾收到了一块儿,摊主们眼睁睁地看着他们拿走了,谁敢吭声要钱呢?况且,这些人也没钱可给。

到了下午,实在找不到毛巾,他们这一行人就到了市政府,主事的是个军人,全副武装,神气十足,一听说没有毛巾,霍地站起来,"啪"的一声,手拍在桌子上,眼睛瞪得像牛卵子,大声吼叫道:"没有毛巾,枪毙!先关起来!"

陈茂春这人胆子比较大,关就关呗,他要枪毙,你跑也跑不了。里面关了不少人,有的坐着,有的窃窃私语,都知道外面很紧张了。

第二天天亮,百货业公会一个姓赵的委员来找刘善初。他们在一起商量,找不到毛巾他们是出不去的,要毛巾也要有钱才行,没钱,他们也没办法。商量来商量去,还是让姓赵的委员去找会长张子杰,想办法先给些钱,再由陈茂春和刘善初想办法。

经张子杰交涉,军方答应给2,000块银圆,并说:"8万条毛巾,少一条,枪毙!"按时价,一条毛巾银圆2角5分,8万条毛巾就得2万块银圆,这个价在市面上是买不到的。但是有了现钱,他们是可以想办法的。

陈茂春和刘善初到黄河北庙滩子82军军部领了2,000块银圆,然后把会员召集到一起说:"给了2,000块银圆,要8万条毛巾。无论如何要把毛巾搞到,价钱多高都得买,钱不够咋办?由行业给会员摊。"

这一次,仅行栈业就损失了800多块银元。到后来,也只找到了5万条毛巾,任你出多大的价钱再也没有毛巾可买了。陈茂春出了个主意,能不能用窄布剪成截子来代替毛巾呢?经市长研究,答应了。当时纱布行所存的土布很多,剩下的三万条毛巾就是用土布剪成的。这件事由纱布行的吴宏斋负责办理,他雇了一帮人,一面不停地剪,一面就由士兵搬走了,一直干到很晚才完。

交了这个差事,陈茂春就到同乡家里躲了起来,不敢回家,害怕又会遇上什么灾星。俗话说,秀才遇见兵,有理说不清。商人遇见兵,有理就说得清了么?

恶性通货膨胀导致金融崩溃,往往是一个政权覆灭前的征兆之一。当时兰州的恶性通货膨胀已经到了崩溃的边缘。

1935年，国民党政府鉴于白银外流，银根紧缩，财政拮据，军用繁浩，遂实行法币政策。原来的想法是，法币发行开始，即收兑银币，收回六成银币，即可发行十成法币，以保证通货不致膨胀过快，影响物价稳定。但自抗日战争开始一两年后，法币发行数量就一再增加，由10亿元至20亿元、30亿元。到1940年，已达40亿元以上。甘肃省银行于1940到1941年间亦先后发行五角辅币1,010万元。由于全国通货膨胀，不久，辅币已不足找零之用，遂成废纸。抗战胜利后，据说法币发行总额已达5,700亿元。万元大钞出笼，刺激物价上涨3.3万多倍。

法　币

中华民国时期国民政府发行的货币。国民党政府1935年11月4日实行法币政策后，禁止银元流通，以中央、中国、交通3家银行（后加中国农民银行）所发行的纸币为法币，并利用法币收兑银元和民间藏银。在抗日战争时期和解放战争时期，纸币急剧贬值。1948年8月19日被金圆券替代。

恶性通货膨胀给兰州和全省人民带来了无穷的灾难。到1947年12月，兰州物价指数已较1937年上半年上涨了10.2万多倍。与全国各大城市比较，仅次于北平、南京，而高于上海、重庆，币值的微小已成为再发行的障碍。当时面值百万元的大钞，已不能抵补印刷费了。到了1948年6月间，发行数字已达137万亿元。8月中旬，金价领先暴涨，冲出36亿元大关。一次理发费就要240万元。国民党政府为了挽救经济危机，不得不于同年8月19日发布《财政经济紧急处分令》宣布币制改革，公布《金圆券发行办法》，发行金圆券20亿元。同时公布《人民所有金银外币处理办法》规定，黄金、白银、外国币，在国内一律禁止流通、买卖、私有，并限定于9月前在指定的银行兑换，借以维持其币值稳定。兰州于8月23日实行，以法币300万元折合金圆券1元。

金圆券的发行，对兰州和甘肃全省来说，同样是一次浩劫。据熟悉当时甘肃金融情况的王恭先生介绍，兰州8月23日当天，就收兑民间黄金300两，银币13万元，银块6,000两，美钞200元。据兰州中央银行公布的数字，自8月23日至10月30日，甘肃省收兑民间黄金4,232.27两，白银152,600.99两，银币674,155元，五角银币55枚，银角币7,616枚，美钞9,788元，港币366元。国民党政府不仅掠夺了人民的金银和外币，更重要的是他们依靠纸币的无限发行，从人民的手中夺去了难以计数的物资财富，而人民手中剩下的只是一堆废纸。至当年的10中旬，金圆券也趋于崩溃，其速度比法币更是有过之而无不及。到了1949年4月中旬，每人的工

∧ 青海省藏族同胞欢迎路过自己家乡的解放军。

资，按当时的物价指数来说，又上涨了1,800倍。一枚银元价升至36万元左右。至4月24日，金圆券又成了废纸。一枚银币价已高达金圆券8,000万元。同年5月，甘肃每人每月平均生活费就需金元券4,750万元。其贬值速度连印刷大钞也来不及了。仅4月份一个月，就欠发省、县两级公务人员薪金700余亿元。

金圆券由于发行过快，急剧贬值，很快就遭到群众拒用。兰州市面上实际流通者仍然为银圆、铜板。1949年4月以后，金圆券连找零的最低效用也没有了。由于当时市面上筹码紧缺，周转不灵，甘肃省银行于5月2日起先后发行银角本票以救急。但因社会上对本票信用发生怀疑，造成大量挤兑现象。无奈，省政府又开始筹设甘肃造币厂，于6月3日在兰州开铸银币，用民国三年袁世凯头像模型。所用白银向民间收购，每日铸造800至2,000枚。不久，因原料不足，就停了。开铸银币的第二天，省政府就决定：禁止铜圆出境，每人每次携带不得超过20枚（合计银币五元）。这时的兰州金融市场空前混乱，"黄牛"充斥，银圆、铜圆、本票、金银互相倒贩，猖獗一时。买卖双方不用说话，只用手在袖里握指示价。这种交易方式被叫做"袖里乾坤"，行情是瞬息万变。在法币时期，有"天上飞机响，地下椭椭（银圆代称）涨"的说法。是说天上运钞票的飞机来了，地下的银圆就又要涨了。金圆券时期的投机倒把更甚于法币时期。

1949年6月，金圆券寿终正寝，停止流通。国民党政府于同年7月2日在广州宣布以银圆为本位，发行银圆券。企图以银圆券与银圆发生假象的联系，以银本位为幌子，以便于他们以少量的银圆，配合大量的银圆券，欺骗人民，进行掠夺，作最后的挣扎。马步芳对甘肃的银圆券发行以推迟时间的假象，玩弄其为“充分兑现”作准备的把戏，企图骗取人民相信银圆券的“可靠”。

兰州至7月19日才开始发行，不出10天，西北军政长官公署公布了《稳定金融办法》，制止金银流出统治区，同时，又限制银圆券流入。规定每人每次出境时，只限带黄金二两，银币200元，白银一百两，入境银圆券在500元以上者，须登记核准。但所有这些，都不能挽救其政治、军事、经济的彻底崩溃。当银圆券在兰州出笼后，持有者即向中央银行挤兑，“充分兑现”的假面即被揭穿。

8月上旬，兰州中央银行的银圆兑付已尽，改为银圆券持有人，购黄金一两以上者兑付黄金。这样，又使小额持有者两次拿到一堆废纸，而官僚资本家、富户、豪绅就可以拿到黄金了。银圆券在兰州的发行仅是过眼烟云。有些偏僻之地，还没有见到它的影子，就已成为废纸一张了。这场币制改革的闹剧还末演完，解放大军就直指兰州城下，蒋、马的残余势力纷纷溃逃，国民党在甘肃的统治土崩瓦解，其金融市场也就自然地随之崩溃了。

3. 可敬的地下党组织

中共兰州地区的地下党组织，解放战争时期，已经有20多年的历史。其间，1940年6月被敌人破坏后，处于停顿和隐蔽状态。

1946年10月，中共甘肃工委派罗扬实同志为特派员，秘密潜来兰州，恢复和整顿了地下党组织。1948年4月，中共甘肃工委孙作宾同志听取了罗扬实同志的汇报后，决定成立以罗扬实为书记的中共皋榆工委（即兰州市委），并制定了工作方针：一、以兰州为中心，以农村为主，放手发展党员。建立隐蔽点线，准备配合大军解放兰州。二、进一步掌握合法武装。三、在兰州市区，开展提供情报和准备内应工作。四、将工作范围扩展到市区周边的皋兰、榆中、靖远、会宁、定西、永登、景泰等地区。

皋榆工委成立后，组织发展很快，工作十分活跃。到解放前夕，已有基层支部100多个，党员2,000多人。此间还组织领导了工人罢工，中、小学教师“罢教索薪”及反对省政府发行“三百万银圆建设公债”的示威游行等群众运动。

1948年底，为了加紧做好迎接解放的准备工作，中共甘肃工委多次指示皋榆工委，要调查、了解、搜集国民党在兰州的军事、政治、经济、教育、社会等大量情报，要求“思想进城，政策进城，工作进城，速将工作重点放在兰州解放后的接收准备上”。广大地下党员立即行动起来，不仅搜集了大量军政机密情报，还对兰州的地理、人口、工矿企业、金融、邮电、存粮、水源等情况作了广泛的调查了解。这些情报由书记罗扬实同志分门别类地做了整理，并绘制了敌城防部署图，以备我军解放兰州时参考。他们还组织刻印和手抄了《中国人民解放军布告》(约法八章)、《新民主主义论》、《论联合政府》、《中国革命和中国共产党》、《论共产党员的修养》等，在党内和群众中秘密传阅；同时，还向敌人开展策反和心战工作都取得了很大的成效。他们将秘密油印的《中国人民解放军布告》，通过邮局寄给在兰州的国民党军政要员，震慑了敌人中的顽固分子。在我军即将攻城之前，工委书记罗扬实同志化装成牧羊人，赶着羊群，在当地群众的掩护下，越过敌人的封锁线，给彭德怀司令员送去了情报，为解放兰州做出了重要贡献。

在解放大军抵达兰州前夕，罗扬实同志就指示东区工委下属的金崖工委，在金崖地区组织了“协军团”，欢迎解放军，支援兰州战役。这个协军团组织地下党员、进步青年和学生，开展了多项工作，如宣传党的政策，消除群众顾虑，安定民心；在金崖境内设立了支前站，借粮借草，支援前线；给解放军介绍社情；派人给解放军带路，帮助部队侦察敌情等。8月13日，协军团由秘密转入公开活动。

8月16日榆中县解放，协军团和解放军部队接上头后，在部队干部和随军的地方干部的领导下，兰州战役支前工作轰轰烈烈地全面展开。这时，夏收刚刚结束，协军团一面动员群众抓紧打碾，边碾边送交部队，一面动员存有旧粮的农户，把粮食拿出来支援前线。协军团副团长沈秀峰，过去以开烟坊掩护工作。大军到后，协军团团部和63军政治部都设在他家的烟坊里，每天从早到晚人来人往，他都热情接待，把家里的两头大肥猪杀了让解放军吃，还把家里的几千斤面粉和准备加工水烟的清油，也送给部队食用。

在协军团的组织下，金崖地区各个村庄都设立了粮食保管点和马草运送站。苑川河两岸的所有水磨和小磨，都昼夜不停地转动起来，为部队加工面粉。在兰州战役期间，协军团共为部队筹集粮食800多石和不少猪、羊、鸡肉。金崖党支部书记金巨英，冒着生命

毛泽东的《新民主主义论》

写于1940年1月，最初发表于《中国文化》杂志创刊号，题为《新民主主义的政治与新民主主义的文化》，出单行本时改现名。在文中毛泽东根据国际国内历史情况的变化，以及中国革命20年中的新经验，全面地阐述了新民主主义革命的理论。毛泽东制定了新民主主义革命的政治纲领、经济纲领和文化纲领，并论证了新民主主义文化的性质、特点和发展的历史。

危险给部队带路，三天三夜没合眼。许多年轻力壮的小伙子，也主动给部队带路，到前线抬伤员。

在协军团的带动和影响下，在500多名部队干部的大力协助下，榆中县的支前工作也取得了很大成绩。从解放到9月10日前后，全县共筹粮3万多石，支前民工35,000多人（次），支前牲畜16,600多头支前大车1,600多辆（次）。为支援兰州解放和大西北的解放，做出了积极的贡献。

V 人民群众送来生猪慰问解放军。

4. 马勺里炒大豆

马步芳似乎对自己在兰州的败局早有预感。在兰州行将被解放大军包围时，他特别下令各机关、团体和一些零星部队，不准进入青海，只能向河西疏散。马步芳决定在兰州决战，也有不把自己老家做战场的想法。他多次说过，打孙殿英不在青海，打红军是在河西。他把青海视为自己的福地，不让战火烧到自家门口。

曾在国民党129军任职的李庆芬认为，兰州会战的决策，是1949年静宁军事会议流产后，由马步芳独自一人作出的决定。他认为这是“马勺里炒大豆”，敌我同归于尽，孤注一掷的下乘之策。

“马勺里炒大豆”是马步芳老家河州地区的一句方言。马勺是木质大水瓢，见火就燃。马步芳把自己比作马勺，把解放军比作大豆，两者付之一炬，同归于尽。

毛泽东和彭德怀在歼灭马家军的方略上，都是希望决战的战场越往东越好，这样靠近我解放区越近，人力物力和环境都于我方有利。先是平凉最好，但由于马鸿逵让81军退缩宁夏，平凉决战就落空了。能在兰州决战，也是求之不得。怕就怕马步芳退守青海西宁，这倒不是怕消灭不了他，而是由于补给线太长，人地生疏和草原地带适合于骑兵作战，这样胜利的时间就会大大地拖延。

在敌人内部，对兰州决战也是有不同看法的。

马继援原想在定西一线决战，马步芳坚决不同意，改在了兰州，这暂且不说。就是在兰州作战，也等于是把马家军擅长的骑兵作战改作了步兵作战，兰州四面是山，骑兵摆布不开。再就是兰州虽然好防守，但也有胜后因地形限制之故，不易扩大战果的缺点；万一败了，丢了黄河铁桥，想跑都不容易。张治中的女婿，国民党120军军长周嘉彬等人就是持此种看法。

还有一种看法是，不在兰州决战，只作消耗性战斗，把主要兵力放在黄河以北，只要你解放军过河，我就在北岸打“击半渡”。持这种看法的是82军的参谋长马文鼎，但没被采纳。

8月1日，新组建的骑兵军正准备按马步芳的命令开往天水。军长韩起功和高参韩得庆突然接到马步芳的电话，要他们立即到长官公署开会。他们赶到时，看见马步芳和副长官刘任眉头紧锁，面带忧郁。

马步芳声音嘶哑地对二位说：“前方战况失利，82军已准备撤退到兰州。因为马鸿逵令卢仲良部撤返宁夏，静宁会议虽然召开了一下，但卢仲良没参加。马鸿逵、马鸿宾暗地放水，坐观成败，尤其是81军按兵不动，专看风向。马继援报告想利用定西一带山高沟深的地形，拟打阻击战的计划，我不同意。所以静宁、定西的两个会议已成泡影。”

说到此处，马步芳停了一下，加重了语气说：“因此，你们这个军，顾不上去天水了。给你们三天时间准备，迅速开往临洮、洮州一带的洮河沿线，加强戒备，作为82军防守兰州的右翼部队，防范南路的共军。黄河以北，我另有布置。82军大部队准备在兰州背水一战，限你们三天时间开出拱星墩，8月中旬以前务必到达各自的防地。”

看韩起功和韩得庆点头称是，马步芳又给他们打气说：“你们走后，我立即飞往重庆开会，再给你们筹办武器装备。新疆骑兵第5军军长马呈祥已来电报，一个团（指回族团）的武器，已派专人用10辆汽车押送来青，我已复电将这些武器直接运到临夏装备你们，以后继续再给你们补充。至于以后的任务，我直接以电报下达。”

这个七拼八凑起来的骑兵军，果然按照马步芳的指示到达了各自的防地。

8月中旬的一天，韩起功收到马步芳从广州发来电报：

中央已派飞机30架，向我所有的防区协助作战，你们的武器空运前来，你们放心大胆地驻守洮河沿线，并与兰州方面取得联系，我日内返兰，可能到你们防区视察一次……

听了电报，韩起功欣喜若狂。当即对韩得庆说：“赶快打电话把旅长、团长们都叫来，把长官的电报念给他们听。”

这些旅长、团长们听完，都疑惑哪来的这么多的飞机。但又都不敢开口，便互相观望。

只有马步芳的族亲马绍武旅长满不在乎地说“这么多的飞机不可能，来个一架、两架的差不多。”

韩起功瞥了马绍武一眼，很不高兴地说：“长官有办法，蒋介石很信任他，比马鸿逵这些人吃得开，不会有什么问题。”

决战兰州定下后，马步芳立即确定了兰州决战指挥部成员：指挥官马继援，参谋长马文鼎，成员刘任、马步銮、卢忠良、赵遂。

8月14日，青马的82军、129军所属各部队全部到达兰州。当天中午，马继援以决战指挥官的身份在兰州黄河北庙滩子军部，召集82军所属100师师长谭呈祥、190师师长马振武、248师师长韩有禄，骑兵第14旅（固关被歼后补编）旅长韩世荣和129军

∧ 我军某部穿越荒无人烟的草原向兰州挺进。

军长马步銮，新1师师长马璋、357师师长杨修戎，骑兵8旅旅长马英等举行军事会议，部署兰州防御作战。

心高气盛的马继援摆足了决战指挥官的架子，他说：“长官决定在兰州决战，本指挥命令各部队长，限六天时间迅速在黄河以南东岗坡、皋兰山、沈家岭、狗娃山一线构筑工事，准备与共军决战！”

接着，他手持指挥棒指着墙上的作战地图部署道：“东岗坡黄河沿线至皋兰山东缘，为第100师防御阵地；皋兰山东缘至沈家岭东缘，为248师防御阵地；沈家岭至狗娃山为190师防御阵地；骑兵14旅为河防部队，在黄河以北，从黄河铁桥以西十里店、安宁堡、河口、刘家峡，沿黄河北岸占领阵地，构筑工事，并在沙井驿至河口一带多设暗堡构成火力网，特别要在渡口处修筑加强工事。对黄河以南新城一带的羊皮筏和水手集中使用，不得被共军利用。129军和骑8旅从黄河北岸桑园子峡至十里店为河防防守区，严密防守，129军军长马步銮为河防指挥，指挥部设在黄河铁桥以北的白塔山上。”

部署完，马继援说道：“这次固守兰州是关键，也是我们的生死存亡的最后决战……”

随后，马继援率领各师、旅长和参谋长乘汽车开上兰州城南的最高峰皋兰山，观察地形，划分阵地。他一面观察地形，一面得意地说：“共军这次长途跋涉，兵力疲劳，加之后方运输线长，补给困难。而我们是以逸待劳，弹药粮秣充足，士气振奋，运输也较短，这些都是我们的有利条件。同时，兰州自古以来易守不易攻，这里三面环山，峰峦高耸，犹如一座天然屏障；北面又有黄河天险，河面宽阔，还有山上修好的国防工事，只要我们全军上下奋勇作战，是稳操胜券的。”

同日，兰州决战指挥部参谋长马文鼎又带着谭呈祥、马璋、韩有禄、马振武、青海保安团团长郑万良及作战参谋、各防御部队的团长、副团长、运输、通信主管人员，乘车视察了各防御阵地和通往阵地的各条通路。

视察完毕，马文鼎命令道：“129军新1师2团中校副官伊德福，在金城关召集青海部队随军家属护送回西宁；该团中校副团长吴鸿奎负责桑园子、东岗镇一带的坚壁清野，不给解放军留一草一粮；该团团长王以辉负责兰（兰州）阿（阿干镇）公路及阿干镇以北地带的坚壁清野，有遮火力的民房必须拆除！”

同时，马匪还派出一些小分队，化装成解放军，在兰州城附近为非作歹，残害百姓。直到这些坏蛋被解放军的前卫部队击溃和俘虏，老百姓才明白过来。

①

★②

★③

★④

阎揆要

（时任第一野战军参谋长）

兰州是国民党反动派西北军政长官公署所在地，是甘、宁、青、新4省的枢纽要地。它具有可扼守的特殊有利地势：东、南、北3面环山，中夹黄河，又有抗日时期构筑的坚固国防工事。南山是扼守的主要阵地，对外削成两三丈不等的绝壁。绝壁之上有地雷外壕。外壕有的两层，深宽各两丈多，又有铁丝网、水泥和钢筋地堡，直至核心工事。阵地间火力都可联系。主峰上均有通汽车的路。其时敌人长官公署已撤到张掖。敌指挥所位于黄河北岸。马步芳以其精锐第82、第129军5万人防守兰州，其中3个师守南山主阵地；以第91、第120军和宁马的第81军共2万人防守兰州东之靖远、景泰、黄河两岸及打拉池地区；以新编的骑兵（实步兵）军2万人防守于洮沙、临洮地区。

——摘自：阎揆要《解放西北的最后攻坚战》

彭铭鼎

（时任国民党西北军政长官公署副参谋长）

8月中旬，马继援率所部第82军、第129军及独立骑兵部队，自陇东经华家岭逃到定西，还妄想在这里阻击解放大军西进。马步芳自料寡不敌众，令其子退守兰州，父子间相持不下。此时马继援自定西来电话，约我赴定西面商。我星夜乘车到了定西，马继援正在万分踌躇，一见面不及寒暄，即以守定、守兰两项意见相询。我当时分析守兰州胜算较大……

马继援听罢我的分析，沉思久之。才说："我在这里不打阵地战，打运动战，机动灵活的打，打不赢再走。"我说："骑兵已损失很大，还打什么运动战？你能机动过共军吗？到那时，数倍于你的兵力，团团围住，要走也不可能。"马继援沉思良久，最后气呼呼地说："那就向兰州撤罢！"就这样日夜兼程撤到兰州……

——摘自：彭铭鼎《国民党西北军政长官公署从兰州溃逃到酒泉起义》

第五章

侦察性攻击

★★★★★

∧ 我军某部举行的动员大会上，战士们纷纷宣誓。

三路大军乘胜追击，8 月 19 日完成对兰州的三面包围。
敌吹嘘兰州“是攻不破的铁城”。马家军拼血本死守兰州，彭德怀决心“杀鸡用牛刀”，在我军一阵地未攻克情况下，野司下达战术要点，把大炮推上山，逐个确定摧毁目标，但因我军 10 师 28 团战士麻痹大意，阵地被敌偷袭。
马家军小胜，马继援上沈家岭视察，命令：“活着你们要守住阵地，死了也要为真主争光！”

1. 三面包围

兰州城四面环山，处在狭窄的盆地上，滔滔黄河自西向东贯穿而过，盆地南大北小，城在南岸。兰州是座古城，经历代不断修筑，到解放前，已是城中套城的格局，在原有方城之上，除了北面是黄河无处发展外，分别向东、西、南三个方向建有长方形的城郭，这三个城郭，又是东、西长，南面短，整个城看起来成拉长的“品”字形。

在兰州市博物馆，我看到了解放前兰州城的模型，数了一下，仅外城就有 11 个城门。城西有一座建于清末的大铁桥。无论从桥的年龄还是从它离河源的距离来说，此桥都是当之无愧的“万里黄河第一桥”，它的军事价值不言而喻。如今，兰州是座现代化城市，原来的古城墙连一块砖也见不到了。

兰州是西北第二大城，是控制甘、宁、青、新四省的战略要地，也是西北的军事和政治中心。攻克兰州，就能促使整个大西北迅速解放。

兰州城南，是山的丛林和海洋，从东向西，依次为十里山、窦家山、古城岭、马家山、皋兰山、沈家岭、狗娃山。这些黄土高山一字排开，构成兰州的天然屏障。十里山、古城岭、马家山和皋兰山上还分布着抗战时期修的永久性工事。其中沈家岭离黄河铁桥较近，又与狗娃山一起扼守着两条南去的公路，一条通阿干镇，一条通临洮、临夏，被看作是“兰州的锁钥”。

皋兰山是兰州城南的最高峰，也被视为最大的屏障。自古以来，统治者以为欲保兰州，必先巩固皋兰山。汉、唐时期经常屯兵驻守，有“头营子”、“二营子”、“三营子”、“营盘岭”等地名沿用至今。据皋兰县志载：汉武帝元狩三年，骠骑将军霍去病将万骑击匈奴于皋兰山下。山的最高峰三台阁，就是元、明时代的瞭望台遗址。山高 550 米，站在山顶，除可俯瞰整个兰州城外，东可见十余里外的东岗坡，西可见河口镇。

1948 年春夏之交，我军挺进陇东一带，兰州反动政府为作垂死挣扎，积极在皋兰山一带构筑据点工事，藉以自卫。但因山势绵亘陡峻，攀登困难，而且山上无水源，修筑防御工程所需材料的运输以及战时粮、弹、水的补给，部队的调动等均为不便，西北军政长官公署决定，修一条环山公路。工程于当年8月25日完工，通车典礼后，还由西北长官公署长官、副长官带领20余辆大小汽车，开至山顶三台阁举行“联欢野餐”。谁知刚好通车一年，兰州城破，这是后话了。

若从宏观上看这些山的军事价值，是很有些说头的。虽说这些山从东到西呈“一”字排开，但除了最东面的十里山是对外成横“一”字外，其他的都是南北长东西短的椭圆形山梁，这些山梁大多是北高南低，北大南小，许多山梁从上往下看都成葫芦状，大头向北。总体上说是易守难攻，但具体说来，也不尽然。要守住这些山梁，就必须在山上构筑椭圆的环形工事，这样不但防守的战线数倍扩大，而且前、左、右三个方向都可受到攻击。要说兰州既不好守，也不好攻，似乎更为准确些。

为了死守兰州，马步芳用他的精锐82军所属的三个师分别守卫兰州南山三大主阵地。以100师和青海保安一团守卫东面的马家山一线，以248师守卫正南的皋兰山，以190师守卫沈家岭、狗娃山。以马步銮的129军的两个师为预备队，将新1师部署在东面的拱星墩，为100师的预备队；将357师部署在兰州西关七里河，用于支援沈家岭的190师。一个全美式装备的榴弹炮营配置于东教场，甘肃保安部队的3个团驻守东岗及城内。总兵力为5万人。又以新编骑兵军驻守临洮、临夏一带，防守青海西宁老巢的门户；以骑8旅、骑14旅和5个步兵师的骑兵团位于兰州黄河北面一线，策应兰州和临洮方面作战。马步芳让马继援在黄河北岸坐镇指挥。

这样部署，既表明了马步芳死守兰州的决心，也给了彭德怀歼灭其主力的机会。

彭德怀在认真分析马步芳的作战部署后，对在兰州歼灭青马主力，心里更有底了。有人问他“兰州有黄河障碍，敌人如果死守怎么办？”

彭德怀回答说：“我们不怕他守，而是担心他跑掉。如果他真的不跑，就到了我们把他消灭的时候了。”

身经百战的彭德怀深得毛泽东的用兵之道，对毛泽东的十大军事原则，烂熟于心。集中优势兵力打歼灭战，用他的话说就是“杀鸡用牛刀”。彭德怀的部署是，以19兵团的63军、65军攻击城东的十里山、古城岭和马家山之敌；以2兵团的6军攻击正南的皋兰

> 阎揆要，时任第一野战军参谋长。1955 年被授予中将军衔。

阎揆要

陕西佳县人。黄埔军校第一期毕业。土地革命战争时期，任西北军杨虎城部队警卫团副团长、团长。抗日战争时期，任八路军总司令部科长、参谋处处长、军政处处长，冀鲁豫军区参谋长。解放战争时期，任军委一局局长，陕甘宁晋绥联防军副司令员兼参谋长，西北野战军第4纵队副司令员兼参谋长，西北野战军参谋长，第一野战军参谋长等职。

山之敌；以4军攻击城西的沈家岭和狗娃山之敌。以3军为野战军预备队，待马继援预备队用尽时，从兰州以西向东攻击，抢占黄河铁桥，断敌退路。马步芳用5个师防御，彭德怀就用5个军攻击，基本上是以我一个军打敌人的一个师。

彭德怀知道，每个军的任务都是艰巨的，面对的都是青马的主力部队，他们没有遭受过我军的重创，又深受反动宣传的毒害，打仗时，是“前有敢死队，后有督战队”，是一群非常凶残的亡命徒。

8月19日，第一野战军指挥部到达兰州东南20多公里的乔家营，彭德怀和参谋长阎揆要住进大柳树村的一个周姓人家。与此同时，两个兵团及各军也都按时到达了指定的集结地区，并迅速展开。

19兵团指挥部进驻兰州以东猪嘴岭，63军、65军占领了金崖、张家湾、邴家湾等地，到达了十里山、古城岭、窦家山、马家山一线展开，进而扫清外围，构筑阵地，进入了战斗准备。

1兵团指挥部进驻兰州城南的阿干镇。其前卫4军11师向兰州城西挺进，各师先后到达兰州城西的西果园、尖脚地、狗娃山上村等预定的集结地区，并迅速地做好了战斗准备。其先头部队已进入了沈家岭和狗娃山前沿阵地。用一些师团长们的话说，就是“和敌人眼睛盯着眼睛地挖开了战壕。”

6军在解放了榆中县后，经过急行军，军部驻部家泉，所属的两个师均完成了战前的集结，进入了阵地，与皋兰山、营盘岭守敌相望对峙。

三面包围完成，大战在即。

当时，彭德怀对马步芳究竟是固守兰州，还是消耗性抵抗一下即退守青海，并不是十分确定。战前，他得到了两种截然不同的情报。一说是马步芳准备向西宁逃跑，一个多月前就开始向西宁转移重要的战略物资，几百辆汽车运了半个多月，好像并不准备在兰州决战；另一说，马继援准备在定西与我军决战，但马步芳不同意，执意要在兰州决战，兰州有大量的既设阵地，交通方便，又粮弹充足，更有利于防御。最后，小马只得服从老马。就在我大军刚到兰州城外时，城内的地下党负责人，还专程送来情报。从情报看，马步芳把他的血本第82军的三个主力师，都摆到了黄河以南的三个主阵地上，而把他不太信任的国民党中央军放在了黄河以北只做策应之用，这分明又是一副决战的架势。况且，马步芳一向不喜欢把战场放在自己发家的青海。他要是从兰州再退，就退到青海去了。

彭德怀久久地站在地图前，沉思着。作为一个千军万马的统帅，一个大战略区的指挥员，大战之前，决心定下之前，他总是在沉思，比较、思考、计算着。长期在最高统帅部参与谋略全国的战场态势，并指挥重大战役，使他养成了沉稳、坚定、果敢、临机应变等性格。但他又非常善于发扬民主，集思广益。一野成立前委，凡重大事宜均由前委集体讨论决定的制度，就是由他向中央和军委提出的，毛泽东当场就同意了。彭德怀深知自己的每一个决定、指示，都和战士们的鲜血生命相连，都和战争的胜败相连，和解放全国的大势相连。他不得不殚精竭虑，呕心沥血，如履薄冰。大战之前和大战之中，他常常是几天几夜不合眼，往前线上跑，在指挥部熬，实在熬不住了，就趴在桌子上打个盹。他对自己要求严格，对身边的工作人员也决不马虎。他曾对在身边工作的机要秘书肖鹤说："你当机要秘书，首先要把电报承办好，不要误事！党中央和毛主席、周副主席发来的电报，要随到

> 我军解放了兰州以东的定西县城。

随译随送，一刻也不能耽误；我们向党中央和毛主席、周副主席的请示电，督促机要科、电台及时发出，并告电台随叫随到，力争及时看到党中央的指示。”“军情千变万化，贵在抓住时机，我们早一分钟得到党中央的指示，早一分钟了解敌情，早一分钟调动部署好部队，就能打击敌人，保存自己，夺取胜利，赢得成倍的时间和把握。”

他还要求司令员的秘书必须懂得如何挂地图和标图，并亲手教秘书挂图和标图。在他的表率作用和严格要求下，他的指挥班子是严谨和高效的。

马步芳在兰州决战，这正是毛泽东和彭德怀所希望的。

虽然，彭德怀对青马决不小瞧。但在千里追击战中，除了固关、任山河等几个较大的战斗外，青马、宁马的部队都是一触即退。我军各部队的求战情绪非常高，但也程度不同地存在着轻敌和盲目乐观的情绪。

刚一住下，彭德怀就马不停蹄地到前沿看地形。在侦察完敌人各个阵地后，他就何时发起总攻征求大家意见，2兵团的意见是要准备四五天才行，理由是4军和6军的炮兵火力较弱，用炮火开辟攻坚通路的可能性太小，只能用其他办法；19兵团说，8月21日就可总攻。原因是他们大炮多，弹药足，口径也大，想用炮火摧毁敌人工事，用炮火开辟通路，他们认为如果能把马家山攻下来，就可从东面直捣兰州。

思来想去，彭德怀决定用9个团的兵力于21日全线进行一次侦察性攻击，打一下，一探虚实。

8月20日，一野司令部下达了作战命令：命令各军于21日拂晓在全线发起攻击。

2. 初攻马家山

马家山地势突出险要，是兰州东南的天然屏障。抗战时，国民党军朱绍良部就在这里修筑了永久性的国防工事。当我军逼进兰州时，马步芳父子又精心地进行了加修，是兰州外围最坚固的防御阵地之一。阵地上有密如蛛网的铁丝网和鹿砦，蜂窝似的地雷区，铁丝网和木桩上还挂着航空炸弹，每枚航空炸弹又连接着几枚地雷，只要一踏响地雷，即会引爆其他地雷和航空炸弹，杀伤半径在30米

> 朱绍良，国民党福州“绥靖”公署主任。

国民党福州“绥靖”公署主任朱绍良

江苏武进人。早年加入同盟会，后投靠蒋介石，颇受重用，曾任国民党军总司令部参谋长等职。抗战时，任中央军总司令兼第9集团军总司令，甘肃省政府主席，第八战区司令长官等职。1948年改任重庆“绥靖”公署主任。1949年蒋介石被迫下野前几天，仓促调朱绍良任福州“绥靖”公署主任兼福建省主席，为撤退台湾做准备，同年8月朱随汤恩伯去台湾。

以上，这种炸弹阵布满了阵地前沿。星罗棋布的钢筋混凝土地堡及野战工事，低下隐蔽，便于发扬火力，能相互交叉，而不易被对方发现，坚固的暗道贯通各个核心工事，连结各个火力点，利用地形削成的人工峭壁，高六七米，从前沿至纵深挖有深宽各有6米的三道外壕，壕内埋着半人高的木尖桩；高地的两侧都是悬崖峭壁，难以攀登；山后有直通兰州的公路。守军是青马主力82军的100师299团、298团的一个营和一个

航空炸弹

亦称“航弹”，是从航空器上投掷的一种无动力装置的爆炸性武器。用以摧毁地面、水面和水下目标。按用途可分为杀伤或摧毁目标的炸弹，如爆破弹、杀伤弹、燃烧弹、穿甲弹和油气弹等；起辅助作用的炸弹，如照明弹、标志弹等。按口径可分为小口径、中口径和大口径炸弹。按有无制导装置分为制导炸弹与非制导炸弹。航空炸弹从航空器上投下，可以空中爆炸，或触发爆炸，或延期爆炸。

< 郑三生，1955 年被授予少将军衔。

郑三生

江西石城人。土地革命战争时期，任红一军团第2师6团营青年干事、第13团政治处青年干事。抗日战争时期，任晋察冀军区第1军分区1团营政治教导员、副营长，晋察冀军区第1军分区3团营长、团参谋长，晋察冀军区野战军第2纵队4旅10团团长等职。解放战争时期，任华北军区第2纵队4旅参谋长，第19兵团65军193师师长。

< 史进前，1961 晋升为少将军衔。

史进前

山西定襄人。土地革命战争时期，任北平中华民族解放先锋队区队长。抗日战争时期，任晋察冀军区第1军分区政治部宣传科科长、1团政治部主任，第3区队政治委员，第20团政治委员等职。解放战争时期，任晋察冀军区政治部保卫部第二科科长，晋察冀野战军第4纵队政治部保卫部部长，第19兵团64军独立第2旅政治委员、第65军193师政治委员。

< 杨森，1964 年晋升为少将军衔。

杨　森

河南固始人。土地革命战争时期，任红25军第75师225团通信排长、特务连长、通信参谋。抗日战争时期，任八路军115师344旅688团通信参谋，中国人民抗日军政大学第二分校区队长，晋察冀军区12军分区游击大队大队长，军分区司令部通信股长，第40团参谋长、团长等职。解放战争时期，任晋察冀军区第12军分区12团团长，第19兵团65军193师副师长。

山炮营，主要兵力和工事在马家山的古城岭。

我19兵团65军确定193师为攻击马家山的第1梯队主攻师。

受领任务后，师长郑三生，政委史进前、副师长杨森、参谋长齐景武、政治部主任刘克宽等立即召集各团主官和师机关、直属队有关领导开会。郑三生说："兵团和军的首长把主攻马家山、古城岭的任务交给我们，是对我们的信任，我们一定要坚决完成任务！师里决定编成两个梯队，579团为第1梯队，担任主攻；578团在其右翼助攻；577团为2梯队，随时准备在主攻方向加入战斗；以军、师、团属炮兵编成加强炮兵群，支援第1梯队战斗。会后，分成两组，一组跟我到现场去勘察地形；一组深入各部队进行动员，和战斗的组织准备。"

发起攻击前，193师进至古城岭以南两三公里处隐蔽，进行紧急动员和各项战前准备。部队群情昂奋，争先恐后地要求担任主攻和突击任务。不少人焦急地对郑三生说：

"快打吧，马步芳是个属兔子的，别让他再跑了！"

8月21日6点，战斗打响了。

扫清敌外围阵地的枪炮声震天动地，古城岭上硝烟弥漫。579团在马家山南麓的卜家路口一线展开，向敌主阵地古城岭发起攻击。指战员迅速通过火力封锁区，冲到敌人阵地前。先头部队进入雷区时，踏响了地雷，引起航空炸弹和周围地雷的连锁爆炸，后续部队毫不退缩继续前进，越过铁丝网，冲至第一道外壕。

趁我再次触雷，立足未稳之际，近百名敌人突然从侧翼蜂拥而出，他们光着膀子，挥舞着鬼头刀，嗥叫着："天门开了，死了升天！"冲了过来。指战员们一排手榴弹把敌人压了下去。

过了一会儿，这些敌人在督战队的威胁下又嗥叫着冲了上来。

3营的勇士们勇猛地端起刺刀迎了上去，与敌人展开了白刃格斗。刚刚把敌人的第一次反扑打下去，另一群敌人又从两翼包抄过来……

这样反复激战到9点，仍然没有突破敌前沿阵地。193师遂下令该团暂停进攻，重新组织战斗。

第二次攻击仍未成功，战士们带着满身的血污撤退下来。

两次攻击没有成功，还伤亡较大，部队很憋气。第1梯队团营重新调整了战斗组织，重新组织了火力，准备再次攻击。为增加突击力量，郑师长命令："579团一营和578团3营加入战斗。"

下午4点，第三次攻击开始了。

当部队冒着密集的火力冲到第一道外壕时，又有一些同志触雷牺牲了，跳进外壕的同志被木尖桩扎伤。敌人又开始以一个排至一个连的兵力连续向我反扑。至黄昏前我军连续打退敌人十余次反扑，壕内堆满了敌人的尸体。

由于敌人居高临下，工事隐蔽，火力突然密集，而我方进攻面狭窄，地形暴露，不便运动，也不便发挥火力，因而进攻发展缓慢。

部队虽然伤亡较大，但士气始终高昂，战士们反复拼杀，终以血的代价夺占了第一道外壕。578团3营曾一鼓作气突破敌人第二道外壕，接近第三道外壕，但终因敌人反扑猛烈，无法立足，又退回到第一道外壕。

激烈的攻坚战斗进行了整整一天，一天内连续组织了三次较大的进攻都没能攻克敌人阵地，只是攻占了第一道外壕，但进攻部队始终像钢钉一样，牢牢地钉在第一道外壕的阵地上。战斗进入相持状态。

敌人为了保住阵地，当晚向古城岭增调了一个营的兵力。

根据彭德怀的指示，65军把194师的580团、582团划归193师指挥。193师遂决定577团接替579团主攻任务，580团为师的预备队。

军王道邦政委和肖应棠副军长召集193师和577团有关同志到军指挥所总结了解情况，具体研究对付敌人的战术手段。与此同时，各部队又进一步观察了地形，分析了敌人的特点，讨论了战法。

23日和24日连天阴雨，部队冒雨挖战壕，在敌火下近迫作业，补充弹药、粮食，组织小部队进行夜摸活动，为总攻作充分准备。在此期间，577团2营的突击队也曾一度突破敌人第二道外壕，579团1连进至第二道外壕附近，均因敌人死命反扑，我被迫退回到第一道外壕。

战斗被迫停止。

初攻古城岭的惨烈，可从一位农民向导的经历中看出。

古城岭位于榆中县兰山乡范家营村北面，连接马家山，俗称马家山古城坪，与营盘岭、窦家山相对，对防守兰州有重大价值。为了死守兰州，敌人先后在这里修筑了三座钢筋混凝土碉堡和无数砖木结构碉堡，碉堡上安装着探照灯。还在碉堡群中挖了三道六七米深、三四米宽的堑壕，壕外拉上了铁丝网，同时在卜家路口的崖头

V 兰州战役发起前，我军炮兵进入阵地。

顶上也修了一座碉堡，封锁住通往古城岭的道路。

农民胡兴国家就住在卜家路口，古城岭周围全是他们村的庄稼地。当时胡兴国刚满20岁，常在这里放羊。马步芳的部队到来时，到处抢粮、拉草，弄得鸡飞狗跳，全村人都跑光了，把牲口也都藏了起来。他因母亲生病，只好留了下来。8月17日、18日两天，敌人又在铁丝网周围和卜家路口村头和路口急急忙忙日夜埋地雷。胡兴国怕把他的羊炸死，就牢牢地记住了埋有地雷的地方。

19日傍晚，村子里接连响起了一阵阵枪声和爆炸声。胡兴国赶紧跑出去看是怎么回事，在园子门口听到有人喊了一声："老乡！"他转身看见果树上有两个佩带"中国人民解放军"胸章的战士。他们跳下树来，态度和蔼地说："你跟我们走，有个事问你一下。"他说："行哩！"跟着两名战士到路口崖头顶碉堡前时，他看见这里已经被解放军占领了。

他们进了碉堡，里面有四五个解放军在商量事情，地中间帆布马扎子上放着一幅布制的地图。两个战士报告说："首长，庄上再没有别人，就这个老乡！"首长转身问胡："你是本地人吗？"胡说："是。""叫什么名字？""胡兴国。"首长说："我们是中国人民解放军第一野战军65军，是毛主席、共产党领导的人民军队，来打马家军，解放兰州的。你知道马家军在哪里埋了地雷吗？""知道，我放羊的时候都看下着哩！"首长转向地图，问道："你认得这是什么？"胡回答："是地图！""绘的

地　雷

设置在地面下或地面上，受目标作用自行发火或由人操纵发火的一种爆炸性武器，由雷体和引信组成。通常是利用目标的碾压触碰作用或目标产生的物理场（磁、声、震动和红外线等）启动引信而发火，也有采用无线电、有线电或绳索等操纵起爆的。按用途分为防步兵地雷、防坦克地雷和特种地雷。主要用于设置地雷阵，以杀伤敌人员，破坏其技术兵器和车辆，阻滞敌人的行动。

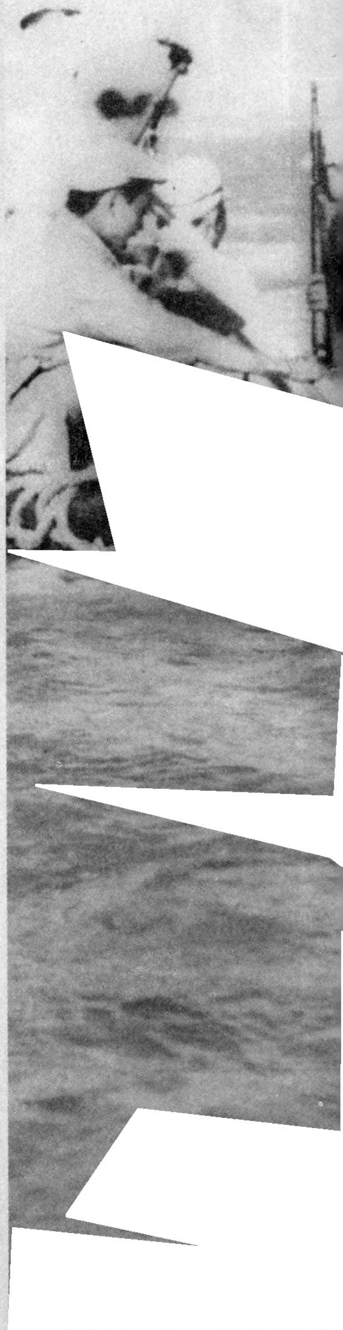

V 我军在群众帮助下渡过黄河。

哪里？”“我看像古城岭！”“对了，就是古城岭。你说说哪里有地雷。”胡就指着地图，将有地雷处一一指了出来。首长将胡所指的地方都写上名字，划上符号，转身对一个战士说：“把2营长叫来。”不一会儿，从外面进来几个军人。首长指示：“这古城岭要打车轮战，包围起来，从一个地方攻。冲锋连上去后先挖交通沟，挖成一道再挖一道，机枪连随后跟上去……”说完又对胡说：“老乡，你把他们领一下，不要怕。”胡说：“那对！”2营长又指着个中等个子身穿半截子雨衣的军人向胡说：“这是冲锋连连长，你就带他们上，一定要注意地雷。”冲锋连战士好像早就准备好了，胡和连长一出门，他们就全跟上了。

这时，夜已深了，外面很黑，只有古城岭上敌人碉堡里几点灯光像鬼火似的闪烁。不时有探照灯投来一道强烈的光柱，探照灯过后，夜显得更黑了。

连长叮咛胡兴国：“如果前面有人问口令，你就说，‘自由太平！’到有地雷的地方和拐弯处，就嘘一声。”说完，又向后面依次传达命令：“重伤坚持不喊，轻伤不下火线，只许往前冲，不许往后看！”

战士们每人相距很近，跟随胡在地雷群里绕着，到了有地雷的地方，胡就用铁锨铲个土堆，嘴里小声“嘘”一下就走，一个一个地“嘘”下去。绕过地雷群，到了古城岭北面，战士们开始挖交通沟。连长对胡说：“这是第3排，还有1排和2排，你把他们带到东南方。”胡又把1、2排带到阵地上后，就和大家一起挖交通沟。敌人探照灯光扫来时，他们就伏在地上；灯光过后，又爬起来继续挖。挖好一道，用蒙绿布的手电筒往后面一照，嘴里“嘘”一声，后面的机枪连也“嘘”一声就跟上来。连挖了三道交通沟，到敌人铁丝网前时，天色已经蒙蒙亮了。

碉堡上和堑壕里的敌人先后发现了他们，用机枪向他们扫射起来，四个战士牺牲了，两个负了重伤。连长一面用盒子枪向敌人射击，一面问胡：“你会用枪吗？”胡说：“不会用。”“会用刀吗？”“刀会用，我还跟爷爷学过刀枪棍棒哩！”连长便递给胡一把日本战刀，胡握在手里等待拼杀时机。这时候，敌人用大炮向解放军的后续部队轰击。

11点左右，解放军安在卜家路口的炮群也打响了。枪声、炮声震得战场上的人连对面说话都听不见。

稍有间隙，碉堡里的敌人就在喇叭上喊道：“傅作义的弟兄快反正（这支部队有傅作义部队起义人员——编者注），自己人不打自己人。你们是识时务的部队，和我们牵起手来。”

喊完了又念顺口溜：“西北铁军肩有枪，共匪旦来就遭殃！”

这声嘶力竭的反动宣传，丝毫没有动摇解放军战士消灭敌人、解放兰州的决心，大家用激烈的枪声压倒了敌人的喊话声。这一天，胡兴国看见打死了很多敌人，解放军也牺牲了不少。

20日天黑后，冲锋连战士冲出交通沟，挖敌人的铁丝网桩。铁丝网除了拉在一人多高的木桩上外，还斜三横四地像蜘蛛网一样平铺在地面上，让人寸步难行。他们冒着敌人的火力用铁锨挖掉木桩、橛子，用刀剁断铁丝网，经过整整一夜，才把敌人的铁丝网搞掉。21日天快亮时，他们挖到了敌人挖的第一道堑壕前。有的敌人在碉堡里扫射，有的在堑壕上朝下扫射，冲锋连处于不利地位。在机枪的掩护下，连长和战士们搭梯子硬攻，几次都被敌人打了下来，很多战士倒在血泊中。活着的身上也沾满了鲜血，血映着阳光，一片紫红。

21日晚上，连长将战士们分作两部分：一部分仍然向堑壕峭壁上方的敌人射击；另外的分左、中、右向碉堡背后挖斜洞。22日天亮时，三个洞都挖通了。他们从洞里钻上去，到了敌人碉堡群中。碉堡里的机枪打不着他们，但阻碍着后面部队的前进。为了弄掉敌人碉堡里的机枪，连长将一包炸药绑在一个丁字形木架上，往碉堡垛口里扔。不料，敌人扔出一颗手榴弹，连长牺牲了。第二堑壕里的敌人一手拿短枪，一手握大刀，三个一组向他们扑来。指导员带领战士们一齐向敌人射击；短兵相接时，就用刀砍。胡兴国也奋力拼杀，一连砍倒了五个敌人，还没来得及喘口气，又一个满脸黑麻的敌人，双手端着刺刀朝他当胸刺来。他用刀鞘一挡，那家伙反手用枪托在胡的腮上一击。"咔嚓"一声，胡的两颗牙齿掉了。这时冲上来几个解放军战士，敌人转身就跑，胡刚拔腿要追，一个战士一把把胡按倒然后端起枪，将这个敌人击倒在地上。经过三个昼夜的浴血奋战，他们才消灭了这部分敌人，占领了第二道堑壕。这时，冲锋连100多人（含胡在内）只剩下28人，并都程度不同的带了伤。

战斗继续到22日夜里10点钟左右，后续部队终于冲破了敌人的阻击，攻到他们冲锋连的阵地上，首长让他们下去休息，指导员把胡兴国送回了家。

胡兴国离开了部队，但古城岭的战斗仍在继续，枪炮声整天不断。26日清晨枪炮声平息后，胡兴国看到古城岭上一个个碉堡成了断垣残壁，一块块庄稼地成了土堆土坑。山坡上摆满了敌人的尸体和解放军烈士的遗体，很多战士困倦地抱枪睡倒在烈士身傍。周围一片沉静，只有初升的太阳将一抹红光洒向这染血的山岗。

这血战后的早晨，永远地留在了这位农民向导的心中。

3. 受挫皋兰山

我6军攻打皋兰山也是如此艰难。

当6军攻占兰州东南榆中县时，军长罗元发收到了兵团的电报称：野司调整了作战部署，原让6军担任攻击马家山的任务，现改为攻击皋兰山。接到命令后，6军即命令16师和17师迅速向兰州正南方向攻击前进。19日，17师攻占了皋兰山脚下的九条路口、靳家庄及郭家寺阵地。16师也按时完成了扫清外围的任务。

战斗中，敌人都是一打即退，像个缩头乌龟。显然，这是他们放弃外围守备，集中兵力固守皋兰山主阵地。但有的同志却说这是敌人掩护他们主力撤退的象征。

在部署战斗任务时，罗元发要求部队发扬英勇奋战，不怕牺牲，克服困难的革命精神。饶正锡副政委在师团领导干部会议上说："彭总反复告诉我们，兰州是解放西北的关键一仗。马家军受宗教迷信的蒙骗很深，要加强政治攻势，瓦解敌军，要严格执行俘虏政策。我们的部队要在胜利面前再鼓一把劲，誓将革命进行到底，为解放兰州、解放大西北、解放全中国而战！"

6军的指挥部在郜家泉，可以清晰地看到即将攻击的皋兰山的概貌。

他们刚住下，值班参谋就跑来报告："彭总来了！"

罗元发说："彭总来得好快呀。"说完，他和政委张贤约、副政委饶正锡、参谋长陈

< 罗元发，1955年被授予中将军衔。

罗元发

福建龙岩人。土地革命战争时期，任红三军团第5师15团政治委员，红一军团第1师政治部主任等职。抗日战争时期，任八路军115师独立团政治处主任、独立第1师政治部主任，晋察冀军区第1军分区政治委员，陕甘宁晋绥联防军教导第2旅政治委员等职。解放战争时期，任陕甘宁晋绥联防军教导旅旅长兼政治委员，西北野战军第6纵队司令员，第一野战军6军军长。

海涵迎到村口，却不见彭德怀的踪影。原来，彭德怀没到军部就跑到对面的山头上去了，这正是他的一贯作风。

罗元发说："赶紧让参谋通知前面的部队特别注意警戒，让团以上主要领导干部，马上来看地形。"

他们爬上山头后，看见彭德怀已经拿着望远镜在看地形了。彭总高兴地和他们一一握手问好，在简单地询问了部队情况后，便和大家一起研究地形了。这时各师的领导也都赶来了。

6军要拿下的营盘岭在皋兰山的中央，与敌人设在西边的沈家岭和东面的马家山阵地，互相衔接，互为依托，构成对我军的整个防御体系。皋兰山以营盘岭为最高，从我军的攻击方向的顺序说，从南向北依次为：三营子、二营子和主峰头营子，总称营盘岭。能否拿下它，是6军能否胜利完成战斗任务的关键。

看到这里，彭德怀指着营盘岭下面一个叫下庄的小村子，对站在身边的罗元发说："根据这个地形和敌人设防的重点，你们很好地组织侦察，弄清敌人的火力，再好好研究一下，如何从正面突破。"

听了彭德怀的话，罗元发想，在战术上彭总历来要求尽量从敌人的侧翼实施迂回、分割和包围，这次为什么要我们从正面突破呢？

罗元发又把敌人的阵地仔细地看了一遍，原来营盘岭上有一组用钢筋混凝土筑成的

> 张贤约，1955年被授予中将军衔。

张贤约

安徽金寨人。土地革命战争时期，任红4军第12师36团通信排排长、第11师31团营政治教导员、军部通信队队长、第12师师长等职。抗日战争时期，任八路军129师教导团团长，晋冀豫军区第2军分区司令员，陕甘宁晋绥联防军新编第4旅旅长等职。解放战争时期，任西北野战军第6纵队副司令员，第一野战军6军副军长，政治委员兼迪化（今乌鲁木齐）军区政治委员。

甘

∧ 1948 年，彭德怀向部队高级干部作报告。

环形工事，那是营盘岭的核心阵地。以此为依托，敌人将山崖削成三道峭壁，每层高约10米，设了三道防线。最下面的一层最高，有十二三米的样子，它的下面就是下庄。再看主阵地的两侧，都是悬崖峭壁，难以攀登，而且敌人料到我军善于使用迂回战术，加强了两翼的工事和火力配置。若是从侧翼主攻，地形不利，困难更多，必然上当。只有从正面攻击比较妥当。

罗元发向彭德怀说："主攻部队在强大炮火支援下从下庄正面攻击，以少数兵力从两侧助攻，吸引敌人火力，正面得手后再从两翼投入兵力。"

彭德怀点点头说："这样好！"

看完地形后，他们在山背后找了个地方坐下来。彭德怀摊开地图，他一面看图，一面对大家说："都说说看，怎么个打法好？"

这也是彭德怀的老习惯，他总是先让大家充分发表看法。我军这种阵地上的"诸葛亮会"，从上到下，一直开到班排，这种军事民主，极大地调动了第一线指战员的主动性、积极性和创造性，是我军胜利的一大法宝。大家你一言我一语，毫无拘束地谈了起来。总的看法和彭德怀的看法基本一致。

有个同志说："当前形势是秋风扫落叶，马家军未必会死守兰州。"

彭德怀一听，立刻对那人说："这只是你的一厢情愿，马家父子才不那么想哩！"他看大家再不讲话，就又语重心长地说："知己知彼，百战不殆。马继援是你们6军的老对手了，西府战役的教训还不深刻吗？"

这一提醒，使大家想起了当年与马家军作战的情景。当时，由于轻敌和失误，我6军（即6纵）遭受了不小的损失，许多伤员来不及转移，被马匪残酷地杀害。所以一提马家军，6军指战员莫不咬牙切齿。

彭德怀又语重心长地说："马步芳、马继援都是些反动透顶的家伙，他们是不到黄河心不死的。他们很善于搞孤注一掷。直到今天，马步芳还要他的儿子马继援亲自坐镇兰州，自恃'固若金汤'的防线，凭险可守的地势，把最后的一点赌注全押在兰州，以为我们是长途跋涉，后方运输线长，补给困难，而他们是以逸待劳，妄想吸引我军于兰州城下，消耗我有生力量，等待胡宗南反扑关中。然而，这个赌棍的那点本钱毕竟是有限的，我们一定要他在这里输得精光！"

突然，彭德怀问道："这次是哪个团主攻？"

17 师师长程悦长答："50 团。"

彭德怀把手一挥说："走，到他们那里去看看。"

临战前，只要可能，彭德怀总要到主攻部队去看一看，这是他多年不变的习惯。

到了 50 团，彭德怀直接来到 7 连，看了看战士们搭的草棚，用手摸摸铺草，问寒问暖，战士们感到分外亲切，都拥到他身边。

他问大家："对打下兰州有信心没有？"

指导员曹德荣坚决地回答说："我们一定能够完成上级交给的战斗任务！"

他又问："为什么？"

> 程悦长，1955 年被授予少将军衔。

程悦长

湖北黄安（今红安）人。土地革命战争时期，任少共国际团连长，红 31 军第 93 师政治部组织科科长、师供给部政治委员等职。抗日战争时期，任八路军 129 师 386 旅 772 团营政治教导员，新编第 1 团政治委员，陕甘宁晋绥联防军新编第 4 旅 16 团团长等职。解放战争时期，任陕甘宁晋绥联防军新编第 4 旅参谋长，副旅长，西北野战军第 6 纵队新编第 4 旅旅长，第一野战军 6 军 17 师师长。

有的说："有人民群众的支援！"

有的说："有毛泽东军事思想的指导，有彭总的直接指挥，我们信心百倍！"

还有的说："有友邻部队的密切配合。"

彭德怀笑了笑说："最重要是人民的大力支持，其次是你们的英勇善战。"

分别时，彭德怀紧握着罗元发的手说："你们要注意，不可轻敌急躁！还有两天时间，要抓紧准备。"

21 日清晨，一阵猛烈的炮火准备过后，17 师 50 团直扑营盘岭脚下的下庄。3 营一

∧ 人民群众踊跃支前，帮助我军绑扎渡河木筏。

马当先，在团长刘光汉、副团长杨怀年的指挥下，同1营迅速占领了下庄。

与此同时，担任夹攻任务的16师46团，也从范家营方向插了进去。

过了一阵子，17师报告说："50团攻击受阻！"

罗元发抓起电话问："怎么回事？"

师长程悦长回答说："发起攻击时，炮火只摧毁了敌人表面上暴露的工事，没能彻底摧毁地堡和暗堡。当炮火转移时，敌人就从这些地堡和暗堡里钻了出来，拼命用火力拦阻，使我爆破分队无法接近崖壁实施爆破，突击部队的道路没打开。我们正在重新组织火力，准备再次突击！"

罗元发又打电话问16师师长吴宗先："你们那里情况怎样？"

吴宗先报告说："46团的进攻受到敌人的顽强阻击，地形不利，部队在运动中又受到三营子和马家山敌人的两面火力夹击，伤亡较大。1营副教导员李光华同志牺牲了。"

听到这个消息，罗元发悲痛万分。李光华同志是一名优秀的政工干部，抗日战争时期，他曾在刘少奇同志身边当公务员。开"七大"时随少奇同志到延安，从抗大二分校学习毕业后，分到教导旅1团工作。两年来，表现一贯很好。他身患胃病，但一直坚持行军作战。没想到在全国解放前夕，却在皋兰山下牺牲了。

激烈的战斗持续了几个小时，向营盘岭的进攻依然没有效果。6军的领导都很着急。究竟是打下去，还是改变主攻方向？罗元发一直在想，如果继续打，必然带来更大的伤亡，而且难以得手；假若撤下来，势必影响全局，真是左右为难。

正在这时，2兵团传达野司命令：全线停止攻击。

罗元发立即下令："各师停止攻击。为了避免伤亡，留少数部队，其余黄昏后撤回原地集结待命。"

17师接到命令后，程悦长报告说："我们研究后觉得可以把已进攻到三营子脚下的50团3营留下来，在敌人的眼皮底下贴一张'膏药'，为下次进攻创造条件。团主力撤到距下庄2里路的上庄，随时策应他们。"这种"膏药"战术，是他们1947年在陕北打蟠龙镇时的发明创造。就是在敌人眼皮底下挖战壕，不时地打击袭扰敌人，粘住敌人。彭德怀曾经表扬过他们的这种战术，不想在打兰州时他们又用上了。

罗元发对程悦长说："好吧，就这样。"

当天下午，6军召开作战会议，总结进攻受挫的原因。大家找了我方火力太弱，且分散；战前对地形和敌人的阵地构筑以及火力配备摸得不透；46团进攻的道路选择不当等等原因。

罗元发说："大家分析的都对，但最根本的原因还是对彭总防止轻敌急躁的指示体会不深，贯彻不力，具体表现在战前准备不充分，不细致。这不能怪下面，作为军长，我首先应当承担责任。"

会议正开着，值班参谋报告说："野司首长找军长接电话。"

罗元发拿起听筒，听到一个十分熟悉的声音："罗元发同志吗？我是彭德怀。你们那里的情况怎么样啊？"

罗元发汇报了情况，做了一些自我批评，同时也准备接受彭德怀的批评。

彭德怀说："这个不要紧，'吃一堑，长一智'嘛！不过这样一来，倒是给你们那里抱有轻敌思想的同志狠狠泼了一瓢冷水就是了。4军攻沈家岭、狗娃山，65军攻马家山也未得手。看来野司发起总攻的时机是仓促了一些，使你们的准备工作受到了一些限制。这个责任在我。"

接着，彭德怀又说："退守川陕边界的胡宗南，最近给兰州的马继援发来一个电报，为马家父子打气，要他们坚守兰州。胡宗南准备趁我主力攻击兰州，后方兵力单薄之机，与宁夏的马鸿奎配合，袭击宝鸡和天水，威胁我军后背，得手后，再由东向西，与坚守兰州的马家军里应外合消灭我军于兰州城下。据最新情报，胡宗南已经带领残兵败将从秦岭方向向我宝鸡、天水、西和及礼县等地进犯，遭到我18兵团61军和7军的坚决打击。你们6军要好好总结经验，再给你们三天时间进行充分准备，争取一举攻克营盘岭。”

罗元发说：“坚决完成任务！”

最后，彭德怀关切地问：“还有什么困难没有？”

罗元发说：“别的没有什么，就是军里的炮火弱了一些。”

彭德怀果断地说：“那好吧，我同司令部讲一讲，把野司的野炮团拨给你们指挥。”

4. 沈家岭是块硬骨头

沈家岭是4军要啃的一块硬骨头。

它位于兰州城西南5公里以外，从南向北看，形状很像是个大葫芦。敌人的防御主阵地就在葫芦头上，东、西、南三面削成为高7至10米的峭壁，许多暗堡、伏地堡分布在削壁之上，并以环形堑壕相接，纵横交错的交通沟又同堑壕相连。细长的葫芦柄伸向我军的进攻方向，构成防御纵深。狭窄的地形易守难攻，敌人的阵地前还有难以跨越的深宽各有数米的横沟，沟前密布着地雷群。要通过这样的地形和障碍去夺取敌人的阵地，难度实在太大。若从两侧进攻，两侧都是深谷，坡陡崖峭，难以攀登，而且东受皋兰山之敌的火力夹击，西受狗娃山之敌人的火力夹击。

4军政委张仲良看完地形后说：“这个阵地简直就是个缩头刺猬。要拿下它，非常棘手。无怪乎马步芳父子会吹嘘说‘兰州是攻不破的铁城’哩。”

沈家岭是敌三大主阵地中距黄河铁桥较近的，位于敌整个防线的侧后方。拿下它，就能打破敌人的整个防御体系，卡住黄河铁桥，堵死城区敌人惟一的逃路，全歼敌人。

这种情况，敌我双方都看得很清楚。敌人要拼命死守，我军要

V 我军炮兵部队将火炮推上火车，向兰州进发。

拼命攻下。敌人以其主力190师扼守，并以杨修戎的357师为预备队；而我军则要以4军的3个师实施进攻。

如何打开这个缺口，让张仲良和副政委高锦纯颇费脑筋。首攻前，张达志军长因接收榆林尚未到职，孙超群副军长在途中患病。指挥的重担落在了4军两个政工干部身上。他们把各师师长们召集起来商量对策，反复研究。

张仲良对大家说："这样的地形，兵力难以展开，有劲也使不上，不可能从几处突破，穿插分割，分块吃掉敌人，只有从正面硬攻，用头对头的顶牛战来一口一口地吃掉敌人！"

最终决定由11师攻击沈家岭，32团为主攻团；10师攻击狗娃山，28团为主攻团；并明确了各师的作战任务和进攻时间，要求各部立即做好攻坚准备，不怕伤亡大，一定要夺取阵地，坚决地歼灭敌人！

首攻前一天，彭德怀来到4军，他带着兵团、军和师的领导干部去看地形。他背着手走在最前面，爬上一个小山头，大家各自举起望远镜，观察沈家岭、狗娃山敌军阵地以及周围的地形。

10师师长刘懋功到得晚了一些，他从望远镜中看到的尽是些光秃秃的黄土山包包，像和尚头似的，没有树，没有庄稼，连草也没长几棵，禁不住自言自语地说："真是兔子不拉屎的地方，在这里打啥仗！"

不想让彭德怀听到了，他回过头来，盯了刘懋功一眼，然后目光凝视着前方，声音不大，但口气严厉地说："哪里有敌人，我们就到哪里去消灭它。哪里有祖国的土地，我们就要解放到哪里。哪里有受苦的人，我们就要去哪里解放他们。不想到这里打仗，想到四川吃大米，造屎？"

张仲良强忍住笑，幸灾乐祸地用胳膊肘戳了刘懋功一下，悄悄地说"多嘴挨批了吧？"

刘懋功一时还回不过味儿。

事后，张仲良才对刘懋功说：在西进之前开兵团、军领导干部会议讨论战略行动时，有的同志在会上提出要进四川，说"南下四川吃大米，西进甘肃喝西北风"，被彭总狠狠地批了一顿。

彭德怀批评人往往不讲情面，他对自己也这样。在西府战役总结时，他就当众检讨了自己的轻敌思想，小看了马继援，又对胡马反共反人民的一致性认识不足的错误，以至在战役后期，让教导旅吃了马继援的亏。他自己曾冒着炮火指挥部队解救教导旅突围。

刘懋功挨批这事不大，却给他留下了深刻的印象。同全国其他战场比较，西北战场更艰苦一些。彭德怀不仅自己不计较这些，吃苦在前，还教育部属不计较，表现出一位无产阶级革命家、战略家的博大胸怀。

> 张达志，1955 年被授予中将军衔。

张达志

陕西佳县人。土地革命战争时期，任中共佳县县委书记，中共陕北特委委员，红 27 军 84 师政治委员，红十五军团第 81 师、78 师政治委员，陕北独立第 1 师政治委员等职。抗日战争时期，任八路军 120 师警备第 6 团政治委员，大青山骑兵支队政治部主任，塞北军分区副政治委员，绥蒙军区副司令员兼政治委员等职。解放战争时期，任绥德军分区司令员，陕北军区司令员，第一野战军第 4 军军长等职。

当晚，按既定部署，11 师 32 团接近沈家岭阵地，10 师 28 团接近狗娃山阵地。

21 日拂晓 6 时发起攻击，28 团、32 团经过激烈的战斗，几次勇猛的冲锋均未成功。虽然给敌人不小的杀伤，但两个团也有不小的伤亡。被迫停止进攻后，除留少数部队和敌人贴上了“膏药”外，主力都撤了下来。各级领导都很着急。后来得知，全线进攻无一处得手，并非他们如此。

21 日深夜，4 军军长张达志风尘仆仆地赶到了军指挥所。他来不及休息，就和大家一起仔细分析研究。最后决定：深入搞好政治动员，从上到下，彻底清除轻敌思想；调整部署，沈家岭的主攻改由 31 团担任，28 团继续钳制性地进攻狗娃山之敌；在上狗娃

< 我军正在攻打兰州外围据点——狗娃山。

许光达 ▼

湖南长沙人。土地革命战争时期，任红6军参谋长，第17师政治委员、师长，红3军第8师师长等职。抗日战争时期，任中国人民抗日军政大学第三分校校长，中央军委参谋部部长兼延安卫戍区司令员，中央情报部一室主任，晋绥军区第2军分区司令员、八路军120师独立第2旅旅长等职。解放战争时期，任晋绥军区第3纵队司令员，第一野战军2兵团军长，第2兵团司令员。

山上组成加强的军炮兵群，并做好发射阵地的准备工作；用挖壕沟的办法尽可能地接近敌人，把部队冲锋出发地、各种火炮、自动火器，统统推到敌人阵地前面，为冲锋成功创造最大的有利条件。

2兵团司令员许光达和参谋长张文舟到军里视察时，批准了他们的计划。

4军立即投入了紧张的战斗准备。时逢秋雨连绵，部队遇到了不少困难，只好在背敌的山坡、沟洼和坎塄处挖猫耳洞避雨休息和住宿；粮食也发生困难，带来的吃完了，当地群众也非常贫困，很难征集，不少连队只能依靠从地里挖还没长成的土豆和一些豆子来充饥（战后，4军向当地老百姓赔偿了3,000多块银圆的土豆款），但战士们仍然保持着高昂的士气。

一天打下来，三个进攻方向竟然没有攻克一个敌方阵地，而且伤亡还不小。这让很多领导感到很窝囊，也很憋气。19兵团司令员杨得志说："一天打不下一个阵地，我们还从没有碰到过。"

这让原来轻敌的人冷静下来了，马家军不是豆腐渣。

虽然全线停止了进攻，但实际上，各主攻方向上都有一些部队并没有撤下来，用打蟠龙镇时发明的"贴膏药"战术和敌人保持着接触，以粘住敌人，不时地袭扰敌人，还有一些部队一直在和敌人战斗，以拔除一些必要的障碍，为总攻扫清道路。尤其是在马家山的古城岭上，小的战斗几乎一直没有停止过。

在与沈家岭相邻的狗娃山阵地上，4军10师的28团因疏忽大意被敌人偷袭成功，受了不小的损失，还被敌人抓了十几个俘虏。

首攻失利后，22日白天，10师师长刘懋功不断用望远镜观察敌

< 许光达，1955年被授予大将军衔。

军阵地，一面观察，一面琢磨对策。下午，他发现敌人在下狗娃山调动频繁，增加了兵力，估计敌人要有行动。

他立即命令道："30团调一个营放在上狗娃山左侧，29团调两个营放在右侧，准备策应28团。"

同时，他打电话给28团团长张桂金："你马上把团侦察排放在沈家岭与狗娃山之间的山沟里，彻夜警戒敌人的行动。如有敌人来偷袭，让侦察排边打边撤，以便给主力出击争取时间。"

接着，他又命令通讯兵："把通28团指挥所的电话线从交通壕底移到交通壕墙壁上，固定好，别让人踩断了，再增设一条线路。"这样安排后他才感到放心一些。

那天晚上下雨。师指挥所设在人工挖的壕沟里，顶上用草苫盖，底下铺草睡觉。刘懋功前半夜值班，左爱政委值后半夜班。

后半夜，刘懋功刚躺下迷糊着，电话响了。

他抓起听筒，只听28团团长张桂金刚喊了声"师长，敌人上来了"，电话线就被敌人切断了。

他立即爬起来走到指挥所外塬边的一个坎塄上。

一个参谋大喊："师长，不能往前了，敌人就在下面了！"

正在这危急时刻，左爱政委和警卫班闻讯赶来了。刘懋功果断命令："赶快让30团的一个营立即从左侧插下来切断敌人来路；29团两个营立即从右侧插下来切断敌人的退路，决不能让敌人从沟里跑掉！"

随后，他马上回去向军部打电话报告。张仲良政委一听就火了："你们怎么搞的？你直接向兵团、野战军报告去！"说完"啪"地摔了电话。

刘懋功又立即向兵团和野战军作了报告。许光达司令员和阎揆要参谋长听他报告后，都说马上赶过来。

放下电话，刘懋功又回到前沿。

此时，28团3营的阵地已经被敌568团的一个加强营偷袭突破，副团长呼升荣负伤，3营教导员任强牺牲，全团伤亡200多人，被敌掠走4门迫击炮，8挺重机枪。团长和政委正带领指战员与偷袭之敌拼命搏斗，但阵地上的部队还是被敌人打散了。

在这万分危急的时刻，30团和29团的各一个营同时从左右侧出击，29团的另一个营也从正面堵了上去，将敌人冲垮，夺回了阵地。敌人向后溃逃时被我俘虏了100多人。

战斗结束后，刘懋功气愤地责问28团团长、政委："你们是怎么搞的？"

团长张桂金愧疚万端地说："因为下雨路滑，战士们挖了一夜战壕太疲劳了，没有按你的命令把侦察排派出去警戒。谁知刚收工，敌人就上来了。我们实在太麻痹了，太对不起牺牲和受伤的同志了！"

刘懋功当即把他俩痛斥一顿。

这时，兵团许光达司令员、徐立清副政委和野战军参谋长阎揆要都踩着泥泞来了。刘懋功向首长们汇报了下午观察到的情况和采取的三项措施，以及敌军偷袭、我军反击的情况。

听后，许光达严肃而果断地说："判断正确，措施得当。责任在28团！团长张桂金撤职，28团撤下阵地整顿，由29团接替防务。"

刘懋功一想，这样不好，把部队撤下阵地，对指战员打击太大，不利于锻炼、考验部队。他一贯主张部队越是有缺点、有问题，越要在战斗中考验、锻炼。

于是，他向许司令员、阎参谋长建议说："28团能否留在阵地上整顿，团长、政委等战后视情再处理，请首长考虑妥否？"

许光达想了一下，说："好吧，但要告诉他们防止敌人再偷袭。"

对带部队逃下沟的3营长，虽然他当过刘懋功的警卫员，因临阵逃跑，只好把他撤职了。

这件事，让大家看到了轻敌、麻痹的恶果，也体会到彭德怀老是要大家千万不能轻敌，不能麻痹大意的英明所在。

我军首次攻击失利，让马继援有些忘乎所以。

仗还没开打，马继援就把自己的指挥部放在黄河北岸的庙滩子，而不放在西北长官公署的"三爱堂"，是有他的考虑的。万一南山防线崩溃，通往河北的就只有一座铁桥，到时不知会挤成什么样子。况且，就是南山的阵地没丢，皋兰山上的炮弹也能落到"三爱堂"来。马步芳临走时密告他，万一马鸿逵不来支援，而胡宗南又远在陇东，就让他保存实力退守青海。万不可拼命死守兰州，把几十年攒起来的血本打光。

21日一天，一个阵地也没丢，这使马继援对坚守兰州有了信心。如果彭德怀败在兰州城下，就是败在他马继援的手上。想到这里，被彭德怀打得满地找牙的胡宗南，都让他看不起了。但这还不是最后的胜利。马继援要趁这个时机给他的部下好好地打打气，他连夜召集各师师长开会。

不久，100师师长谭呈祥、190师师长马振武、248师师长韩有禄、357师师长杨修戎都来了，129军军长马步銮也被他请了来。

会上，马继援得意地说："今天的仗打得很漂亮！我守南山一线阵地的第100师、第

∧ 许光达（右）在前沿阵地视察。

190师、第248师和青海保安第1团，打得英勇顽强，激战一日，寸土不失，大获全胜，我阵地坚不可摧。而彭德怀的一野伤亡惨重，大败而回，全线不战自退。我对南山诸阵地上的全体将士深表慰问，并通令嘉奖，每个军官发白洋5元，每个士兵发白洋3元，以示犒赏！”

他知道，能否守住南山一线阵地事关马氏家族的生死存亡，他又高声说道：“大战当前，必须严明军纪，有功者奖，有过者罚，奖惩分明，才能大败彭德怀于兰州城下。从明日起，凡阵地上的官兵，每人冲锋一次奖白洋3块，杀敌有功者奖白洋5块；贪生怕死者，临战退缩者，一律格杀勿论，就地处决，决不姑息迁就！本指挥再次申明战场纪律，不论官兵，一视同仁，不徇私情！”

说完，他扫视了一下这些军师指挥官们说：“兰州决战，我军必胜！你们都要用心作战，待打完这一仗，再论功行赏。我要在兰州城下活捉彭德怀！”

与会者一起站了起来，高声叫道：“誓死为长官（马步芳）效劳！”

散会后，马继援对副官说：“立即向重庆发电报捷，兰州战役，初战告捷，击退共军全线发动的数十次攻击，杀伤共军万余，战果辉煌！”

随后，马继援又打电话给西北军政长官公署副长官兼参谋长刘任说：“南山一线打了大胜仗，要大力宣传，并组织一次犒赏活动。”

刘任以西北军政长官公署兰州白塔山指挥所的名义，打电话给南山的韩有禄说：“南山不失，兰州有望；南山不保，兰州就完。要坚决扼守不放。守住了全体官兵放假三天，每人晋升两级。”

事后，刘任又搜集了一些白洋，派人把兰州所有的妓女都召集了起来，组成一个“慰问团”，兴冲冲地去见马继援。

马继援对这些花枝招展，嘻嘻哈哈的妓女们说：“山上的‘娃儿们’，人人手里都有白洋，他们什么都不缺，就是缺你们，你们可千万别错过了发财的好机会，高高兴兴地去阵地上慰问他们吧。”

“娃儿们”是马继援称呼下级官兵的口头语。妓女们被分成几个队，刘任带一队上了皋兰山的营盘岭，马继援带着一队去了沈家岭。

在沈家岭，马继援看了几个主要工事，还专门看了偷袭狗娃山解放军阵地的官兵，当场发给每人5块白洋，专门吩咐留下一些妓女进行慰问。

离开时，马继援黑着脸下令：“有沈家岭和狗娃山，就有兰州城。你们活着要守住阵地，死了也要为真主争光！”

❶我军某部官兵正在山区行军。

★ ②

★ ③

★ ④

★ ⑤

❷ 我军用汽车将投诚的国民党军官兵运出城外。
❸ 我军某部指战员集结在突破口准备投入新的战斗。
❹ 我军某部正在涉水渡河。
❺ 解放军部队正在猛追敌人。

张宗逊

（时任第一野战军副司令员）

马家山、营盘岭、沈家岭是敌人三个主阵地，由敌100师、248师、190师分别固守。山上有国民党军队在抗日战争时期修的永久性国防工事，解放战争中又不断增修钢铁水泥碉堡群，各主要阵地有环山公路连接并通向城里，外面有一两道削壁，高6至10米，削壁中部有暗藏的侧射机枪掩体，削壁外面有几道宽深3米到5米的外壕，各壕间有暗堡和野战工事，并有交通沟和暗道相通。阵地前设有铁丝网，并密布地雷群。另外敌181师防守城东的东岗镇，357师防守七里河，“西北军政长官公署”和敌骑兵第8师在黄河北岸。敌人背靠黄河天险，主力控制南山主阵地，但东西两翼薄弱，城里再没有预备队。黄河铁桥是敌人唯一退路。这样，我军攻取南山是解放兰州的重点，迂回敌人右翼夺取黄河铁桥是全歼兰州守敌的关键。

——摘自：《张宗逊回忆录》

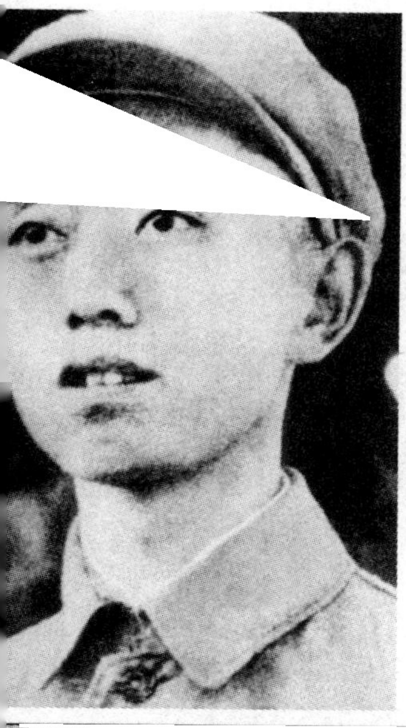

郑维山

（时任第19兵团第63军军长）

青海马匪军与我军有血海深仇，至今我记忆犹新。

早在1936年10月，红军三大主力在会宁会师不久，我们红30军即按照中央原定宁夏战役计划的要求西渡黄河，从此与青马匪军血战近半年。

在西路军那些艰难的日日夜夜里，我们食不果腹，衣不御寒，无日不战，战无不恶。

马步芳匪军反动透顶，凶残似狼，有多少我们亲密的战友惨死在马步芳匪军的屠刀下啊！

他们的音容笑貌始终闪现在我的眼前……想到壮烈牺牲的英烈，不禁潸然泪下。我默念着：战友们，向马步芳讨还血债的时刻到了！

——摘自：郑维山《忆兰州战役》

第六章

总攻马家山

∧ 1948 年，彭德怀在西北野战军干部大会上讲话。

野司调整部署，下达战术指示要点。彭德怀下定决心，只给三天时间让各部队认真准备，然后，再次发动攻击，争取一举攻克兰州。
前沿阵地上的决心斩钉截铁："我们人在阵地在，要像钉子一样钉在窦家山阵地上！"
"泥人壁虎"式的英雄夹着爆破筒在交错的射击火网下，时而匍匐在地，时而急跃前进，炸毁敌工事。
红旗插上古城岭主峰。

1. 只给三天时间

21日攻击失利后，彭德怀冒雨到各部队去了解情况，开会研究对策，有时彻夜不回住处。他总是尽量往前跑，甚至要到主攻团的指挥所去，这是他多年的老习惯，别人拦都拦不住。敌人常打冷枪冷炮，大家担心他的安全，逼急了，他就说："安全，安全，什么安全？你死得，我彭德怀就死不得？"说得大家相视而笑。

看来，在轻敌思想没有解决，再加上没有把敌人阵地、火力摸清，攻坚准备不足的情况下，就发起攻击，是有些仓促了。当下面的指挥员因此表现出自责和内疚时，彭德怀把责任一把揽了过来：他是司令员，责任首先在他。

彭德怀发现，尽管三个方向敌人阵地的情况各不相同，但首攻失利的战术原因却差不多，主要的是：攻击是一线式的配备，没有适应攻击得手后扩大战果或当攻击失利时掩护攻击部队撤出战斗的准备，也没有组织好打击敌人反冲击所需要的后续兵力，形成攻击队形拥挤，攻击不得手或遭敌人反突击，部队退下来时缺少必要的掩护，使部队伤亡增大；其次炮火运用不当，我炮火虽然优势于敌，但火力没组织好，结果抵消了这些优势，在攻击马家山、古城岭、营盘岭时，使用的炮不少，但火力散，是成面的射击，而不是重点射击突破的重点，所以没能发挥关键作用，甚至个别地方需要炮火支援的紧要关头，炮弹已打完了；三是攻击前对敌人的工事种类、形状缺乏侦察，事先既不知道工事有外壕，也不知其深度及宽度，使部队接近到外壕时，因无克服外壕的准备而迟滞过久，以至敌人乘机反击，而我手足无措。

冷枪冷炮

狙击活动的俗称。选择优秀射手，以单枪、单炮或一定数量的枪炮，抓住有利时机，选择敌指挥官或零星活动的敌人，趁其不备，突然、短促、准确地打击敌人。目的是杀伤扰乱敌人，限制其活动，给敌造成精神威胁。主要用于防御前沿及掩护地带。

其实，这个代价是必须付出的。不经试探，怎能知道敌军的决心、火力、阵地、部署及其战斗力的情况呢。初攻试探了一下深浅，让大家看看马家军的战斗力究竟怎样，对那些轻敌的人也是个最好的教育。同时，要善于把坏事变成好事，不能让鲜血白流。通过试攻，各部队也大致弄清了敌人的火力配置、工事要点和战术特点，便于我军有针对性地采取对策。

彭德怀和野战军的其他几位首长商议后，让司令部下发指示，要求各部队认真检讨经验教训，再次进行深入战斗动员，克服轻敌思想，并下达了具体的战术指示：一、加强左翼攻击兵团，直插兰州以西，迂回敌西侧（以后证明此举给敌人的威胁最大）；二、集中优势炮火，摧毁我攻击的重点目标。三、组织好纵深的火力支援和确实掌握2梯队，有计划地诱敌反扑，消灭敌人的有生力量，大量杀伤敌反冲击部队，并乘敌人反冲击部队被打垮后接踵追击，占领敌阵地。四、做好攻击部队通过绝壁、外壕及铁丝网等充分的器材准备，以连环爆破为主，辅以竖梯、撑杆、坑道作业等，使攻击部队顺利完成任务。

得知首次攻击受阻，毛泽东23日给彭德怀发来一封电报：

马步芳既决心守兰州，有利于我军歼灭该敌。为歼灭该敌起见，似须集中3个兵团全力于攻兰战役。王震兵团从上游渡河后，似宜迂回于兰州后方，即切断兰州通青海及通新疆的路并参加攻击，而主要是切断通新疆的路，务不使马步芳退至新疆，为害无穷。攻击前似须有一星期或更多的时间使部队恢复疲劳，详细侦察敌情、地形和鼓动士气，做充分的战斗准备。并须准备一次打不开而二次、三次攻击去歼灭马敌和攻占兰州。

彭德怀把电文看了几遍。反复思索，这一夜，他几乎又是没合眼。兰州攻坚战，是在空前的长途追击作战之后进行的，参战部队自筹粮食、自带弹药和饮水，又因连续作战，一些部队减员严重。他提笔向毛泽东报告道："在陕西天气很热，过平凉、固关后气候突变，早晚可着棉衣，痢疾、疟疾、感冒者不少，逃亡与病，两者平均每军约1,300~1,500人左右。入甘后，地广人稀，粮食接济不上，军队前进甚速，夺取敌粮与民间供粮，不能磨粉，大多吃整麦子……

进入兰州城外，情况也没有好转，一些部队已经断粮，连未成熟的土豆也不能满足供应，至于油、菜就更不可能了，战士们的体力相当弱了……

彭德怀左思右想，毛主席提出要一星期或是更多的时间用于休整是不可能的。在这种情况下，拖得越久对我军就越为不利。因此，他下定决心，只给三天时间让各部队认真准备，然后，再次发动攻击，争取一举攻克兰州。

决心定下，彭德怀给毛泽东发报：

决以3个兵团打兰州，王震兵团从兰州上游迂回兰北。宁马出动3个军经黄河左岸增援兰州的可能性很大。如两马结集兰州，加上周嘉彬、黄祖勋两部，共有13万兵据守坚城，我军即使集中3个兵团短期内亦不易攻占，同时粮食很困难，运输线长，运输工具少，弹药都不能得到充分接济，运粮更不可能。故决定乘马鸿逵未到前攻兰州，求得先解决青马主力。现第二兵团和第十九兵团攻城准备已妥，疲劳尚未恢复，粮食不足，油、菜更难解决，青马匪不断反袭，故很难得到休息。以现在准备工作看，攻城已有七、八成把握，故决定在25日晨开始攻击。如果未解决青马，而宁马援军迫近时，即以4个军围困兰州，集结5个军打宁马。

远在北京的毛泽东和周恩来、朱德商量后，同意了彭德怀的决心。在他们看来，彭大将军说"有七八成把握"，那就是有十成的把握。毛泽东当即回电：

集中兵力，充分准备，继续进攻，攻克兰州，坚决歼灭青马。

2. 彭总在前沿

彭德怀和杨得志商量后，决定让郑维山和王宗槐的第63军主攻窦家山，兵力部署是：以189师和第19兵团炮兵团、第63军炮兵团和工兵营攻取马家山东北角的窦家山；第187师佯攻十里山，钳制敌兵力并保证189师侧翼安全；第188师为第2梯队。他冒雨跑到189师的前沿阵地，就地召开了准备担任主攻部队的师以上干部会议。

彭德怀在总结了试攻的经验教训后说：

< 王宗槐，1955年被授予中将军衔。

王宗槐

江西万载人。土地革命战争时期，任红一军团政治部青年干事、教导营政治委员、军团政治部组织科科长等职。抗日战争时期，任八路军政治部青年科科长，第3军分区政治部主任，第4军分区副政治委员等职。解放战争时期，任晋察冀军区政治部组织部部长，晋察冀野战军第4纵队副政治委员，华北军区第3纵队政治委员，第63军政治委员等职。

“兰州战役关系到西北解放的全局。一定要不惜一切代价拿下来。窦家山是兰州的东大门，一定要打开它。”

他看了一眼郑维山军长，接着说：

“19兵团63军的担子很重，一定要拿下来，你们这里不是有个红3团吗？在哪里？”

“是189师的566团，这个团能打山地战。”郑维山回答说。

彭德怀说：

“好嘛。就叫他们上。”

彭德怀又对着189师师长杜瑜华和政委蔡长元说：

“你们要知道，青马匪军为今日敌军中最有战斗力的部队，在全国也是有数的顽敌，你们对它一定要有充分的估计，并做充分的精神准备，一定不能轻敌骄傲和性急。进攻中，必须充分准备歼灭敌人的反冲锋部队，组织消灭敌人反冲锋火力，构筑抗击反冲锋工事。”

会后，郑维山带着189师的领导再次看地形，选择总攻突破口。

窦家山位于兰州东南十公里处，海拔2,000多米，山势陡峭，易守难攻。东北与十里山相连，西面和古城岭、马家山相接。山上有抗战时期修的永久性国防工事，后来又被不断加修成以地堡为核心的强固工事。各点、地堡构成三角和四方阵地，各阵地核心筑有钢筋混凝土地堡。各壕间又有暗堡和野战工事，并有交通沟和暗道相通，既能独立作战，又能互相支援。根据地形特点，他们把这些相连接的工事群编为1至15个序号。更为独特的是，敌人在主阵地外挖掘了三道外壕，深宽各有6米左右，在山腰部用人工削成6米多高的峭壁，并用它向外构成各种火力点。在我军容易接近和通行处，还设有地雷群和铁丝网，组织了大纵深、坚固而又严密的防御体系。马家军狂妄地叫喊：“10万解放军也打不下窦家山！”

看完地形后，郑维山对杜瑜华和蔡长元说：“你们看到了吧，这是一块硬骨头。它紧扼西兰公路，锁住了兰州大门。如果我们拿下它，就能直插兰州城内，让敌人腹背受击，全线崩溃。已经获悉，守敌是马步芳的主力82军的第100师两个团和青海保安第1团，这个团是马步芳的警卫团，深受封建迷信的毒害，是一伙善于打近战的亡命徒。”

郑维山就是当年红军西路军的师政委，他是深知这伙匪徒的残暴的。他停顿了一下，又语重心长地说：“你们也知道，这次主攻是彭老总要我交给你们的，还亲自点名让潘永堤的566团为主攻团。你们可不能辜负彭老总对你们的厚望啊！”

杜瑜华和蔡长元不约而同地说：“请军长放心，决不辜负彭老总的期望，坚决攻下窦家山，砸开兰州东大门！”

郑维山说完，又注视着杜瑜华和蔡长元问：“你们打算把主攻的突破口选在哪里？”

杜瑜华说：“军长，我们研究后觉得，把突破口选在敌主阵地的1号阵地上比较好，这里是守敌两个团的结合部，其间有隙可乘。”

郑维山仔细察看后，挥手一指，斩钉截铁地说：“好！这里既是敌人的弱点，又是要害，攻上去，既能动摇敌人的防御全局，又能带动我全线突破，选好突击连，就在这里插上去！你们要多用点穿甲弹，把敌人的工事都搞掉。军炮兵团配给你们，再请杨司令员批准，兵团炮兵团也支援你们作战，叫敌人尝尝我们大炮的厉害！”

军长走后，杜瑜华和蔡长元当即召开党委会，传达了彭德怀、杨得志和郑维山的指示。当听到彭总亲自决定该师担任窦家山主攻，并点名要566团为主攻团时，大家都非常兴奋。

紧接着，他们研究确定了兵力部署。决心用两个梯队实施连续突击，不惜一切代价夺取窦家山。以566团和配属的567团3营为主攻，首先集中力量夺取1号阵地，从守敌的结合部打开口子。565团配合主攻团，向3号阵地实施助攻。567团为2梯队。

任务明确后，各部队立即进行了战前动员，不分昼夜，投入了紧张的战前准备。

主攻团和助攻团挖掘了4条各长500米的交通壕，直逼敌人前沿阵地的外壕。第2梯队团也构筑了两条长1,500米的交通壕。各级干部连夜看地形，摸阵地，摆沙盘，开“诸葛亮会”，研究打法。

为落实野司加强炮火支援的指示，19兵团和63军调集了榴弹炮8门、野炮11门、山炮19门、重迫击炮15门、八二迫击炮18门、战防炮3门、火箭筒4具，合计各种炮78门，用于支援主攻窦家山的突击部队。

总攻前，杜瑜华在现场组织步炮协同，具体明确了各个战斗阶段步兵的行动、炮兵的支援方法、射击手段和协同信号。

炮兵为了更有效地摧毁敌前沿阵地工事和火力点，在工兵的协助下，冒着敌人的火力，拉炮、推炮、扛炮上山，尽量靠近敌人，把炮阵地设在了离敌只有几百米的地方。他们精确地测量距离，把敌人的火力点编上号，逐炮明确了任务，进行直接瞄准和抵近射击，准、猛、狠地打击敌人，为步兵冲锋打开通路。

后勤机关人员忙碌着筹措粮秣和充足弹药，组织了运输队、担架队和民工支前队……

总攻前夕，郑维山来到了主攻团，看望部队，检查战前准备工作。他问团长潘永堤：

“你们团有多少人？”

“3,000多人。”

“有把握攻上去吗？”

“有！”

> 蔡长元，1955 年被授予少将军衔。

蔡长元

四川宣汉人。土地革命战争时期，任红四方面军第 27 师 79 团政治处宣传队队长等职。抗日战争时期，任晋察冀军区政治部青年干事，政治部青年科科长，军区青年支队政治委员，第 5 军分区政治部主任等职。解放战争时期，任晋察冀野战军第 3 纵队 9 旅政治部主任、副政治委员、政治委员，第 19 兵团 63 军 189 师政治委员等职。

“攻上去能守得住吗？”

“能！”

“马步芳的大刀队，惯用轮番反冲击，你们知道吗？”

“知道。”

“用什么办法对付他们？”

“几个梯队，把自动枪集中起来给突击营、连，用猛烈的火力对付他们。”

“好！一定要顶住敌人的反冲击！”

“军长放心，我们人在阵地在，要像钉子一样钉在窦家山阵地上！”

“突击连选好了没有？”

< 郑维山，1955 年被授予中将军衔。

“早被 3 连抢走了。”

郑维山高兴地说：“好！ 3 连是红军连队，解放太原得了‘立功太原’大旗，是个能打硬仗的连队，是一把锋利的尖刀。我相信他们一定能把‘立功太原’的红旗插上一号阵地。”

接着，潘永堤向郑维山汇报了 3 连的情况。他说，3 连把主攻任务抢到手后，连长王殿忠和指导员魏应吉，就连夜带着班、排长爬到敌人阵地前摸地形，察看 1 号阵地的兵力部署、工事构筑和火力配置，具体明确突破点和冲击的道路。根据地形和敌情，他们组成两个突击排，魏指导员和副连长王勇禄带领冲锋枪排，王连长带领刺刀排……

说到最后，潘永堤高声地说：“军长，我们全团都做好了准备，只要首长一声令下，保证攻下窦家山！”

郑军长听了很高兴，他特别嘱咐说：“明天的战斗是激烈的，一定要让战士们吃饱饭，睡好觉，才能打好仗。”

送走了军长，杜师长和蔡政委来到了突击连。3连正在授旗。杜师长向3连的指战员问道："敌人很顽固，同志们有把握攻上去吗？"

"保证完成任务，请首长放心！"大家回答得震天响。

杜师长鼓励大家说："你们要像猛虎一样，为全师杀开一条血路，把'立功太原'的红旗插上窦家山的主阵地，为人民再立战功！"

指导员魏应吉把"立功太原"的大红旗，授予了旗手周万顺。

魏应吉对周万顺郑重地说："这是胜利的红旗，前进的红旗，引导部队前进的红旗。红旗上沾满了烈士的鲜血，你举到哪里，部队就冲到哪里。红旗是炮弹的眼睛，你插到哪里，它的前方就是炮兵火力集中射击的目标。"

周万顺接过红旗，坚定地说："请首长放心，我人在红旗在！"

3. 血战古城岭

为了夺取古城岭和马家山，根据彭德怀的建议，65军决定，加强主攻师193师的力量，将194师的580团、582团交由193师指挥。

25日上午10点，总攻开始。

在强大的炮火急袭后，193师的577团和578团的2营、3营冒着敌人炽烈的炮火向古城岭守敌发起全线进攻。

攻击部队踏着经过英雄们浴血奋战开辟的通路，勇猛冲杀。在第二道外壕前，正面攻击的577团突然遭遇敌人交叉火力的封锁和压制，前进受阻。3连3排长赵山带领全排冲上去，连续爆破了敌人的外壕，打开了突破口。

不一会儿，该团1连夺取了敌人的第二道外壕，7连3排攻占了第二道外壕的三个地堡。

与此同时，578团从右翼攻占了敌人的第三道外壕。

战斗的迅速发展，让敌人极其恐慌。

师指挥所里，郑三生师长在望远镜中看到，穷凶极恶的敌人在督战队的大刀和枪口的威逼下，像一群输红了眼的赌徒，挥舞着大刀，从山上漫山遍野地冲了下来。

我占领外壕的部队，在"宁死前进一丈，决不后退一寸"的口号鼓舞下，和敌人展开了殊死的搏斗。指战员们充分发挥了轻、重机枪火力和冲锋枪抵近射击的威力，加上大量使用手榴弹，大量地杀伤消耗敌人。

当时，有一首战士们编的顺口溜唱得响："手榴弹十二两，投弹组用篮装，甩出去炸得响，管叫敌人一命亡！"

阵地前，敌尸累累，遍地都是。就这样，敌人冲下来，把他打上去；再冲下来，再打上去；这样往返拉锯20多次，双方激烈争夺达5个多小时。勇士们打退了敌人的反扑，巩固了既得阵地。

午时12点左右，为了继续向纵深发展，加速战斗进程，密切关注战场情况的郑三生决心把预备队投入战斗，他大声命令：

“579团2、3营和578团1营马上加入战斗！”

冲锋部队越过第二道外壕，迅速向第三道外壕发展。

敌虽死伤惨重，却不甘心，仍不断地以小群多路的反冲击，妄图夺回失去的阵地。

578团3连为了守住既得阵地，连续打垮敌人的大小14次反冲击。他们忍饥耐渴，全连一壶水，一人一天两个土豆，一直坚持到战斗结束，也没有失掉一寸阵地。

579团6连与敌拼力厮杀，枪打坏了，刺刀拼断了，就用手榴弹顽强战斗。3营班长刘维民，率领全班以机枪、手榴弹打退敌人30多次反扑。战士王芝瑞耳朵被炮弹震聋，半截身子埋在土里，他迅速爬起来，和敌人搏斗。

战士们不但勇敢，而且机智。

577团7连3排是突击排。战斗一开始，他们就冒着浓烟勇猛地冲了上去，很快就夺取了第三道外壕的一个大地堡，俘虏了5个敌人，缴获了一挺轻机枪、三支步枪。

这时，外壕上边十分平静。战士们刚要往上冲。副排长甄正祥立即伸手，阻止了大家。他深知狡猾的敌人，常常隐蔽在暗堡里，出其不意地打冷枪。他作了个手势，把8班长叫了过来，小声地让他搭起人梯，爬上3米多高的外壕仔细侦察。

果然不出所料，一个敌地堡就在外壕附近，黑乎乎的枪口正对着壕内的战士。

甄正祥让几个战士开枪射击吸引敌人，他机智地带着一个班，顺着侧面的坎塄弯腰急进，当敌人还在愣头愣脑地射击时，甄正祥和战友们已经摸到敌人的鼻子底下了。他一个跃起，把一捆冒烟的手榴弹塞进敌枪眼，“轰”的一声，敌地堡就上了天。战斗进行得异常惨烈。

在582团7连的阵地上，一群马匪从地堡里钻了出来，他们一个个手提大刀，赤膊上阵，嘴里高喊着：“天门开了，升天堂了！”反扑下来。

7连的勇士们在炮火打烂的工事里，把机枪、步枪、手榴弹准备好，叫喊的敌人一进入火力网，连长大喊一声：“打！”战士们便举枪齐射，打出一排排手榴弹。

在一片火海中，敌人像割倒的麦子一样，一片片地倒了下来。

在打退敌人的几分钟里，不用连长说，战士们一面迅速修复工事，一面把成箱的手榴弹揭开盖，拉出弦，摆在阵地前，为机枪和冲锋枪压好子弹，等待着敌人新的反扑。

战士刘云才一个人投出130多个手榴弹，胳膊都投肿了；机枪班长崔茂亭的机枪打坏了，就向步兵班找手榴弹继续打；党员史耀增身负五处重伤，仍不下火线，吃力地

给大家揭手榴弹盖。这就样，他们团结战斗，一连打退敌人的 5 次反扑，牢牢地守住了阵地。

在马家山两间房子阵地上，577 团 3 连与敌人展开了一场殊死的搏斗。阵地上火海一片，硝烟滚滚，弹片横飞。马匪在督战队的威逼下疯狂反扑，我军阵地眼看就要失守。

危急关头，3 连迅速地冲上了右侧山顶的制高点——两间房子。副连长率领 3 班旋风似的冲上了二道沟，迎面碰上了向下反扑的敌人，2 排长大喊一声：

"立功的时候到了！同志们，打呀！"

一排排手榴弹闪电般朝敌人甩了过去。随着一声声爆炸，反扑的敌人丢下许多死尸，四处逃窜。

英勇的战士们高声呐喊着，穷追猛打残敌。机枪手郝原奋勇当先，他端着机枪横扫敌群。2 排长自己的手榴弹打光了……

3 排长马上代替他领着 2、3 排合力攻击，一连打退了敌人 7 次反扑。突然，3 排长胸部中弹，负了重伤，倒了下去。

这是马匪狙击手打的冷枪，他们躲藏在暗处，专打我军的干部。

V 我军炮兵用迫击炮发射炸药，摧毁敌工事。

3排副马上挺身而出，接替指挥。他义愤填膺，打掉了敌人的狙击手，带着大家英勇战斗，打退了敌人的第8次反冲击，又跟踪追击，占领了敌人的阵地。100多具敌尸，铺满了阵地前面。

在古城岭的另一个阵地上，反扑的敌人像一排排恶浪，前面的被打倒了，后面的又冲上来。战士们想，这些顽固的马匪兵，还真像首长们说的，要像打日本鬼子那样才行。打着打着，战士们拉开枪栓一看，子弹打光了。他们就迅速从牺牲的战友和敌尸上搜集手榴弹，轮番投掷。

一个敌军官叫喊道：

"共军没子弹啦，弟兄们，冲呀！"

狡猾的敌人看见战士们没子弹了，就组织了更多的兵力，光着头，赤着上身，一手拿手榴弹，一手提着大刀，像恶狼一样扑了上来。

战士们端起刺刀迎了上去。一时间，阵地上刀光闪闪，刺刀的撞击声，人们的呐喊声，响成一片。战斗进入了白刃格斗的胶着状态。

在多次的反扑中，战士们发现，敌人非常害怕拼刺刀，他们的大刀比我们的刺刀短，只靠投手榴弹。3连素以拼刺刀见长，战士们以己之长，攻敌之短。他们就以一对三，一对四地同敌人拼刺刀，直杀得敌人喊爹叫娘，丢盔弃甲，滚下山去。

在通往古城岭敌核心工事的道路上，一只"泥人壁虎"在密集的火网下迅速地爬动着。

这是一名突击排长。为了拔掉这个工事，营长郑兰亭一连派出三个爆破组都没成功。爆破队员眼看就要接近地堡了，突然就被地堡里的排子枪打倒了。

郑兰亭异常沉着冷静，他仔细观察，发现敌工事附近，地形开阔，黄土地上没有任何遮蔽物。他身边不远处的一条沟里，前两天下雨，积了不少泥水，他灵机一动，马上把一名脑子机灵的突击排长叫了过来，命令他：

"脱光衣服，跳进沟里！"

突击排长一愣，但马上心领神会，迅速脱去上衣跳进泥潭，来回一滚，立刻变成了泥人。

郑兰亭又大声命令：

"轻、重机枪火力掩护！"

在交错的射击火网下，"泥人壁虎"夹着爆破筒，时而匍匐在地，时而急跃前进。他的身体和周围的黄土混在一起，分不清哪是地，哪是人，不一会儿，就地到了敌人的眼皮底下，塞进爆破筒，炸毁了敌工事。

17时，193师组织全力进行最后攻击，582团在左翼加入了战斗。经过激战，全部占领了第三道外壕，并迅速向纵深进攻，将红旗插上了古城岭主峰，残敌即向兰州城内溃逃。

4. 红旗插上窦家山

25日上午10点，三颗红色的信号弹升上了天空。

窦家山的总攻开始了。

我军百门大炮齐射，震天动地，敌阵地上顿时火光冲天，硝烟升腾。总攻中炮兵表现特别突出，一开始就以绝对的优势压制了敌人的火力，一发发炮弹准确地落在了敌人的峭壁上、工事上、战壕里。由于炮火集中、准确、猛烈，敌人大部分的工事和火力点被摧毁。

轻便的迫击炮、八二无后坐力炮还跟随着突击队前进，创造出一个个奇迹。八二无后坐力炮按规定要在300米的距离射击，在二三十米内发现了敌人的机枪工事，射击距离太近，怎么办？

炮手们说：

“这好比用手枪对准敌人的肚皮打，不用瞄，保证百发百中！”

他们扶稳炮身，“轰”的一声，敌地堡就飞上了天。

还有的炮手，从700米一直打到50米。时而是隔山打，时而直上直下打，像使用掷弹筒那样。

一排排炮火由近及远，炮火还在延伸，早在冲锋出发地等待的战士们就等不及了，他们踏着一个个弹坑冲上去了，个个像猛虎一般扑向敌人。他们在炮火的爆炸声中，借着笼罩的硝烟，从炸烂的敌人工事里钻过去，从爆破口上冲上去，把红旗插在了敌人的阵地上。

凶恶的敌人在督战队的威逼下，又成群地从纵深阵地冲了出来，企图封闭被打开的突破口。这正好暴露在炮兵的观察镜内。瞬间，山炮、野炮轮番轰击，打得敌人血肉横飞，鬼哭狼嚎。

一名被俘马匪副营长说：“你们的炮一响，我们就官不管兵，兵不顺官，钻进工事不敢抬头，等到工事打平了，人也给埋了。”

189师的566团突击队3连，像一把锋利的尖刀，猛插敌前沿。人人奋勇当先，个个飞身猛冲。红旗引着炮弹走，战士跟着红旗上。

突然，在断崖的拐角处，敌一个暗堡火力点复活了，射出的弹雨压得战士们抬不起头来。十几个战士倒在了血泊中。

副连长王勇禄二话没说，抓起两个手榴弹，跃身冲上去。几十米的开阔地，没有一点儿隐蔽的地方。他一会儿匍匐前进，一会儿翻滚向前，一步步地逼近敌堡。

敌人发现了他，用机枪猛烈地向他扫射。

王勇禄多处负伤，他的动作减慢了，行动也变得困难，但他仍然顽强地向前爬着，身后留下了一条鲜红的血迹。

突然，他猛地跃起，挥手把两颗手榴弹扔进了敌人的暗堡，炸毁了这个火力点。部队前进了，王勇禄却牺牲了。

“为副连长报仇！”指导员魏应吉大吼一声，带着突击排闪电般地冲向敌阵。

苏权民跑在最前面，他一会儿滚进，一会儿左右点射，一会儿又挺身横扫，如入无人之境。守敌也不示弱，他们举着大刀，嚎叫着向他扑过来。苏权民把冲锋枪往胸前一顶，“突突突”几梭子，几个敌人就应声倒了下去。

一个狡猾的敌人从背后冲过来，抡着大刀劈下来，苏权民猛地一低头，大刀砍伤了他的肩膀，鲜血直流。他忍着剧痛，转身就给了那家伙两枪，解决了他。

左翼的战斗也在激烈地进行着，刺刀排和敌人交了手。匪徒们举着大刀，胡砍乱劈，拚命抵抗；勇士们端着刺刀东杀西刺。

班长唐满洋一气刺死两个敌人，正选择攻击目标，忽然看到一个胸脯长满黑毛的家伙，砍倒了一个战友，他大吼一声，照着那家伙刺了过去，匪徒惨叫一声，两手却死死地抓紧刺进肚子里的枪不放。

唐满洋向前推，那家伙就向后退。

唐满洋向后拉，那家伙就跟着向前跑。

“好顽固！”唐满洋不知拼过多少回刺刀，还是头一次见到这样顽强的敌人，他猛地飞起一脚，朝敌人的小肚子踢了过去，骂道：

“去你的吧！”

那匪徒一松手，仰面倒了下去。

正在这时，又一个匪徒举着马刀，从高处跳下来，直扑唐满洋。

唐满洋急中生智，赶紧往下一蹲，双手抓紧枪，将刺刀往上一竖，只听“扑”的一声，刺刀从敌人的肚子扎了进去。

唐满洋大吼一声，使尽平生力气，向右猛地一挑，把敌人甩出去好远。

剩下的几个敌人见此情景，吓得心惊胆战，扭头就跑。

战士们乘机冲上前去，将企图逃跑的敌人一一刺死。

当大家冲到一个掩体拐角时，唐满洋怕有敌人埋伏，他猛地一探头，又立即缩了回来，只听“唰”的一声，一个敌人举刀砍了下来，刀砍在了沟沿上，然后掉头就跑向前面的一个地堡，唐满洋眼明手快，抬手一枪，将其击毙。他又顺手从敌尸身上摘下两颗手榴弹，扔进地堡，随着两声爆炸，堡毁人亡。

红旗手周万顺把红旗高高地插在了敌人的前沿阵地上。

敌人吹嘘的“十万人也攻不上的窦家山”前沿阵地，在十几分钟之内，就被英雄的连队踩在了脚下。

这时，彭德怀从望远镜中看到了我军的红旗已经插到了敌人的前沿阵地上，他给杜瑜华打电话，高兴地说：“你们打得很好！步炮协同很好！要乘胜攻击，一举拿下窦家山！”

敌人哪会甘心失败。3连刚刚站稳了脚跟，还没有来得及改造工事，敌人就在轻、重机枪的掩护下，一个个袒胸赤膊，高举着大刀冲了过来，妄图把3连再打下去，夺回阵地。

3连战士们用机枪、冲锋枪、手榴弹一阵猛打。激战中，连长受了重伤，唐满洋也挂了花，情况十分紧急。

指导员魏应吉在战壕中来回跑，鼓励大家说：“同志们！考验我们的时候到了，敌人的反扑只是临死前的一跳，主阵地就在前面，我们一定要把‘立功太原’的红旗插上去！”

魏应吉的话大大地鼓舞了全连的斗志。苏权民抹了一把脸上的血，摘下手表和钢笔，交到魏应吉手中说：“如果我牺牲了，这是我的最后一次党费！”

“我的党费……”

“我的党费……”

又有几个战士把钱和钢笔交给了魏应吉。

苏权民把上衣一甩，端起冲锋枪，大手一挥说：“突击队，跟我来！”

喊声未了，他已纵身跳出战壕，扑向敌群。紧随他身后冲上来十几个勇士，十几支冲锋枪一起向敌群猛烈地扫射起来，敌人在枪口前成片地倒下去。

凶狠的敌人立即组织疯狂的反扑。

周万顺高举着红旗正往前冲，突然胳膊一麻，鲜血直流，他全然不顾，高举着红旗冒着敌人的枪林弹雨向前冲去。

苏权民的突击队的十几支冲锋枪，为后续部队杀出了一条血路。

反扑的敌人纷纷后退。

突然，敌人屁股后面响起了剧烈的枪声，把后退的敌人打倒了几个。原来是敌人的督战队开火了，溃逃的敌人又一窝蜂地反扑了过来。

敌众我寡，苏权民率领的突击队处境十分危急。

魏应吉怒视着敌人，骂道："狗东西，非搞掉他的督战队不可！"他回头对3排喊了声："跟我来！"

一颗子弹呼啸而过，打掉了魏应吉的帽子。

他连看都没看一眼，就带着战士们向敌人的屁股后面包抄过去。

敌人的督战队一看不妙，掉头就跑，反扑的敌人也就跟着滚下山去了。

3连的勇士们在敌阵中勇猛冲杀，打得敌人节节败退。当敌人逃向第二个地堡时，7班长杜英奎立即向地堡里投了两颗手榴弹，十来个敌人应声倒下。接着全班一排手榴弹，又消灭了一群敌人。突击队乘机攻占了第二个地堡。

敌人几次想夺回失去的阵地，都被3连打退，只好逃向第三个地堡。

∧ 在炮火掩护下，我军战士向敌阵地发起冲击。

魏应吉立即带领战士们尾追过去。守地堡的敌人怕战士们从射击孔中塞进手榴弹，慌忙用棉被堵住枪眼，裹着枪胡乱射击。3班副班长乘着敌人瞎打之机，纵身上去，将棉被扯掉，随手扔进两颗手榴弹，将敌堡垒炸毁。

约12点30分，敌人的1号阵地被3连全部占领，打开了攻占窦家山阵地的口子。

红旗手周万顺终于把红旗插上了窦家山的主阵地。

胜利的红旗使敌人惊恐万分，溃败的残敌集中火力向红旗射击。顿时，红旗上出现了十几个弹孔，周万顺也多处负伤。

V 严阵以待的我军炮兵。

又几颗子弹飞来，把旗杆打断，周万顺抓住旗杆还没有来得及再插上，几颗子弹打到了他的身上。

这时，周万顺已是个血人了，只见他浑身一缩，摇晃着就要倒下去了，但借着身子倒下去的重量，竟奇迹般地又牢牢地把红旗插在了阵地上。他实现了自己的诺言，流尽了最后一滴血。

随着3连的突破，1、2连紧跟着突上了1号阵地，和3连一道准备迎击敌人反扑，巩固阵地，向2号阵地发展。

这时，从右翼突破的565团突击连7连，也在我伴随炮兵的支援下，奋勇地爬过了长300多米角度有50多度的一面陡坡，登上峭壁，跨越了两道外壕，连续攻克了敌人的明碉暗堡，击退了敌人多次的轮番反冲击，于13时完全占领了敌3号阵地。

1、3号阵地的得手，打掉了青马的威风，也挫伤了他们的锐气，为189师全歼窦家山之敌，打开兰州东大门，创造了极为有利的条件。

杜瑜华和蔡长元在指挥所里看到了这一切，立即向全师通报表扬，并报请军部批准这两个连队为大功连，授予“攻如猛虎”的荣誉称号。

敌人丢掉了窦家山1、3号阵地，防御部署被打乱了。马继援慌了神，他对着电话大吼：

“不惜一切代价，夺回阵地，死保窦家山！”

敌100师组织了大刀敢死队、督战队、执法队，他们歃血宣誓、喝符酒、念咒语。督战队军官大叫：“攻上去赏银圆，升官晋级，赐美女，死了升天堂！”

杜瑜华和蔡长元对此早有准备。当即迅速调整战斗部署。除了留567团的一个营担任侧翼警戒外，决心用8个营梯次连续投入战斗的打法，保持强有力的后劲，彻底打垮敌人的反冲击，全部消灭窦家山的敌人。

兵团和军的首长同意了他们的决心。

566和565两个1梯队团，伤亡都比较大，但他们都决心不下撤。潘永堤在电话中对杜瑜华说：“请首长放心，我们人在阵地在，坚决打掉敌人大刀队的威风，一定送他们升天！”

下午3时许，敌人一阵密集的炮火准备后，约有一个团的敌人，发动了第7次集团反冲锋。

在炽热的阳光下，匪徒们光着膀子，赤裸上身，刀光闪闪，一片银白，他们口中念念有词，举着大刀向我军阵地上冲过来。

战士们举着枪，握着手榴弹，怒视着敌人，严阵以待。

潘永堤两眼冒火，一拳打在战壕的黄土上，大吼道：“狗东西，来吧，先叫你们尝尝炮弹的滋味！”

一个请求炮火支援的电话后，炮弹像长了眼睛，呼啸着，接二连三地落到了敌群中，炮声隆隆，炸得敌人“哇哇”乱叫，抱头回窜。但督战队的刀枪又把他们逼了回来。

敌人冲得太近了，我炮火已无法拦阻射击了。

1营长张广友喊着：“近点，近点，再近点！”当敌人冲到只有50米时，“打！”几十挺轻、重机枪和所有的冲锋枪、步枪一起开火，把敌人打得一层层地倒下去。

在督战队的威逼下，仍有一股敌人冲上了我军阵地。战士们端起刺刀迎了上去，与敌人展开了激烈的肉搏战。

这时，杨得志给潘永堤打来电话：

“潘永堤，怎么样？顶得住吗？”

“顶得住！”

“伤亡大吗？”

“不大（实际上已伤亡500多人）。”

“我看到了，你们打得很好，很勇敢，要给你们请功。你们一定要稳住阵地，打退敌人的反冲击！”

“请首长放心，我们人在阵地在！”

杨得志又说：“彭总也在看着你们，表扬你们打得很好！”

顿时，阵地上传遍了彭总和杨司令员表扬189师的鼓动口号。战士们更加奋勇地杀敌，一排排愤怒的子弹，一阵阵猛烈的拼杀，把冲上来的敌人打了回去。

郑维山在指挥所里看到这一切，他高兴地给杜瑜华打电话：“告诉潘永堤，他们打得很好，不愧是红3团。不仅要把敌人打退，还要把敌人消灭！”

杜瑜华立即把军长的表扬传达给主攻团。潘永堤在电话中高声地说：“我们一定要把敌人统统地消灭在阵地前！”

8个营的攻击波次，一个比一个凶猛，激战一直持续到下午5点多，189师全部占领了窦家山阵地。

兰州的东大门终于打开了！

窦家山这场血战，持续了7个多小时，战士们没吃一口饭，没喝一滴水，疲劳、饥饿，加上流血，个个都变得瘦削了。

战士们站在窦家山上，遥望兰州古城，完全忘记了伤痛和饥饿，享受着胜利的喜悦，流下了英雄的热泪，泪水在满是硝烟和尘土的脸上冲出了印痕，在夕阳的映照下，他们似乎成了黄金般的群雕。

①

② 

③ 

④ 

❶ 人民群众运粮支援我军作战。
❷ 我军登船南下，准备追歼敌军。
❸ 我炮兵正在向敌阵地轰击。
❹ 我军某部冲上山头，俘虏国民党军。

[亲历者的回忆]

郑维山

（时任第19兵团第63军军长）

8月25日，总攻开始了。第2兵团第4军攻狗娃山首先得手。

我们第63军攻窦家山的战斗，是10点20分开始的。30分钟的炮火准备实在使人精神振奋，几十门大炮齐鸣，炮弹的啸声划破长空。由于准备充分，发发炮弹准确地在敌军阵地内开花，顿时，窦家山上硝烟滚滚，地动石飞。我虽然听不到匪徒被炸得哀嚎，但看到那腾空飞起的烟柱，心底一种胜利的欣慰油然而生。

随着炮火的延伸，我看到突击队的红旗急速上移，这是第566团第3连冲上去了。

突然，红旗停了下来，原来是敌人复活的一个暗堡拼命抵抗，3连攻击受阻。

副连长王勇禄抓起两个手雷，迎着泼水般的敌人枪弹，攀援而上。

他机警地时而伏身不动，时而急起跃进，逐渐接近敌人。敌人的火力非常猛烈，他不幸身中数弹，在爬行的地上留下片片血迹。

顽强的王勇禄，虽然身体越来越虚弱，速度越来越缓慢，但他没有停下来，他终于靠近了暗堡，用生命的最后一股力量，奇迹般将手雷甩进敌堡，为突击队扫清了前进的道路……

——摘自：郑维山《忆兰州战役》

★★★★★

李少白

（时任国民党第82军第190师参谋长）

25日是战斗最激烈的一天，但这一天并不是“日月无光”的战争天气，而是一个万里无云的秋天。大自然彼我无私，晴朗的天气，能见度高，对双方射击都有利，命中率高。这样双方的伤亡，也就更大了。

在这紧张的关头，我们很希望来几架飞机，在解放军的阵地上轰炸一下，也能助助我们的威，使我们换一口气。

飞机终于盼来了，但只有一架，令人失望的是它在高空，嗡嗡地盘旋了几转，没有投一枚炸弹，很快溜走了。

——摘自：李少白《第190师沈家岭惨败纪实》

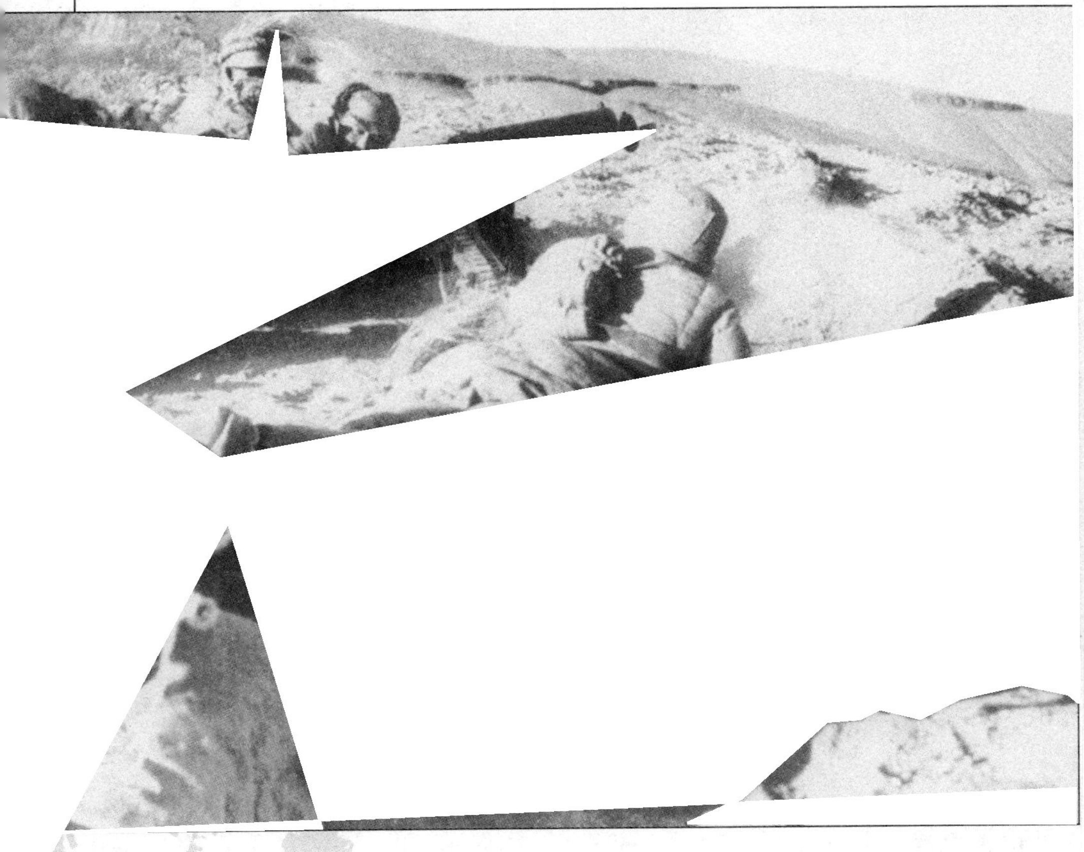

第七章

总攻皋兰山

∧ 我军炮兵正向敌阵地实施猛烈轰击。

总攻皋兰山的战斗即将开始，彭德怀来到6军50团前线视察，他说：“你们还有什么困难，还有什么问题都提出来。”

营盘岭前，曹德荣大声说：“我命令你撤下去！”他用身体托起了炸药包。

最后攻击的时刻到了，红旗在敌主阵地上竖起，落下，又竖起，又落下，再竖起，再落下……

兰州的南大门终于打开了！

1. 毛主席期待着我们的胜利

初攻失利后，6军认真总结了经验教训。

“充分进行准备，争取一举攻克营盘岭！”

这个响亮的口号，已成为6军上下的一致行动。无论前方和后方，机关和部队，都投入了紧张的准备。

对原来的部署也做了调整，17师以50团为主攻，49团为二梯队，主攻营盘岭西南阵地；16师以46团为主攻，48团为二梯队，攻击营盘岭东南阵地。

2兵团副政委徐立清带检查组到6军了解情况和指导工作。他是6军的老政委，情况熟悉，刚一到就下部队去了。途中正赶上野司炮团往山上修路推炮，徐立清对工作组的同志们说：

“同志们，和大家一起干吧，把大炮推到敌人的鼻子底下去。”

50团3营是贴在敌人身上的“膏药”，敌人视他们为眼中钉，肉中刺，白天不断地向下投手榴弹，打枪榴弹，可就是不敢下山。战士们则隐蔽在早已挖好了的背向敌人的窑洞里。

夜晚，敌人生怕被袭击，一面用浸了汽油的棉花包点燃了向下扔，一面虚张声势，大喊大叫。

3营的战士们一面三人一组，五人一伙地不断地袭扰、迷惑、打击敌人，一面挖战壕，近迫作业，不断地逼近敌人。他们以惊人的毅力和顽强的斗志，克服了难以想像的缺水少粮等困难，始终死死地“粘”住敌人不放，守卫着阵地，向前推进着阵地。

总攻的前一天，17师师长程悦长到49团去了，副师长袁学凯在指挥所值班。

上午10点多，突然，袁学凯接到了彭德怀打来的电话说：“我要和罗元发同志去50团，看看他们总攻准备得怎么样了。”

袁学凯立即报告说："彭总，那里离敌人太近了，敌人火力封锁很厉害，你千万不能去呀！"

没等袁学凯话说完，彭德怀已放下电话，走了。

袁学凯一面让参谋通知50团做好迎接和掩护彭总的准备，一面和师副参谋长高锐立即骑马往50团跑去。他们马不停蹄地赶到时，彭德怀和罗元发一行已经机警地乘敌人火力封锁的间隙，安全地到达了设在地下窑洞的50团指挥所。大家都为彭总的安全捏了一把汗。

< 徐立清，1955年被授予中将军衔。

徐立清

安徽金寨人。土地革命战争时期，任红4军政治部主任，红四方面军总卫生部政治部主任、政治委员等职。抗日战争时期，任八路军第129师骑兵团政治处主任，129师政治部组织部部长，东进纵队政治委员，陕甘宁留守兵团新编第4旅政治委员等职。解放战争时期，任陕甘宁晋绥联防军政治部主任，西北野战军政治部主任，第6纵队政治委员，第一野战军2兵团副政治委员，1兵团政治委员等职。

彭德怀和罗元发等领导一进门，程悦长也赶到了。彭德怀扭头看着师里的几个领导说："谁让你们来的？我又不是不知道路，我来这里看地形已不是第一次了。"他接着说："你们来了也好，那就和刘光汉（50团团长）一起研究一下敌情和我们的打法吧。"

彭德怀详细地询问了攻占三营子主阵地的准备情况，关切地询问了部队的情绪和休息、吃饭以及伤病员医治和后送等情况后，他说："同志们要知道，蒋介石这次胃口可大呢。他不仅要歼灭我西北野战军于兰州城外，还要活捉我彭德怀呢。"

说到这里，他笑了笑，又说道：

"这次战役打得怎么样，就看你们大家了。我希望你们好好总结前几天试攻的经验教训。要看到营盘岭是攻占兰州、全歼守敌的南大门。若你们首先攻占此山，就好比一把钢刀插入敌人心脏一样置敌于死地。营盘岭工事坚固，守敌又是马匪的主力，匪徒们反动、残忍、顽固，所以，千万不能轻敌。告诉大家，毛主席期待着我们的胜利，兰州十多万各族人民期待着我们去解放他们。”

会后，他又不顾大家的再三劝阻，冒着危险，领着大家再次侦察地形。

在前沿阵地上，彭德怀指着皋兰山对团长刘光汉和副团长杨怀年说：“你们仔细观察一下，皋兰山这个阵地很险要，也很重要，是控制兰州的核心阵地，是攻克兰州的关

> 袁学凯，1955 年被授予少将军衔。

袁学凯

湖北黄陂人。土地革命战争时期，任红 31 军第 91 师 277 团营政治教导员等职。抗日战争时期，任八路军 129 师 386 旅 772 团连政治指导员，补充团营政治教导员，第 16 团政治处主任，太岳军区第 2 军分区副司令员，决死第 1 纵队 25 团副团长，八路军留守兵团新编第 4 旅 25 团政治委员，第 16 团团长等职。解放战争时期，任西北野战军第6纵队新编第 4 旅副旅长，第一野战军 6 军 17 师政治委员等职。

键。如果你们能首先攻下皋兰山的三营子这个阵地，就好像打开了兰州的大门。突破这个阵地，我军态势就变成居高临下了，野司的榴弹炮、野炮重火器就能展开，火力也能发扬。皋兰山的二营子、头营子两个阵地和兰州城就容易攻克了。”

根据敌人的工事和火力配置，彭德怀详细地审察了师里的总攻方案，甚至对每一门炮、每一挺机枪的配置、突破口的选择、部队的运动道路、冲锋的出发地，都一一作了具体的指示。

彭德怀又对他们说：“我回去向毛主席报告总攻方案，野司炮兵团、6 军的炮兵营统归你们指挥，支援你们。你们还有什么困难，还有什么问题都提出来。”

看到彭总这样关心他们，几个师里的领导异口同声地说："请彭总放心，只要50团还有一个人，只要17师还有一个人，就坚决完成任务！"

彭德怀听了连连点头，笑着说："你们17师是西北战场的主力部队之一。你们还记得吗，西府战役，要不是你们50团在南庄李家一整天的抗击打得好，西北野战军的损失还要大一些。保卫延安你们也是出了大力的。尤其是50团，无论在抗战时期，还是在西北战场上，都是一个能攻能守屡建战功的老团。你们是见了敌人就眼红，打仗是不含糊的。我完全相信你们能够完成任务。"

彭德怀走后，17师召开了师、团干部会。传达了彭德怀关于攻克兰州和总结这几天战斗教训的指示，大家就更有信心了。

有位领导同志说："50团在三营子日夜攻击，坚守阵地，伤亡不小，是不是换下来？"

刘光汉和杨怀年不同意，他们想：50团是有着英勇善战光荣历史的部队，抗战时是129师386旅的新1团，1938年香城固战斗，夺了日寇的山炮；1940年百团大战为386旅16团，攻克正太线上的卢家庄日寇据点；1943年奉中央军委命令调陕甘宁边区，保卫党中央，保卫毛主席，保卫边区；在通过日寇封锁线的韩略村战斗中，歼灭了日寇一个军官参观团；在三年解放战争期间是新4旅16团，参加了保卫延安的三战三捷的青化砭、羊马河和蟠龙战役，在陕北的沙家店、宜川、西府、渭北、扶眉战役中，能攻能守，完成任务都比较好。在这个时候，怎么能撤下来呢。

刘光汉坚定地对师首长们说："这次攻击虽然受了点挫折，伤亡大了些，但部队的锐气不减，斗志更旺！我们还有2营的兵力没有动，我们不换，也不撤，有决心、有把握攻下敌人的三营子阵地，就是全团剩下一个人，也要战斗到底！"

程悦长想了想，说："那好吧，你们一定要认真总结这几天的战斗经验，周密、扎实地做好总攻的一切准备，一定要把三营子拿下来！"

"是，坚决完成任务！"

> 1939年，时任八路军第129师师长的刘伯承。

香城固战斗

1939年2月上旬，日军向冀南抗日根据地进犯。八路军第129师决心以小部队连续袭击威县、曲周等县城日军，以386旅主力和第344旅第688团隐蔽集结于威县县城以南香城固附近地区，诱日军出犯，予以歼灭。10日午后，对被引诱至香城固地区的日军1个加强中队发起伏击。激战至黄昏，击毙日军大队长以下200余人，俘虏8人。此战打击了华北日军的嚣张气焰，极大地鼓舞了我抗日军民的斗志。

韩略村战斗

1943年秋，日本华北派遣军总司令冈村宁次集结两万多人开始对太岳根据地进行“铁滚扫荡”。为此，日军高层还特组成“战地参观团”上前线“观战”。10月24日3时，太岳军区第2军分区16团在临汾东北的韩略村附近设伏。8时，由临汾方向驶来敌军车13辆（内有3辆小汽车）进入了伏击圈内，伏击部队突然发起攻击。经过3小时激战，歼敌“战地参观团”少将旅团长以下军官120余人，缴步枪80余支，击毁汽车13辆。

V 抗战时期，伏击日军的八路军一部。

刘光汉

山西左权人。1938年入延安抗大学习，同年加入中国共产党。抗日战争时期，任八路军第129师团政治处股长、营教导员等职。解放战争时期，任西北野战军副团长、团长等职。参加了百团大战和青化砭、羊马河、扶眉、兰州等战役。

刘光汉和杨怀年回到团指挥所，召集营连干部开会，传达上级的指示要求，研究进攻中的难点。他们用沙盘模拟和到现场观察，反复研究敌人的工事和火器配置情况。

进攻的主要障碍是被敌人削成几丈高的峭壁。杨怀年说：

"对付这样的峭壁，光靠炮火轰是不行的。火炮少，口径小，炮弹也不多，难以摧毁这些削崖陡壁。不如用炮轰、爆破和搭梯子攀登三结合的办法，解决这个难题比较好。"

刘光汉一拍大腿说："这个办法好！先用炮轰和炸药连续爆破，将峭壁炸成有坡度的豁口，为部队开辟冲锋道路。"

经过估算，爆破要用近千公斤的炸药。这大量的炸药从何而来呢？

正在为难之际，参谋来报告：

"团长，供给处长林华勋回来了，还押着满满几辆大车的炸药呢。"

这些高级的黄色炸药，是胡宗南从西安仓皇撤退时，派敌特准备炸毁几个重要的工厂用的，结果被我军缴获。

刘光汉高兴地说：

"这才是雪中送炭！好，就用胡宗南的炸药去炸马步芳。用两个连的兵力，组成60个爆破小组，每组3人，6包炸药，最大的炸药包25公斤，炮火延伸后，爆破炸开峭壁，打开突破口！"

爆破连马上投入了紧张的准备。

野司野炮团接到命令后，在工兵的帮助下，把榴弹炮3门、野炮13门、山炮15门、重迫击炮3门、八二迫击炮19门，共计各种火炮53门，全都拉到了三营子以南的一个山岗上，占领了发射阵地。他们的任务是轰垮绝壁，为步兵开辟冲锋道路后，摧毁敌纵深防御工事，配合步兵攻克三营子。

进入阵地后，炮团的郭思爱团长就带着十几个侦察员测量射击距离。侦察员们大都是新手，使用器材不熟练。在部队西进出发前，发到排里的那部国民党造的测远机，大家都不会用。郭思爱就抓紧行军中的休息时间，教大家边看、边学，终于在行军途中学会了测角、测距等方法。他们使用的一些侦测仪器，都是从国民党军队缴获来的旧玩意，回空大，精确度差。

为了打准，郭思爱选择了一个敌人碉堡上的枪眼作目标，他对侦察员们说：

“你们每人一件器材，连测三次，向我报告目标数据。”

侦察员们有的用炮队镜，有的用方向盘，有的就用望远镜测量起来。但大家测出的距离相差很大，有的竟相差2,000多米。

郭思爱根据大多数人测出的结果取了平均值，为了保险，他又用测远机亲自验证了三次，用方向盘验证了两次。经反复测量和检验，得出了精确的数据。

为了检验精确度，郭思爱决定打一发试试。

V 彭德怀与朱德、叶剑英、聂荣臻、陈毅（左起）在延安。

"轰！"这第一发炮弹正好钻进敌碉堡的枪眼里。刹那间，一团浓烟烈火冲天而起，敌碉堡成了废墟。

"打得好！把敌人的碉堡盖揭掉了！"

炮兵指挥所里的首长们连声叫好，侦察员和炮手们也高兴地直蹦。

2. 曹德荣舍身炸峭壁

25日凌晨，雨过天晴。6军军长罗元发进入了军指挥所。

由于野司的支援，6军的炮兵火力比初攻时大大地加强了，根据火炮的口径大小，组织了两个炮兵火力群。罗元发要16师、17师各指定一名师领导和炮兵团长一起指挥。16师是师长吴宗先，17师是副师长袁学凯。为了搞好步炮的密切配合，罗元发要求步兵攻入敌阵后要及时竖立标志旗，炮兵的射击目标放在标志旗前100米。他还要求炮兵除了以主要火力摧毁敌主阵地掩护步兵冲击外，还要用一部分火炮专门压制敌人的炮兵。

6点30分。罗元发下令：

"开炮！"

顿时，整个营盘岭发出了震天动地的巨响。数十门各种火炮向敌方猛烈射击。敌阵地上浓烟滚滚，火光冲天。

< 吴宗先，1955年被授予少将军衔。

吴宗先

安徽六安人。土地革命战争时期，任红25军第75师253团连长，红31军第91师276团副团长等职。抗日战争时期，任八路军第129师386旅771团营长，青年纵队第2团副团长，129师新编第4旅第10团、第11团政治委员，陕甘宁晋绥联防军新编第4旅771团团长等职。解放战争时期，任陕甘宁晋绥联防军新编第4旅副旅长，西北野战军第6纵队教导旅旅长，第一野战军6军16师师长等职。

野司炮团3连的三门野炮推近到离敌约500米的地方，用抵近射击，轰开绝壁，给步兵开辟冲锋道路。他们冒着敌人的密集炮火，迅速准确地向绝壁上轰击，越打越猛，只见绝壁一块一块地塌了下来。十多分钟就打了100多发炮弹，终于在绝壁中央炸开了约5米宽的缺口。接着，又调整了射击距离，和兄弟连队一起向敌纵深猛烈射击。

三营子成了一片火海。

半个小时后，嘹亮的冲锋号此起彼伏，50团如蛟龙出海，直扑下庄，与坚守阵地的3营会合之后，英勇的步兵在硝烟的笼罩下，端着刺刀，高举着红旗，沿着缺口，向敌发起了猛烈的冲击，很快就把红旗插上了敌人的第一道工事前沿，与敌展开了反复的争夺战。

突击队巩固突破口阵地后，继续向纵深进攻。

46团同时发起攻击，他们紧密协同，冲向敌阵。

敌人急忙爬起来抵抗，我指战员的轻、重机枪一齐向敌人猛烈开火，一场血战开始了。

枪炮声震耳欲聋，其他什么也听不见了。步兵发现哪里有敌人的火力点，就向哪里摆红旗，炮兵就向哪里射击，这是预先规定的信号。

郭思爱在炮队镜中突然看见步兵向右侧摆动红旗，知道是前进受阻，便迅速移动镜头向指示方向观察。他发现山顶的两棵大树间升起了3米多高的扇面形黄色烟尘，迅速判断是敌人的炮兵阵地在发射。他刚对目标进行标定，我炮兵阵地上就连续炸响了敌人的一排炮弹。

炮兵指挥员马上命令："打掉敌人的炮兵连，命令火炮马上射击！"

命令立即传达到我炮兵阵地上，一连串的射击后，敌炮群成了哑巴。

枪声、炮声、炸药包的爆炸声，响成一片，直震云霄。

郭思爱一直在用放大12倍的德式炮队镜仔细观察敌人的动静，他在堑壕里不停地转动着高低和方向分划转钮，目不转睛地搜索着敌情。

突然，镜内出现了黑压压的一片敌人，他们身穿背心短裤，腰间带满了手榴弹，手提大马刀，从三营子右侧成四路纵队向我扑了过来。

炮兵指挥所里的首长们，从他标定的炮队镜中看到了这一切。当郭思爱再从炮队镜中看时，只见敌人排成一列列的，一条腿跪在地上，右手持着大马刀，低着头，这是敌人在反扑前，在那儿念经发誓。

炮兵指挥员果断地大声命令：

"目标正前方，敌步兵群，榴弹瞬发引信，距离二千八，放！"

∧ 我军某部利用堑壕反击敌人。

∧ 我军某部抢占了敌前沿阵地。

射击口令刚刚下完，大炮就响了。第一群炮弹在敌群中爆炸了，把正在念咒的敌人炸得血肉横飞。没炸死的敌人，扔下马刀，四散逃命。

在督战队的威逼下，后面有些敌人仍不知死活地向前冲。

“轰！轰！”又是一群炮弹爆炸了，立刻又炸倒了一片。

在炮兵指挥所里的袁学凯看到了，激动地边鼓掌，边大喊：“打得准！打得好！”

袁学凯立即向罗元发报告，罗元发当即给野炮团口头嘉奖。炮团政治处主任彭海宾立即向全体指战员做了传达，大家的战斗情绪更加高昂了。

罗元发一直在指挥所里用望远镜观察战况。他从望远镜中看到部队冲锋到营盘岭主阵地时，由于峭壁又高又陡，土质坚硬，突破口没有炸开，敌人凭据着钢筋混凝土暗堡拼命抵抗，部队几次攻击都没成功。已经运动到敌前沿的4个连队一时上不去，下不来，暴露在敌火之下，危急万分。

罗元发十分着急，他立刻打电话给程悦长：

“叫刘光汉马上组织爆破，我马上到你们那里去！”

打完电话，他正准备去17师指挥所察看情况。突然听到“轰”的一声巨响，山摇地动，皋兰山上升起了一股冲天的烟尘。

罗元发用望远镜一看，那道阻挡我军的绝壁已被炸开了一道斜坡，战士们正奋勇地从这个缺口上向山上冲去，一面红旗也插了上去。

是谁为部队开辟了前进的道路呢？

程悦长在电话报告说：“7连指导员曹德荣同志舍身炸峭壁，为解放兰州光荣牺牲了！”

7连指导员曹德荣带领爆破突击队，担负炸毁峭壁，打开冲击突破口的任务。爆破突击队分两个梯队，每人扛25公斤的炸药包，隐蔽地向山顶敌阵地接近。

在我火力的掩护下，突击排长陈全奎带领的第1梯队很快冲了上去，迅速地找有利地形把炸药包摞在峭壁下。

陈全奎向后看了一眼，看见指导员曹德荣正卧在第2梯队的最前面，手握着一面红旗，急切地关注着爆破组。

正当陈全奎要引爆时，敌人一阵密集的子弹打过来，其他同志都当场牺牲了，陈全奎也负了重伤。

敌人已经发现了我军的意图，对山腰进行严密的火力封锁，使后续部队没法接近峭壁。此时，多耽误一分一秒，就会有更多的战友牺牲。

副连长刘拴牛手一挥，大声命令：

“9班长，用枪榴弹打掉左侧敌人的机枪，重机枪封锁右侧敌人的机枪。爆破组，上！”

战士何德有怀抱炸药包冲了上去，他连滚带跳越过了开阔地，接近了峭壁，安好炸药包，一拉线，没响，雷管因多日下雨受潮瞎了火。

刘拴牛又命令两个战士连续爆破，都没有成功。

这时，曹德荣身上已两处负伤，他看到连续三次爆破的同志们都牺牲了，进攻部队正暴露在敌火之下，情况万急。

曹德荣抱起一个大炸药包，大喊一声：

“跟我来！”

他首先冲了上去，两个战士应声而上。

快接近目标时，一个战士牺牲了。

曹德荣一连扔出两颗手榴弹，趁着浓烟，抱着炸药包，左翻右滚终于和另一个战士靠近了峭壁。

峭壁削得如同墙壁，没有支架，炸药难以发挥威力，曹德荣拉着了导火索，双手托起炸药包安在峭壁上，回头向那个战士喊道：

“快撤！”

那个战士有些犹豫，曹德荣大声说：

“我命令你撤下去！”

那个战士含泪翻身滚下山坡。

一声惊天动地的巨响，峭壁被炸开了一个大口子。

“指导员！”战士们呼唤着英雄的名字，冲入敌阵，迅速地占领了敌人的第一道防线。

残敌纷纷退守到第二道防线以内，不断组织反扑，妄图夺回失去的阵地，战士们怀着满腔仇恨，勇猛杀敌，一次又一次的打退敌人的反扑。

这时，17 师 51 团从西边攻上来了。

16 师 46 团 3 营的 7、8 连爆破组，先后用 60 斤的大炸药包，分五次将第一道外壕炸开，突破了敌东南的前沿阵地，在阵地前和敌人进行拉锯式的争夺战。

V 我军某部重机枪手正进入阵地。

8连1排长王喜贵身负重伤，但当他看到友邻17师的红旗直往前挥，忘记了伤痛，他对突击队员高喊："同志们，兄弟部队已经上去啦，咱们不能落后，冲啊！"

他带着突击队从右翼冲上高地，在敌人的第一道防线坚持了4个小时，打退了敌人的4次反扑。经过短暂的准备后，他带队和后续部队再一次向敌人发起勇猛进攻一次向敌人发起勇猛进攻，完全占领了敌第二道防线。

此时，敌营盘岭防线的东南、正南和西南的前沿阵地均被我军突破，战斗正艰难地向纵深发展。

3. 最后的攻击

狡猾的敌人趁我军立足未稳，猛扑过来，51团的阵地被敌人夺了回去，正面攻击的50团受到了敌人威胁。

∧ 1948 年，彭德怀在动员大会上讲话。

程悦长当机立断，命令51团：

“马上反冲击，坚决夺回阵地！”

经过一场激烈的争夺，51团终于把阵地夺了回来，但也付出了很大的代价。

战斗进行得非常残酷。50团7连打得只剩下几十个人，牺牲了100多人。许多连队伤亡过半。两次进攻中部队伤亡较大，建制有些混乱，需要立即进行必要的整顿。

罗元发对作战参谋命令道：

“通知各部队，停止进攻，进行一小时的整顿，然后再进攻。告诉他们，为了减少伤亡，师、团两级要严密组织火力，搞好步炮协同；在向敌人梅花形钢筋水泥工事进攻时，采用纵深递次进攻的方法，逐个占领，逐个巩固，稳步前进！”

整顿过后，下午1时，6军开始了夺取敌人最后堡垒的战斗。

在强大炮火的掩护下，50团仍从正面攻击，2梯队的49团也投入了战斗。

与此同时，16师46团和17师51团也从东西两面同时发起进攻。一小时后，50团攻克了敌两侧集团工事，46团也炸开了敌人最后的一道峭壁。

眼看胜利在望，罗元发大声命令：“所有后续部队，立即全部投入战斗！”

下午4时，攻克营盘岭最后堡垒的时刻到了。

群炮齐射，敌人阵地上硝烟滚滚，火海一片，在此起彼伏的嘹亮的冲锋号中，战士们纷纷跳出战壕，从东、西、南三个方向上，像潮水一样地涌向敌人的阵地……

罗元发一直用望远镜观察着，不一会儿，他看见有三面红旗在敌人的主阵地上竖起来了！但刚刚竖起，旗杆就被打断了，红旗落下来；又竖起，又落下；再竖起，再落下……

就这样，红旗反复起落了7次，每一次起落，都有许多同志牺牲。到了第八次，有十几面红旗同时在营盘岭敌主阵地上竖起来了。

罗元发的眼睛湿润了。

营盘岭，这个被敌人称为“云中炮阵”，“山顶堡垒”的钉子，终于被拔掉了。

但是，敌人并不甘心，守敌248师师长韩有禄组织了两个营的兵力，他挥着手枪，亲自督战，从二营子方向反扑过来，进行最后的决斗。

这时16师和17师所有部队已经完全攻占了营盘岭主峰阵地，指战员们早已在阵地上严阵以待。几十挺轻、重机枪，几百枝冲锋枪，上千枝步枪一线排开，无数个手榴弹摆在阵地前沿上……

当反扑的敌人进入火力圈后，一声“打！”

勇士们居高临下，一阵猛打，就把敌人打得落花流水，逃下山去，再也没有反扑的能力了。

兰州的南大门终于打开了！

战后，韩有禄在回忆录中说：“战斗激烈，炮火冲天，整个阵地一片火海。”

战斗结束后，刘光汉和杨怀年巡视了阵地。放眼看去，战士们正在打扫战场，阵地前，壕沟里外，到处都是尸体。敌人的尸体就地翻过来，身边放着枪和马刀，烈士的遗体则一一抬到一起，战士们小心翼翼，神情肃穆，有的战士持枪肃立在烈士的身旁。

走到被炸开缺口的峭壁边上，刘光汉和杨怀年看到曹德荣烈士躺在那里，他的手指上还套着许多手榴弹的拉环，英勇献身的还有1营长石长河、1营副营长崔文德、3营副教导员郭振英，还有不少连排干部和战士…… 刘光汉和杨怀年流下热泪，悲痛地向他们致哀！

曹德荣同志出身贫苦，作战勇敢，为人憨实正直，对战士亲如兄弟，行军中经常帮战士背枪，是模范政治工作干部。战后，上级授予7连为“曹德荣连”的荣誉称号，6军文工团还把曹德荣的英勇事迹写成文艺节目演出，烈士的英名传遍了一野上下。

17师副师长袁学凯，50团团长刘光汉战后曾先后任兰州空军副司令员，17师副参谋长高锐和50团副团长杨怀年战后曾任兰州空军副参谋长，我曾是他们的部下，也曾多次听他们讲过攻打皋兰山的战斗。如今，这几位老首长都已故去。他们的音容笑貌，深深地留在了我的记忆中。

袁老曾操着浓重的湖北口音说：“皋兰山打得太艰苦了，我们打死打伤马匪1,725名。自己也伤亡了1,235人，其中50团就有668人。”

该师49团团长张江霖也回忆说：“我们团是2梯队，也伤亡了800多人。”

我的楼下住着一位老太太，女儿和女婿都是军人，我和她闲聊起来，得知她的丈夫就是当年打兰州的50团的一位指导员，离休前是行政14级干部，老人家已于2002年去世了。老太太对我说，丈夫生前对她说，一仗打下来，100多人的连队就剩下20来个了，开饭的时候，谁也吃不下饭，只是哭。丈夫生前经常去兰州和当年的老战友们见面，说起那场战斗，还是难过得吃不下饭。

兰州决战，对我军来说，是一场志在必得的战斗。这场攻坚战，不仅仅是双方兵力、体力和武器装备之间的战争；也是双方理想信念、思想品德、意志智慧之间的战争。它也是一场让每一个参加者以及后来认识和了解它的人们永生难忘的战争。它的英雄和烈士，也因此而永垂史册，万古不朽！

皋兰山——英勇的先烈们最伟大、最辉煌、最永恒的纪念碑！

❶ 在炮火掩护下，我军步兵向敌人冲锋。

②

③

④

⑤

❷ 我军某部炮兵正对敌阵地进行猛烈轰击。
❸ 我军机枪手在城墙上猛烈射击，掩护部队向城里冲击。
❹ 敌大批官兵向我军投诚。
❺ 我军向敌人发起攻击。

罗元发

(时任第一野战军第6军军长)

拿下营盘岭以后，我沿着部队进攻的道路向前走去。途中见到我们的战士怀着胜利的喜悦，正在打扫战场。缴获敌人的武器弹药及其他物资堆集如山。一群满面污垢的俘虏被我们的战士押下山来，惶恐地听着向他们宣传我军优待俘虏和民族团结的政策，在400多具敌人的尸体里，我们发现有20余人是用马刀砍死的。这是他们为马家卖命反而作了马家军军官“督战”的牺牲品的铁证。

……

黄昏时刻，我漫步在营盘岭上。夕阳，映照着红旗，映照着浸透过烈士鲜血的大地，皋兰山上一片红。面对此情此景，我不禁自言自语道：“皋兰山，你是历史永久的见证；兰州，你是无数人民子弟兵的鲜血换来的！”

——摘自：罗元发《营盘岭攻坚战》

铁焕玲

（时任国民党第129军骑兵第8旅第15团代团长）

8月22日下午8时，马继援妄图挽救临夏方面不堪收拾的局面，急忙从兰州总预备队中抽调骑兵第8旅马英部防守黄河沿线，阻击人民解放军西进。部队于8月24日到达享堂，准备渡河。适值连日暴雨，湟水猛涨，只有一条木船摆渡，速度甚慢……

是日上午11时，旅部电台突然接到永登河桥驿发来的一份电报，命令骑兵第8旅："向岔口驿集结。"并从报话机传音中，听到马继援声嘶力竭，急躁惶恐之情，已不能自抑。全旅官兵，得此消息，顿为沮丧，秩序相当混乱，仓猝间整队向岔口驿方向转移。

——摘自：铁焕玲《骑兵第8旅溃退和投诚经过》

第八章

总攻沈家岭

∧ 1948 年，彭德怀在西北野战军干部大会上讲话。

王学礼对大家说："全团只要还有一个人在，爬也要爬上沈家岭。"
敌夜里换班与我军突然遭遇，总攻被迫提前。
英雄连长李应般舍身堵枪眼。刺杀英雄张保英一人杀敌11名。一个个英雄的素描构成了历史真实的细节。
红旗插上沈家岭，成为解放军插在兰州的第一面红旗。这一个瞬间，在敌190师参谋长的心中定格为永恒。

1. 意外使总攻提前

彭德怀决定25日全线总攻，但并没给各兵团规定具体的时间。这是符合战争指导原则的。只给大框框，不限制过死。据亲历者回忆，在三个主攻方向上，各自发起总攻的时间是不同的。马家山、古城岭是上午10点左右；皋兰山是早上6点半；而沈家岭打响却又比皋兰山早得多，那是意外造成的。

首攻失利后，11师党委决定，换下了伤亡较大的32团，让31团接替主攻沈家岭。

31团团长王学礼是个军政都很优秀的指挥员，有传说，上级已准备提升他为副师长。他带的这个团有攻坚经验，其成员很多是陇东一带人，多年深受马家军的欺压剥削，有的还目睹过马匪的暴行，对敌人有刻骨的仇恨，阶级觉悟比较高，求战心切。

"为解放兰州立功！""为解放大西北立功！"已经成为这个团指战员响亮的战斗口号。团党委也号召大家发扬英勇顽强、不怕流血牺牲的革命精神，一举歼灭沈家岭守敌。

王学礼在战斗动员中对大家说："马匪军与我们打了多年的交道，是我们的死对头，这次我们要解决它，关键是打好这一仗。全团只要还有一个人在，爬也要爬上沈家岭！"

副团长段忠宪有丰富的战斗经验，他带上各营干部详细地看了地形，部署了各营连的战斗任务和战术分工，又进行了详细的步炮协同，规定了炮兵在各个阶段的射击任务。他对营连指挥员们说："要打好这一仗，一是要千方百计地攻上崖壁，不怕牺牲，坚决勇敢地冲上去；二是上去后，要守得住，坚决地打垮敌人的反冲锋，不断地向纵深攻击前进。你们回去后，也要开'诸葛亮会'，好好讨论讨论。"

23日、24日连天阴雨，战士们不顾敌人的火力袭击，冒着湿冷的秋雨，把一道道战壕挖到敌前沿阵地附近。

炮兵在晚上把10门山炮隐蔽地推进到距敌碉堡只有三五百米处，直接瞄准了敌人的主要火力点。

Λ 进入发射阵地的我军野战炮兵。

最艰苦的是突击营，他们自从上去后，就一直没有下来，和敌人“粘”在一起。他们把战壕挖到了敌人的眼皮底下。敌人很不舒服，就利用黄昏和拂晓向他们的阵地进行反冲击和偷袭。

第一天傍晚，敌人突然向我阵地打炮，接着许多敌人就扑过来了。副营长李逢瑞端起冲锋枪，大吼一声：“同志们，跟我来，把敌人打回去！”

一阵勇猛地冲杀，就打得敌人抱头鼠窜，很快就缩到工事里去了，但躲藏在外壕里的敌人仍不断向战士们射击。

李逢瑞看敌人被打回去了，他一面用冲锋枪向敌人射击，掩护部队，一面命令：“同志们，撤！”

司登式冲锋枪

1941年初，由英国谢菲尔德和特尔宾两位设计师合作设计，恩菲尔德兵工厂生产的一种冲锋枪。其英文名称“STEN”就是两人的姓名和厂名缩写。在第二次世界大战中，该枪以结构简单、性能可靠、成本低廉、便于制造而著称。二战结束后，英国将大量多余的“司登”式冲锋枪提供给蒋介石政府用于发动内战，其中相当一部分被解放军缴获使用。

突然，敌人狙击手的冷枪打中了他。大家把他抬回阵地，他脸色苍白，胸部流着鲜血，还喃喃地对着大家说："同志们一定要狠狠地打击敌人，坚决完成战斗任务……"

第二天早上，另一股敌人又悄悄地从右侧偷袭过来。哨兵发现后，立即向营长报告，营长立即命令：

"6连反击，把狗崽子们打回去！"

6连排长王立功立即带领全连冲向敌人，一阵扫射，一排手榴弹打得敌人焦头烂额，狼狈逃窜。

六连胜利回来后，营长气愤地说："妈的，不能老让敌人这样猖狂。我们也去搞搞这些狗崽子！"

在反击敌人偷袭的同时，2营也组织了小部队，由得力干部带队去袭扰敌人，疲惫敌人，瓦解敌人。有时候，绕到敌人的侧面，打一阵子，就停下来向敌人喊话："回族弟兄们，兰州就要解放了，快放下武器投降吧，我军宽待俘虏！"

如此果然也把敌人搞得昼夜不得休息，心神不宁，疲惫不堪。尤其是晚上，敌人更是恐慌不已。

由于敌人的火力封锁，饭送不上来，战士们就只能啃生土豆，嚼小豆，喝雨水，双脚泡在泥水里，浑身都湿透了。但大家的情绪高涨，扯衣服布，擦拭武器弹药上的泥污。

突击营的官兵们就这样在战壕的猫耳洞中坚持了三昼夜，他们只等总攻的一声令下，就会像脱弦的利箭一般射向敌人。

32团没有撤出战斗，而是改为助攻。总攻时，从沈家岭和狗娃山之间的山沟里侧攻沈家岭。

受领任务后，冯有才团长和副团马克忠带着营连干部来到沈家岭和狗娃山之间的山沟里，让大家熟悉地形，研究作战方案。

天刚擦黑，冯有才又和马克忠带着各营营长、突击连连长、突击排排长钻进山沟里，再次详细地摸了地形。回来后摆沙盘，进一步仔细地研究了进攻部署。

冯有才对大家说："我们团里领导研究决定，1营前几天伤亡较大，主攻由2营和3营担任。3营为团突击营，由马副团长带领，深入沟的北头，待战斗打响后，从侧背直插主峰，8连为3营的尖刀连。"我带2营在沟南头，5连为2营的尖刀连。我们把团里所有的美制司登式冲锋枪集中起来，配给尖刀连和突击营。各连都要组织爆破组，随时准备炸毁峭壁和敌碉堡。部队全部轻装，每人只带武器弹药和8个手榴弹。尽量找一些老乡上房用的梯子带上，用来攀登峭壁。部队进沟后，不许说话，不许咳嗽，不许发出任何声响，不许有半点火光。"

他又对参谋长刘占荣说："老刘，你把咱们三个机炮连和团迫击炮连组织起来，12门迫击炮和12挺重机枪，都归你指挥，选择好阵地，掩护进攻部队。”

最后，冯有才对工兵连长说：“前半夜把沟里疏通一下，以便部队行动。”

战前，部队到处都是严肃、紧张和繁忙的景象，有的在扎绑腿；有的在捆炸药包；有的在搬手榴弹箱……

24日午夜过后，部队开始分头行动。

四周黑漆漆的，连着下了几天的雨，凉风飕飕的，阴云开始退却，天上不时有淡星闪烁。

沟很窄，没有路，山顶和山腰全是敌人。冯有才带着上千人的队伍，悄声没息，一个跟一个地行进在暗夜中。进到沟里，四周没有一丝亮光，为了不出声响，大家手爬脚蹬，向上摸索着前进。

战斗前惯有的沉寂笼罩着山沟。

突然，前面迸发出一阵剧烈的手榴弹爆炸声，接着枪声大作，子弹和手榴弹从上向下倾泻下来。

“不好！”我行动意图被敌人发现了。

此时，谁都明白，如果继续窝在沟底，部队就会陷入险境。这时，任何命令都来不及下了。战士们早已沿着陡峭的山坡，一拥而上，勇猛地冲了上去，迅速地攻到第一道峭壁前。

架起梯子，梯子不够，就踩着战友们的肩膀上。

天黑得什么也看不清，只听得爆炸声，呐喊声，拼杀声，响成一片。

此时，敌人越来越多，疯狂地向战士们扑过来。

战士们高喊着冲上去。前面的受伤倒下了，后面的继续冲上去。又受伤倒下了，再冲上去。战士们扑进敌群，左冲右突，刀劈枪刺，奋力搏杀。

南侧敌人一个地堡里，机枪打得正猛，对部队威胁很大。冯有才对2营长宋锦花说：“立即派人把它炸掉！”

派去的第一个爆破手冲到壕边，倒下了；第二个跟着冲上去，又倒下了。敌人的机枪还在叫。

2营教导员张咸威眼看部队被压在山坳里，顿时怒火中烧，高声对身边的机枪手喊道：“跟我上！”

他一马当先，闪电般地冲上去跳进敌人的堑壕里，手一扬，两颗手榴弹就把敌人的机枪消灭了。后来在和敌人的搏斗中，他壮烈牺牲了！

蜂拥而来的敌人把冯有才和警卫员蔡春明、2营长宋锦花、4连长宋冬生压下了山腰。

∧ 战斗打响前，我军某部指挥员在研究作战方案。

正在这危急时刻，从军教导营回来的一批干部正好赶上来，一阵猛打，才把敌人打退。他们抓到一个俘虏。俘虏说，他们夜里上山换班，正好与我军遭遇了。

总攻就这样被迫提前了。

2营尖刀5连，几经反复，打退了成群敌人的反冲击。他们扔出一排手榴弹，就势冲进烟海，手提司登式冲锋枪，猛烈扫射。乘敌人乱做一团时，他们占领了敌人的一段堑壕。

狡猾的敌人从交通壕绕到5连背后，企图把5连与大部队隔开，吃掉他们。

这时5连的弹药已经不多了，有的只剩一两个手榴弹，有的只有十几发子弹了，还有的干脆啥也没有了。

5连长贾保存卷起袖子，抓起一支带刺刀的步枪，高喊道：

"把敌人打下去！同志们，向敌人的指挥所冲啊！"

几十名战士跟着他冲了上去，大家扔出了最后的手榴弹，用刺刀、用枪托和敌人展开白刃战。

一个马匪举着大刀，从背后向贾保存砍下来，贾保存一闪，马刀落了空。

贾保存急转身，跨上一步，大吼一声："杀！"奋起一个突刺，马匪应声倒地。这时，一颗子弹击中了他，他跌倒在地，通讯员冒着炮火把他背了下去。

正当2营在南面和敌人激战时，副团长马克忠和3营教导员李靖民带着战士们从北端迅速运动，冲上敌人阵地，同敌人激战。尖刀8连也插入了敌阵，战斗越来越激烈。马克忠对李靖民说："老李，我上去看看！"

李靖民说："前面的情况还不清楚，等通讯员回来搞清情况再去上。"

马克忠一面敏捷地向绝壁上爬，一边说："不能等，我得上去看看。"

他带着警卫员和一个参谋，一上到绝壁上，就踩响了地雷。敌人非常狠毒，每一个地雷两边都拴着迫击炮弹，地雷一炸，炮弹也跟着炸了。

马克忠、警卫员和参谋都壮烈牺牲了！

他们的牺牲，更激起了3营指战员的无比仇恨。全营同志冲上山去，从敌人身上解下手榴弹塞进敌堡，冲进堑壕与敌搏斗，杀得敌人尸横满山。

天大亮了。32团的勇士们已经占领了山梁上敌人的部分工事，并站住了阵脚。

即将陷入灭顶之灾的敌人拼命进行最后的挣扎。盘踞在山头的敌人，集中所有的火力向我军阵地狂轰乱扫，反扑的敌人不断地从大碉堡的两侧包抄下来，一次、两次、三次……每次都是排以上的兵力，成连成营的敌人，他们个个光着膀子，举着马刀，腰里插着一排手榴弹，嘴里嗷嗷直叫，像一群恶狼，一群跟着一群地扑过来。

战士们一排手榴弹打过去，敌人倒下一大片，又是一片涌了上来……面对疯狂的敌人，战士们毫无惧色，浑身是胆，越杀越勇。

反复的争夺战来来回回地进行着，从凌晨一直延续到下午，已有十几次。看来敌人丝毫没有放弃沈家岭阵地的迹象。敌人虽然精疲力竭，但还在作垂死挣扎。

战斗越打越艰苦，也越打越残酷。

随着一阵炮火，又一群反扑的敌人冲上来。

"冲啊——""杀——"我英勇的战士们从黄土中爬起来，把脸上的血水一抹，端着打弯的刺刀，瞪着杀红的眼睛向残敌扑去。

反扑的敌人被打下去了，阵地前堆满了敌人的尸体，5连的伤亡也在增加。

机枪手老张已经牺牲了，他头上、脸上、身上到处是伤，几乎成了一个血人，鲜血染红了机枪，他的两只手还紧紧地握住枪托，扣住枪机。

警卫连指导员刘玉秀被敌人砍了16马刀，浑身血迹斑斑，脸上也有几处刀伤，鲜血不断往下流淌，直到昏过去，他才倒下。

战士秦有贵身负三处重伤，排长齐乃俊让他下去，他说："不，擦破点皮不要紧，不把敌人赶下沈家岭我不下去，我要活着走进兰州城，我要和你们一起进兰州城。"

说完，又一颗子弹打中了他的胸部，他倒下了。

齐排长把他从血泊中扶起来，他面色苍白，脸上浮起了一丝笑意，断断续续地说："排……长，消……灭敌人……"他勉强地用手指了指上衣口袋，就闭上了眼睛。齐排长从他的上衣口袋里掏出一个被鲜血染红了的小纸包，上面写着几个字"这是我的党费"……

因为伤亡很大，5连和敌人相持起来。一会儿，敌人把他们压过来，一会儿，他们又把敌人压过去……

张达志等军、师的指挥员从望远镜中清楚地看到了这一切。

2.正面恶战沈家岭

31团的指挥所里，团长王学礼、政委张平山、参谋长许彬都在不时地看表，等待着总攻时间的到来。

王学礼已经三天三夜没有休息了，他的两眼布满血丝。

突然，左侧的山沟里传来激烈的枪声和手榴弹的爆炸声。

∧ 我军在沈家岭与敌展开了激烈的争夺战。

“怎么32团提前打响了？”

他们几个一商议，决定31团也应立即开始，让敌人不能首尾兼顾。王学礼手握电话，一声令下：“打！”

配属31团的10门山炮、两门重迫击炮、52门八二炮，一齐发射。

顿时，沈家岭阵地上火光闪闪，硝烟滚滚，弹片横飞。

炮火准备过后，随着嘹亮的冲锋号声，2营的勇士们高举着红旗，跃出了战壕，个个像小老虎，敏捷地越过第一道外壕，飞快地扑向敌人的第一道战壕。

接着1营1、2连突击排又连续炸开了几个缺口。

由于准备充分，战斗进展很快，不到半小时，敌前沿的数十座碉堡就被摧毁，大部分的火力点成了哑巴，第一道战壕已完全被我控制，突击队的红旗插上了敌人的阵地前沿。

敌人见失去了前沿阵地，立即驱逐成群的士兵从第二道战壕里反扑过来，山顶上的炮火也一齐向突击队轰击。

王学礼马上命令我炮火进行拦阻射击。一颗颗炮弹在敌群中爆炸，敌人死的死，伤的伤，逃的逃。我突击部队端起刺刀跟踪追击，逼近了敌第二道战壕。

敌第二道战壕，像一条长蛇，蜿蜒地横在沈家岭中部的人工峭壁之上。1营2连连长李应般带领全连迅猛地扑向敌人阵地，连续夺得两道战壕，消灭了不少顽强的敌人。

当他们越过一道外壕时，一个原来没有暴露的敌机枪暗堡，突然猛烈开火，突击排长曹天和中弹负伤，十几名战士倒在血泊里，部队前进受阻，匍伏在外壕边上，一时难以展开。

李应般一挥手，命令：“炸掉敌碉堡，爆破小组上！”

但几次爆破小组都被打倒在半路上。伤亡在继续增加。

李应般心急如焚，他一个箭步上去，从牺牲的战友身边抱起炸药包，向敌人碉堡冲了过去。就在接近碉堡时，他一下子倒了下去，敌人的子弹打中了他的腿和腰，鲜血染红了衣裤。

李应般已经拿不动炸药包了，他盯着敌人冒火的机枪口，强忍着剧痛，向前艰难地爬着，爬着……

终于到了碉堡跟前，他一侧身子，滚到了碉堡前，猛地张开双臂，用尽全身力气，把身体向前一扑，堵在了敌人的枪眼上。

就在这一瞬间，身后的战友们迅速地冲了上来，三下五除二，干净

∨ 我军突破了敌沈家岭外围阵地。

向敌阵地发起攻击。

利落地消灭了碉堡里的敌人。

4连19岁的司号员孙明忠，战斗中，他一直在连首长左右，不一会儿，连长牺牲了；打着打着，指导员又牺牲了；不久，连排干部全部伤亡。

孙明忠毫不迟疑地举起了连长的驳壳枪，他对着全连剩下的十几名勇士高喊道："为牺牲的战友报仇，冲啊！"

说完，他一面吹着冲锋号，一面向敌人射击，带领十几名战士，一鼓作气，攻入敌人的第二道战壕。

子弹和手榴弹打光了，孙明忠又多次钻进敌人的地堡，取来枪弹，分发大家，在他的指挥下，这十几个人一直坚守着一个连的阵地，把反扑的敌人消灭在阵地前。

敌人的第二道战壕又丢了。

上午8点多，敌人又调来了一个营的兵力增援，我突击营再次受阻，和敌人相持在沈家岭葫芦形的腰部。敌人居高临下。

2营教导员田有胜、1营副营长杨富荣在军事指挥员负伤时，勇敢指挥部队，并冲在前面投弹打击敌人。

凶狠的敌人以整营整团的兵力进行反扑，只见漫山遍野的敌人，端着枪，舞着刀，吼叫着向我军阵地扑过来。

在这万分危急的时刻，王学礼下令2营投入战斗，粉碎了敌人的多次反扑。

下午2点多，王学礼指挥31团拿下了沈家岭的核心碉堡，控制了敌人的主阵地。我突击队的红旗在硝烟弹雨中，飘扬在沈家岭的制高点上。

敌人退到沈家岭北侧的小高地附近。

攻占沈家岭主峰之后，31团的指挥所立即前移到岭上。

31团经过反复拼杀，部队伤亡很大，建制已全部打乱。段宪忠副团长也身负重伤，全团能参加战斗的只剩下270多人，弹药也所剩不多了。

敌人趁我在岭上立足未稳，很快集结了一个多营的兵力，向岭上扑来。我军居高临下，利用有利地形，准确射击，打得敌人纷纷倒地，一次又一次地溃退下去。

但敌人还在拼命反扑。战斗在残酷地进行着。31团的伤亡还在增加，弹药越来越少。战斗成胶着状态，难分难解。

战后，该团参谋长许彬在回忆录中说：

在烟雾中部分敌人突入了我阵地，战士们端起刺刀迎上前去，同敌

人展开肉搏战，敌人的援兵不断涌入，战士们与敌人反复拼杀，反复争夺，山头上硝烟弥漫，尘土飞扬，战斗之激烈，持续时间之长，为过去战斗中所罕见。我们部队打得英勇顽强，但伤亡不断增加，这时团把预备队第9连和团特务连，也调来投入了战斗。团政治处组织人员运送来的3,000枚手榴弹又打完了，他们就用刺刀和敌人拼。各连的建制也打乱了，连排指挥员牺牲了，班长就挺身而出指挥，班长牺牲了，战士自动站出来指挥。有的连队，虽只剩下十来个人，但仍继续和敌人战斗。前沿上的敌人越来越少，情况十分危急。

31团把家底都用上了。

在10师指挥所里，师长刘懋功看到了沈家岭上的严峻局势，他给张达志打电话说："军长，让我们的30团上去增援吧！"

张达志说："好，赶快上去！"

这时，31团指挥所已推进到离前沿只有100多米的地方。指挥所里也只剩下参谋、司号员和警卫员总共十来个人了。

忽然，一股敌人从沈家岭侧后向指挥所悄悄摸来。张平山对许彬说："老许，把指挥所的人都组织起来，占领有利地形，对付敌人的偷袭。"

电话响了。张平山拿起话筒，他听到师高政委大声地说："31团打得好，真顽强！再坚持一下，英雄的30团增援你们，马上就到了！"

电话刚讲完，张平山回头一看，30团团长武志升、副团长李友益已经带着先头部队上来了。

王学礼和张平山向武志升、李友益简要地介绍了战况，王学礼说："老武呀，你来指挥吧！"

武志升说：

"哪里话，情况你熟悉，还是你指挥。"

王学礼摆摆手说：

"我没有多少兵了，还是听你指挥好。"

"那我们就一起指挥吧！"武志升笑着说。

阵地上的同志们知道30团上来了，连连高声欢呼："30团来了！"战斗的情绪更加高涨了。

武志升立即命令自己的部队：

"跑步登岭，马上投入战斗！"

刚进入阵地，敌人约一个团的兵力也逼近了岭顶，当即遭到30团的

∧ 我军攻占了沈家岭制高点。

迎头痛击，丢下数百具尸体，溃退下去。敌人的又一次大的反扑被粉碎了。

下午3点多，敌人又纠集了约一个营的兵力，进行了新的反扑，战士们用各种火器猛烈地射向敌人。敌人遭到强烈打击，开始后缩，反冲击的敌人已呈动摇之势。

张达志见状，立即命令："全线出击，发起最后总攻！"

顿时，阵地上军号齐鸣，冲杀声响彻云霄。全线人员跳出战壕，一起向敌猛冲过去，敌人节节抵抗，节节败退；我军英勇冲击，一鼓作气，一直打到沈家岭北侧约1公里处，攻占了沈家岭的全部阵地。

王学礼兴奋地指挥部队追击敌人，他站在沈家岭西侧敌人的一个地堡上，左手提着马刀，右手举着望远镜观察战况，敌人的炮弹就在四周爆炸。警卫员大叫："团长，危险，快隐蔽！"

王学礼说："这个位置好，便于指挥战斗。"

突然，一颗炮弹正好落在王学礼站的地方，他在爆炸声中倒下了。鲜血从他的胸部和腿部流了出来，他对警卫员说："叫政委来……"然后，向周围的同志们投去最后的笑容，闭上了眼睛……

零星的战斗仍在进行着。

这是场名副其实的攻坚血战、恶战。巧的是，那天是连着几天阴雨之后的大晴天，能见度奇好。这让双方的射击精度都大为提高，双方的伤亡也就大大增加。31团的许多连队，一百七八十人的建制，最后只剩下几十个人、十几个人。全团也只剩下了200多人。这样的惨烈之战，是不多见的。更可贵的是，从战士到团长，谁也不后撤，让下去也不下去，都抱定了人在阵地在的决心。在最困难的时候，王学礼说："我们困难，敌人更困难。狭路相逢勇者胜！"

战后，原一野4军政委张仲良曾有一个精确的统计：

1949年8月25日从拂晓发起冲锋到攻占沈家岭，战斗历时13小时。守敌第190师，先后增援的敌第100师骑兵团和第129军的1个团，连同狗娃山的敌人，总计约9,000余人，被我毙伤3,800余人。我军亦付出很大代价，伤亡达3,000余人，其中团级干部13人。在攻占沈家岭战斗中牺牲的团级干部是：第11师第31团团长王学礼，第10师第30团政委李锡贵，第11师第32团副团长马克忠……他们和许多同志一起为解放兰州流尽了最后一滴血！

3. 英雄素描

对读者而言，其实他们最感兴趣的往往不是历史的结论，而是历史事件中一些真实的细节。这些细节，饱含着历史的血肉和情感，虽然它们只是一些碎片、一个短暂的镜头，但它往往对读者的情感有更大的穿透力，使之震憾并发生强烈的共鸣。

一个机枪手的素描:

武德仁，是一野4军10师30团2营4连7班的战士。7班是机枪班，他是一名机枪射手，亲历了沈家岭战斗。

武德仁所在部队在张家川作了短暂的休整后，上级命令他们7天赶到兰州，他们是步兵，一路风跑，只用了5天就赶到了沈家岭前沿阵地。他当时心里想的是，早一天赶到兰州，早一天解放兰州，兰州人民就少受一天压迫和剥削。最重要的是，他和战友们知道自己手里的枪该打谁。

沈家岭敌人阵地的外围构筑了很多暗堡。进入阵地的那几天，兰州的雨特别多，也特别大。天黑一下雨，敌人也就越害怕。敌人知道解放军都是“夜老虎”，善长夜战近战。敌人躲在地堡里，“嘟嘟嘟”，“嘟嘟嘟”，不停地向外打枪壮胆。

晚上，他们机枪班和步兵都去扫除敌人的外围暗堡，机枪班一面给步兵打掩护，一面也想办法摧毁敌人的碉堡。他们每人身上都带几颗手榴弹，向喷吐着火舌的敌人的暗堡悄悄地摸过去。

到了暗堡下面，武德仁往上一看，暗堡就在三五米高的齐崭崭的崖坎上。战友们把三个手榴弹捆成一捆，拧开盖，人登人爬上去，趁敌人歇手的一刹那，一拉弦，把手榴弹狠狠地塞进碉堡的枪眼，顺势滚下崖坎。

只听“轰隆”一声巨响，碉堡就飞上了天。就这样，他们班一连干掉了敌人的三个暗堡。

总攻这天，武德仁班的任务是攻击沈家岭。沈家岭的守敌异常顽固，仗打得非常残酷。3营冲上去半个小时就被敌人“推”了下来，伤亡很大。团长决定让他们2营上去，团长说：“你们不管剩多少人，一定要把敌人的前沿阵地给我拿下来！”

武德仁和战友们齐声回答：

“是！”

只有一条山路，冲上这条山路，才能拿下敌人的前沿阵地。他们只能是头对头地顶着硬上，虎口拔牙。

武德仁把机枪背带往脖子上一挎，机枪端在手里，对弹药手说：“弹药你一定要给我供上！”

他们班本来是掩护冲锋的，可冲上去后，发现已经进入敌人阵地的纵深处了。班长说：

∧ 我军某部抢占兰州黄河大桥，切断了敌军退路。

“我们已经像尖刀一样插入敌人心脏了，既然插进来了，就不能再退回去，一定要守住，迎接战友们上来！”

他们立即利用地形构筑了简单的掩体，趴在那儿。班里8个人，分成两个战斗组，每组一挺机枪。班长陈康龄带着第一组；第二组由副班长吴家宝带着，武德仁在第二组。

敌人发现了他们。班长说：“要计划用弹药，25米到30米用机枪扫射，15米到20米用手榴弹。没有我的命令谁也不准打枪，不许扔手榴弹！”

看他们人不多，一个班的敌人忽啦啦从上往下冲了过来，离他们已经很近了，有的战士要打。但班长的眼睛死死地盯住敌人，不发命令。前面那个敌人的黑胡子都看得清清楚楚了，武德仁都快沉不住气了。只听得班长喊了一声：“打！”

两挺机枪同时开火，把这十几个敌人全部打死在阵地前沿。

一个班不行，敌人又冲上来一个排，又被他们打死了二十几个，剩下的吓得跑回去了。

不一会儿，一下子上来了两个连，黑压压的一片。班长说：“同志们，这回一定要沉着。”

他们把手榴弹盖拧开，放在手边。等到敌人快到跟前时，班长一声令下，两挺机枪同时开火，敌人像割下的麦子一样，成片地倒了下去，躺满了阵地前面一大片地方。

武德仁他们冲锋时每人身上都缠了七八百发子弹。现在子弹快打完了机枪的枪管都打红了；手榴弹每人也只下一两颗。敌人虽然被打退了，可是战友们还没有上来。如果敌人再冲锋怎么办呢？班长说：

“武德仁，你到堑壕里拣些枪支弹药上来。”

武德仁说声“是”，就把缠在身上的弹药解下来给了战友们。他连滚带爬地到了堑壕边，然后一滚，滚下了几米深的堑壕。

武德仁摔晕了过去，但他很快地又醒了。他赶快从敌尸身上拾了十几颗手榴弹，别在腰上。堑壕很高，没有梯子很难爬上去。正在想办法的时候，忽然，有三个敌人扛着一挺机枪过来了。他一看，糟糕，一个人怎么对付得了呢？

他往旁边一闪，顺手从打死的敌人头上摘下一顶帽子扣在头上，把自己的帽子塞到衣兜里，把胸章也拽下来。三个敌兵走了过来对他说：“他妈的，你还不走，在这儿等死呢！妈的，八路从后面冲上来了，你在这儿呆着干啥呢？”

武德仁装作既可怜又害怕的样子说："那不行，我们班长叫我在这儿等他呢。"

一个敌兵说："这小子等死呢，不管他，咱们走！"

刚走出去十几步，武德仁便拽出一颗手榴弹，大声喝道："小子们啦，我就是八路，我就是解放军啦！"

说完甩出手榴弹，"轰隆"一声，就把三个敌人都炸死了。他过去拣起机枪，心想，这下有替换的机枪了。

武德仁非常担心战友们的情况，得赶快想办法爬上去。就在这时，又过来了4个敌人。他想，和敌人拼死了也光荣。4个敌人看他只一个人，就气势汹汹地向他过来了。他拔出一颗手榴弹扔过去，"轰！"炸死了三个，剩下的那个爬起来就跑了。

他过去拣起三枝步枪背上，就顺着堑壕往前走，走不远，就看见一个敌兵背对着他正和8班的三个战士僵持着，枪口对着枪口。战友们让敌人缴枪，敌兵不缴。双方就这样僵持着。

武德仁想，如果开枪，说不定就会伤到自己人，他把枪和弹药放在一边，迅速地从敌尸边抓起一把马刀，悄悄地走过去，趁敌人没有发现，抡起马刀，"喀嚓"一下，就把敌人的胳膊砍断了一只，枪掉在了地上。那敌兵一下子跪在了地上连声大喊："饶命！"

武德仁气愤地说："让你缴枪你不缴，顽固有你的好下场吗！"

武德仁爬上山梁，敌人已经"兵败如山倒"了，从狗娃山、沈家岭往北面的黄河铁桥方向跑。他碰上了一个敌兵，他大喊道："哪一部分的，快缴枪！"

那个敌兵连忙说："班长，班长，我缴枪！"

武德仁说："放下枪，向后转，朝前十步走。"

敌兵照他的话做了。武德仁走过去，熟练地把枪机卸下来，揣到衣兜里，让敌兵背着枪在前面走，他端着枪在后面。武德仁对那个敌兵说："碰见你们的人，你就说，快把枪放下投降，不缴枪我就开枪打死你！你不这样说，我也打死你！"

就这样，武德仁一路上又捉了三个俘虏，又缴了三枝枪，

回到班里，班长一见到武德仁就说："哎呀，武德仁，我考虑你牺牲了！我让你去，就是考验你。"

那时，武德仁还不是共产党员。在战斗前，武德仁把自己的手指咬破，他不识字，让别人拿抓他的手指头写下了血书。他说："报仇的时

< 兰州战斗中，我军俘虏的国民党军官兵一部。

候到了，我捉不回俘虏，缴不回武器，决不回来见同志们！”

武德仁回忆说：“实际上，我心里很明白，在当时那种危急的情况下，敌人如果冲上来，我们随时随地都会牺牲的，班长让我下去拣枪支弹药，实际上是让我离开那儿，因为我还不是党员呀，但对我来说，这是一个严峻的考验。同志们见我押着俘虏，背着机枪、步枪回来了，都很高兴。”

在兰州战役的庆功大会上，上级给武德仁所在班立了特等功，颁发了一面“克服困难，歼灭敌人”的锦旗。给武德仁记了特等功、大功一次，授予了“战斗英雄”的称号。

我们再来看一位刺杀英雄的传奇经历：

他叫张保英，是甘肃武山县人。参军后，当过战士、班长、排长、副连长，参加过大小战斗63次，负伤7次，身上被打穿过26个窟窿。立过特等功一次，大功3次，小功5次，荣获过“模范共产党员”、“特等战斗英雄”、“全国战斗英雄”的光荣称号。

1946年，张保英任班长，参加陇东战役，在华池县二将川阻击马继援的骑兵8旅，他和2排长两人，利用暗夜的掩护，打退了敌人一个连的两次进攻，用刺刀捅死4个敌人。大部队赶来后，他又随部队向敌人反冲击。被敌人子弹打中，子弹从他右肋穿进，在左肋处爆炸，4根肋骨被炸断，肠子流了出来，当场昏倒在地。被战友们救护送往后方医院治疗。伤好后，他单身步行1,000多公里，走了128天，追上了部队，被大家叫作“断骨英雄”和“钢铁战士”。归队后，他买

陇东战役

1947年5月29日，人民解放军西北野战军第1纵队及新编第4旅等部向悦乐、蒋台等地的国民党军发起进攻，歼其暂编第60旅170团及骑兵第2旅第3团；第2纵队和教导旅攻取合水不克，歼灭整编第82师一部，突破敌军防线80余公里。为扩大战果，西北野战军于6月15日对环县之敌发起攻击。经过围城打援和攻城作战，翌日歼灭守敌整编第81师一部。此役，共毙伤俘国民党军4,700余人。

了一根2米多长的杆子，将一把锋利的刺刀安在上面，一有空就练习刺杀，专门研究对付马家军的马刀。

在8月25日攻打狗娃山战斗中，张保英带领7连一个排，连续打垮敌人的4次反扑，为全团赢得了战斗准备的时间。

当全团发起反攻时，张保英手持长矛冲在最前面，一个敌人刚一回头，他迎面一刺，敌人当场毙命。他发现两个敌人趴在土坎下，就冲过去，一矛刺死一个，另一个慌忙向他开枪，但没打中，他跨上一步，用力猛刺，结束了这个敌人的性命。这时，一个敌人挥刀向他砍来，他一矛就把敌人的马刀打飞，接着又是一矛，刺死了这个敌人。

25日下午的总攻中，张保英带领一个排和一个工兵班打冲锋，接连夺下敌人的两个阵地，又用长矛刺死了11名敌人。他的嘴上、腿上、右臂上也多次负伤。当战友们把他背下来时，他已成了个血人。

像这样的英雄还有很多很多。打起仗来，他们个个奋勇，人人争先。这样的战士，怎能叫人不敬不爱；由这样的战士组成的军队，又怎能不胜？

我在兰州华林山烈士陵园的兰州战役纪念馆里，看到了张保英的大幅照片，和许许多多英杰们的照片排列在一起，英姿勃发，豪气逼人。

战后，敌190师参谋长李少白说："沈家岭战斗，从8月25日早2时到晚8时，激战共18个小时，参加兵力有190师569团特务连、工兵连、100师骑兵团、军直属工兵营计6,500多人。569团撤出阵地后在山下清点，全团3,400多人，只剩下800人（多半是非战斗人员，如输送连、卫生队等）。伤亡2,600多人，其他各部队无法统计，但也不会比569团少。"

一些战史学者很佩服我军的战场统计。特别是对歼敌人数的统计，更是不含糊。胜败都是如此。胜如孟良崮，如果各部队对歼敌数字夸大一些，粟裕就不会发现敌74师隐藏在山谷里的7,000人。败如登步岛，我军当时的歼敌数字和敌军将领多年后的回忆几乎纹丝不差。而不像胡宗南进入空城延安时，大肆捏造"俘敌五万众，缴获武器弹药无数"。从沈家岭之战看，我4军对沈家岭歼敌的统计是：毙、伤敌3,800余人。190师参谋长说569团3,400人，下山清点只剩800人，三个建制的营长都毙命了。增援的100师骑兵团、82军的工兵营、190师的直属队加起来是3,100人，下山清点只剩1,000人。按推测，其余的应该是伤亡了。这两部分加起来是4,700人。比我军统计的3,800人还高出一截子。我想，这中间的差额，应是逃亡的人数。看到马家军大势已去，谁还会为他们继续卖命呢？实际上，敌人逃亡的确相当多。

李少白是沈家岭守敌的指挥官。解放后，他专门写了一篇《沈家岭争夺战》的回忆录，他写道：

解放军攻势，越来越猛，沈家岭上，炮声隆隆，烟尘滚滚，伤亡重大。这时，我们右翼的狗娃山，左翼的东岗坡、三台阁，都和我们一样处在硝烟弥漫中。我们的预备队，早已用完，需要援兵，但马继援决定要撤退，不再向山上增援了。到太阳快落山的时候，解放军的攻势，更加猛烈，我们已渐渐失去了还击能力，阵地已被分割包围，电话线早已中断，阵地内短兵相接，一片混战。我们在指挥所看见士兵们纷纷跑出阵地，这时，我与杨修戎等也跑出指挥所到阵地上督战。我们想用手枪制止士兵们后退，但没有人听指挥了，我们也跟着向后跑。同时我看见在我们右前方约有一班的解放军，突然从地面上跳起来，为首的一个战士肩扛着一面红旗，直向沈家坪（敌沈家岭指挥所，作者注）前沿前进。不一会儿，人们看见那面红旗插在沈家岭上，在晚风中飘荡，这是解放军插在兰州的第一面红旗，时间是25日下午8时许。

沈家岭恶战中，我军的13名团级干部伤亡在阵地上，而守敌190师师长马振武自从定西撤到兰州，直到沈家岭失守，没有去过指挥部，一直住在兰州的家里。这也是他的参谋长李少白事后说出来的。这样的军队，岂有不败之理？

❶我军战士们在抢修工事。

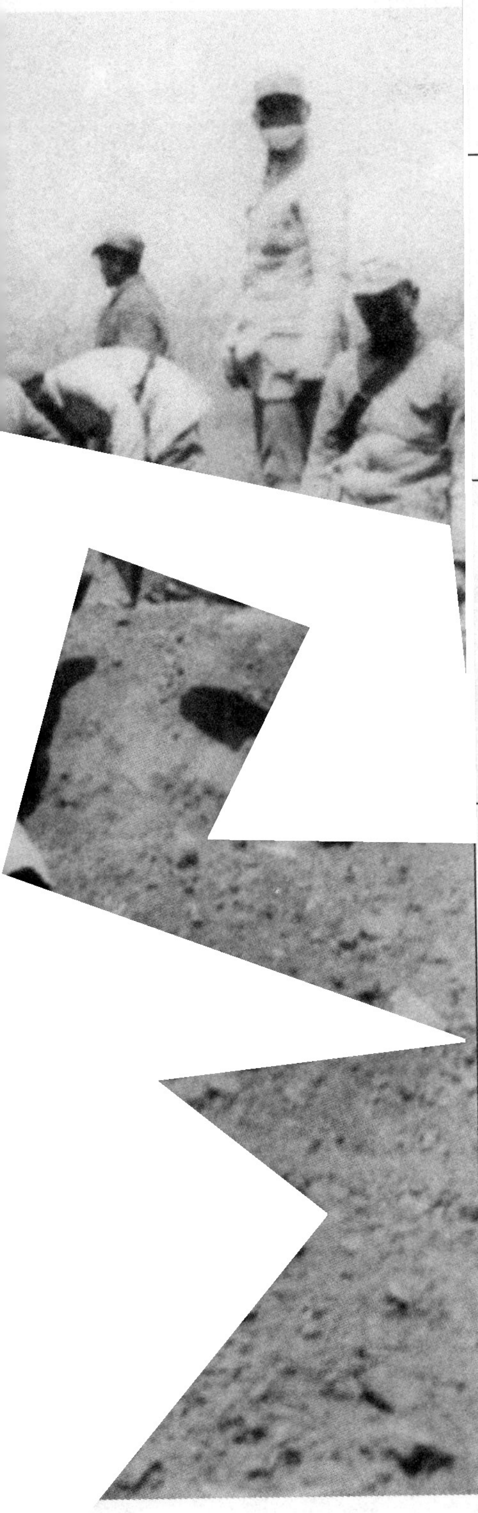

②

③

④

⑤

❷ 我军一路冲杀，与敌展开激烈的争夺战。
❸ 我军炮兵部队通过黄泛区。
❹ 我军某部通过川北之剑门天险，向成都挺进。
❺ 我军跨过陇海铁路，向大别山地区挺进。

张仲良

(时任第一野战军第4军政治委员)

我们的指战员在同敌人反复冲杀中，浴血奋战，英勇顽抗，无私无畏，表现了革命战士为人民解放事业而献身的崇高品质和英雄气概。

(8月25日)下午5时左右，敌人兵穷力尽，士气大落，而我军士气越来越高。预备队第32团投入战斗，我们就抓住这个战机，组织火力和兵力发起总攻，经过1个多小时的激战，终于攻占了沈家岭。从拂晓发起冲锋到攻占沈家岭，历时13小时。守敌第190师，先后增援的100师骑兵团、第129军一个团，连同狗娃山的敌人，总计约9,000余人，被我毙伤3,800余人。我军亦付出了很大代价，伤亡达3,000多人……

——摘自：张仲良《兰州战役中的沈家岭攻坚战》

刘瑞方

（时任第一野战军第1军宣传部部长）

担任夺取沈家岭的第11师第31团，在团长王学礼的带领下，全团猛打猛冲，连续突破敌人两道防线。沈家岭有“兰州锁钥”之称，下与黄河铁桥相通，是兰州敌军退路的咽喉。沈家岭阵地被我占领，等于扼住了敌军的脖子。敌人拼命反抗，企图夺回。我第31团的勇士浴血苦战，奋力拼杀，保住了占领的阵地。最后全团只剩下300余人，但他们毫无惧色，在王团长率领下重新编成战斗单位，抢修工事，与冲上来的敌人肉搏，顶住了敌人的反冲击，坚持到增援部队上来，与增援部队并肩战斗，消灭了敌人。在与敌人反复争夺的战斗中，第31团团长王学礼、第30团政委李锡贵壮烈牺牲……

——摘自：刘瑞方《向西北进军中的政治工作》

第九章

卡住黄河大铁桥

★★★★★

∧ 我军直逼马步芳老巢——临夏。

“敌人失去了沈家岭、狗娃山主阵地，说明已全线崩溃。现在关键是卡住黄河铁桥，把敌人堵在城里‘包饺子’！千万别让敌人跑了！”副团长命令3营急速奔向黄河铁桥。12勇士突如其来的攻击解了桥头之危。彭德怀司令员亲切地和这12位勇士握了手，并把兰州各界人民献的鲜花，送了一束给他们。
在围歼残匪的战斗中，广大指战员们发挥了积极性，仅有的遗憾是战斗中没有全歼敌人。

1. 马继援决定天黑后逃跑

8月25日，是战斗打得最激烈的一天。解放军在拼命进攻，马家军在拼命死守。双方伤亡惨重。

马继援在黄河北的指挥所里坐立不安，他一会儿给各个主阵地的师长打电话，问情况，给他们打气，一会儿又跑到室外眺望，他听得见皋兰山和沈家岭方向激烈的枪炮声，爆炸声，看得见不时升起的滚滚硝烟。

突然，“轰”！一声巨大无比的爆炸，震天撼地，他的指挥所都抖动了起来，马继援慌忙跑出来，他看见皋兰山上空升腾起了一股冲天的硝烟，像个巨大的黑蘑菇，越长越大，越长越高。他知道，这是解放军用大药量炸药爆破他的人工峭壁。

他马上给守卫皋兰山主阵地的248师师长韩有禄打电话：“韩师长，你们一定要守住！190师的阵地我已经让杨修戎师上去增援了。宁夏部队已经到了兰州附近；中央也将派出空军来助战，我们要坚定信念，看看共军有多大武艺，让他们表演吧！”

其实，他只是在给部下打气。

22日，一野王震兵团解放了马步芳的老家临夏。

23日，马步芳派亲信马骥带着自己的亲笔信和礼品急赴银川向马鸿逵求援，马鸿逵表面上说得好听，却就是按兵不动。马鸿逵自保还来不及呢，哪会有兵来增援他，就是有，彭德怀也早防着这一手，摩拳擦掌的64军正堵在马鸿逵的门口呢。

24日，马步芳以十万火急电告国民党中央政府：

窜洮河西岸附近之共军第1军、第2军，刻正向永靖、循化进犯，患在心腹，情况万急！如陕署、宁夏友军及空军再不迅速行动协歼，深恐兰州、西宁均将震动。千钧一发，迫不及待！务请火速分催，不再迟延。

电报发出，马步芳就急忙回西宁作善后打算了。临行前，他叮嘱马继援："如宁、陕援军不到，空军无望，你可率军退守青海，保存实力。"

心事重重的马继援又打电话到沈家岭问："情况怎么样？"

190师参谋长李少白回答说："战斗很激烈，双方都在不断冲杀，现在看来，双方势均力敌，还没问题，夜间就无法再守了。"

李少白本想听听马继援再说点什么，但马继援只说了句"知道了"，就挂了电话。李少白想，马继援对防守兰州已失去信心了。

就在李少白接电话之前，190师569团编制内的三个营长，全部毙命。解放军的炮弹纷纷落在团指挥所的四周。李少白正组织开会，一发炮弹正好落在该团马鸿礼营长的身上，顿时血肉横飞，马鸿礼当场毙命。

打完电话，马继援想，看来兰州是守不下去了。21日血拼了一天，指望马鸿逵、胡宗南来援，毫无希望。再打下去，马家的这点血本就要赔光了。他和马步芳按约定的密语通话后，就下决心撤退了。

决定逃跑的会议是高度机密的，不然就会引起大乱。临逃跑前，马继援为了稳定人心，还布了疑兵之计。

他分别把兰州警备司令赵珑及兰州市市长孙汝楠找来，命令他们："赶快让人多多制作'欢迎宁夏兵团'的红绿标语，马上贴满大街小巷！"

下午，马继援紧急召集各师师长开会。当248师师长韩有禄赶到军部时，看到马继援情绪紧张，脸色苍白，一言不发。

等人到齐，马继援开口就说："接到长官（马步芳）命令，今晚迅速撤出兰州。82军各部，过黄河进入沙沟，经永登过天堂寺到大通；129军各部队经河口、享堂到西宁；骑兵14旅从黄河北岸原防守线加强警戒，严密防守，掩护各步兵部队迅速撤退；待各部队全部过河后，于26日由长官公署作战处将黄河铁桥炸毁。"

停了一下，他又说道："第100师于晚上10点，迅速撤离东岗坡一带阵地过黄河；午夜1点，190师和杨修戎师退出沈家岭、狗娃山，迅速下山过河；3点整，第248师迅速退下皋兰山过河，依次序西上。骑兵第14旅等各部队全部撤出后，再沿兰青公路掩护西退。"

听完命令，各师长急忙回去安排了。

随即，马继援对副军长赵遂说："你接替我指挥，我先走一步。"

说完，他就带一些随从秘密地向西逃走了。

从这个撤退计划看，倒是很内行。一来安排在晚上，不易被对方发觉，容易成功；二来用“倒卷帘”法，从最远的部队开始撤起是常理，第100师的防御阵地离黄河铁桥有十多公里，故安排在最先，而离黄河铁桥最近的第248师被排在了最后。

计划虽然好，但执行起来就走样了。说是撤退，其实就是逃跑。知道要跑，谁也不落后，落后就要当俘虏，逃命第一。从后来的情形看，完全乱了套。俗话说，兵败如山倒。只有一座桥，各部队都抢着往前跑，各不相顾。这就犯了兵家大忌，如果说冲锋时可以乱一点无妨的话，但撤退却一定要严格有序，万万不能没有掩护，没有秩序。结果不但撤退通道没有保住，最后连黄河铁桥也没炸成。李少白逃跑过黄河铁桥时，马褡子上挂了个茶缸子，过桥后，就只剩下个缸把子了。可见拥挤到了何种程度。

2. 把敌人堵在城里“包饺子”

兰州天黑得比内地晚一个多小时，8月，到晚上10点左右天才黑透。激战了一天，狗娃山阵地也随之慢慢地沉寂下来了。

入夜，第2兵团第3军接到彭德怀的命令：立即配合第4军肃清狗娃山残敌，然后迅速向兰州城西攻击前进，夺取黄河铁桥，断敌退路。

军长黄新廷，政委朱明，把肃清狗娃山残敌，攻夺黄河铁桥的主攻任务交给了第7师。师长张开基，政委梁仁芥决定两个团为1梯队，配合第4军扫清狗娃山残敌，尔后迅速向七里河、兰州城攻击前进，坚决夺取黄河铁桥；另以一个团为2梯队，向兰州城南五泉山方向攻击前进。

最先发现敌人逃跑的是我7师19团。该团3营是突击营，由副团长申文范同志带队指挥。

25日天黑以后，他们向狗娃山迂回。在敌人前沿阵地，先遣排抓了两个敌人的散兵，经审问，得知敌人已经败退下山了，正向兰州城内逃跑。为了慎重起见，他们还是按原计划摸上了山头。敌阵地上果然丢盔弃甲，满目狼藉，空无一人。

申文范对副营长邢彩江和教导员杨文贵说：“敌人失去了沈家岭、狗娃山主阵地，说明已全线崩溃。现在关键是卡住黄河铁桥，把敌人堵在城里‘包饺子’！千万别让敌人跑了。”

∧ 黄新廷，1955 年被授予中将军衔。

∧ 朱明，1955 年被授予中将军衔。

黄新廷

湖北洪湖人。土地革命战争时期，任红 3 军第 9 师连长、营长，红二军团第 4 师 12 团参谋长、团长等职。抗日战争时期，任八路军 120 师 358 旅 716 团团长、358 旅副旅长等职。解放战争时期，任晋绥野战军 358 旅旅长，西北野战军 385 旅旅长，第一野战军 1 军 1 师师长，第一野战军第 3 军军长等职。

朱　明

江西兴国人。土地革命战争时期，任中共南康、上犹、崇义等县县委书记，中央组织局科员，红九军团政治部主任，中共四川省委组织部部长，红二方面军政治部组织部部长等职。抗日战争时期，任八路军 120 师政治部组织部部长，358 旅政治部主任等职。解放战争时期，任中共雁门区委书记，雁门军区政治委员，第一野战军 3 军政治委员，第 2 兵团政治部主任等职。

说完，他当机立断，一面派人向上级报告，一面立即命令该营直插兰州城，控制黄河铁桥，断敌退路。

杨文贵带着第 8 连冲在最前面，邢彩江随 8 连行动；7 连和 9 连紧随其后，立即向兰州城西猛插过去。

∧ 张开基，1955 年被授予少将军衔。

∧ 梁仁芥，1955 年被授予少将军衔。

张开基

四川万源人。土地革命战争时期，任红 30 军第 89 师 267 团连长等职。抗日战争时期，任晋南游击大队参谋长、代大队长，山西决死第 2 总队营长，4 团副团长、团长等职。解放战争时期，任晋绥野战军独立第 2 旅 36 团团长、独立第 2 旅旅长，第一野战军第 3 军 7 师师长等职。

梁仁芥

江西吉安人。土地革命战争时期，任红 4 军政治部宣传队分队长，石城县独立团代政治委员，懋功独立营政治委员，共青团川康省委组织部部长，红二方面军政治部青年部部长等职。抗日战争时期，任八路军 120 师教导团政治处副主任，师政治部科长，津南自卫军政治部副主任，第 358 旅政治部组织科科长，团政治委员等职。解放战争时期，任晋绥军区第 6 军分区政治委员，第一野战军第 3 军 7 师政治委员。

怎样才能尽快地找到黄河铁桥呢？

3 营的同志们只好选择了一条大路，摸黑向兰州西关急速前进。

不一会儿，8 连副连长张金生带领的突击排与皋兰山逃下来的一股敌人遭遇了。经过短暂的战斗，抓了十几个俘虏，其余的又沿原路逃了回去。

邢彩江厉声喝问俘虏："黄河铁桥在哪里？你们带路！"

狡猾的俘虏们说："长官，我们是新兵，不知道。"

邢彩江故意大声吓唬他们："1排长，把他们统统枪毙！"

俘虏们一听，个个吓得心惊胆战，连忙说："我们带路，我们带路。"

邢彩江就让其中一个叫得最响，又有一点口吃的俘虏带路，其余的交给7连处理。

急进中，前面隐约出现了一座黑洞洞的建筑物，挡住了去路。走近一看，原来是土城墙。询问"向导"，才知道是到了西关城门口。

邢彩江透过城门向里看，还亮着稀疏的灯光。邢彩江说：

"同志们，这只是兰州城西关外的西郭城门，离西关和黄河铁桥还远着哩，咱们不进城惊动敌人，沿着城墙外直扑黄河铁桥！"

正急速地向前走着，营长和教导员从后面跑上来说，后面发现了敌人。邢彩江立即让部队隐蔽在马路两边，命令8连连长许士魁："你带一个排往后面打，防止敌人从后面插刀子！"

正说着，见一支部队黑乎乎地在大路中间迎面走来，邢彩江大吼："停下！停下！"

邢彩江连喊两声，对方没理睬，还继续往前走。他急忙跑上去，截住一个领头的，这才发现那家伙手握马刀，头戴大檐帽。

说时迟那时快，邢彩江一手抓住马刀，一手用盒子枪照着敌人的胸膛就扣动了扳机，并大叫一声："敌人！"

隐蔽在两旁的战士们不约而同地开了火，打死了一部分敌人，没死的拼命地向前跑，张金生带领的突击排，紧紧地咬住敌人不放，一直追到了黄河桥头。

沿途不时有敌人向突击排射击骚扰，阻挠前进，张金生回头一挥手，命令道："同志们，这些敌人和俘虏都不要管，交给后续部队去解决，我们的任务是抢占黄河铁桥！"

到了桥头一看，嗬！只有十几米宽的桥面上，人喊马叫，汽车在拼命地摁喇叭，挤满了拼命奔逃的敌人。桥头上也拥挤了黑压压的一大片敌人，他们你争我抢，正拼命地往桥上挤。敌人的骑兵、步兵、马车、汽车正从四面八方潮水一般地向桥头涌来。

趁着敌人混乱之机，邢彩江把8连所有的轻机枪、冲锋枪和小口径迫击炮集中起来，命令道："瞄准桥头敌人，狠狠地打！"

话音刚落，几挺轻机枪、十几支冲锋枪和小炮同时猛烈开火。顿时，敌军人仰马翻，四处乱窜，惨叫声震天。霎时间，敌尸、马尸横七竖八地躺满了桥头、桥面和街道，有的还没弄清楚是怎么一回事，就一命呜呼了。

其他各路逃来的敌人，见桥头已被占领，一个个抱头鼠窜，甚至有的跳河逃跑。前几天的大雨，加上黄河正在汛期，跳入水中的敌人立刻被滚滚的洪流冲走了。

午夜12点左右，3营就完全控制了桥头。这时，敌人清醒过来，开始组织反击，妄图夺回桥头阵地，打通逃跑的道路，向守桥的8连猛烈反击。

此时，9连已攻上了西关城楼，邢彩江命令9连留在城墙上，居高临下，用火力封锁，配合8连坚决守住桥头。

8连因为没有隐蔽物，只好就地趴下，以敌人的尸体为掩体。有些不明真相的小股敌人，仍不断地向桥头争相逃命，一个个成了8连的俘虏，被关在了桥头附近的一个大院子里。

就这样，8连张网捕鱼，不断地伏击小股残敌和收容散兵，始终坚守着桥头阵地。

忽然，桥北西关什字的街道上烧起了一团大火，越烧越大，趁亮看去，是一排汽车上的汽油燃烧了。邢彩江想，如果火着大了，把部队显在明处，不仅暴露了兵力，对守桥不利，还会吃不完敌人从暗处打来的冷枪，增加自己的伤亡。他马上命令两个战士："赶紧去灭火！"

人还没到，汽车上的弹药、汽油桶就接二连三地爆炸了。顿时，火光冲天，爆炸声连成一片，爆炸的汽油四处喷溅，成了一片火海。吓得敌人再也不敢靠近黄河铁桥。

从东岗坡向西关溃逃的敌第100师马匪，跑到雁滩附近，远远看到黄河铁桥方向火光冲天，炸声四起，误以为这里有千军万马在厮杀，再也不敢靠近，就泅渡黄河，结果大部被淹死。那些没过河的，只好缴械投降。

西关的烈火持续了一个多小时，火势才慢慢减弱。这时，桥头出现了短暂的寂静。

突然，黄河桥北白塔山敌人的机枪向8连开火，打伤了营部的通信员。邢彩江立即命令："集中火力还击，消灭它！"

十几分钟后，敌人的机枪哑了。可是早已堵死在桥上敌人拉弹

> 我军某部在进军途中。

药的汽车被打着了，引爆了弹药，一辆接一辆，爆炸不断，火光冲天，整个黄河铁桥烧成了一条火龙。

企图逃跑的敌人，见桥面已被烈火封锁，又有解放军强大火力阻击，就彻底绝望，再也不敢靠近了。

3营占领桥头的消息传到野司，彭德怀高兴极了，兰州战役，胜利在望了，他大声地说："打得好，打得好！"

8连胜利地完成了抢夺黄河铁桥的战斗任务，从头到尾，全连竟无一伤亡。为了表彰他们的功绩，战后，野战军授予8连"夺桥首功"的锦旗。

据3军7师师长张开基的回忆，在封锁黄河铁桥的战斗中，还有非常奇特的一笔。

黄河铁桥是敌人逃跑的惟一道路，被我19团3营卡住后，敌人就拼命反扑，要夺回桥头阵地。我指战员顽强阻击，争夺十分激烈。正在危急之时，忽见紧靠桥头东侧的一个敌堡中射出了密集的火力，子弹像狂风扫落叶一样射向了扑向桥头的敌人。

这突如其来的攻击，既让张开基高兴，也让他惊奇。高兴的是敌人疯狂的冲击被这一下打得溃不成军，解了桥头之危。惊奇的是敌人的地堡中怎么会有我们的人呢？而且打得这么痛快，这么得劲！

原来是21团1营3连的一个班，神不知鬼不觉地留了下来。这个班进至桥南头东侧时发现了敌人的一座钢筋混凝土筑成的地堡，形状像个馒头，只比地面稍微高一点，四面都有枪眼。

敌人根本没想到我军这么快就能攻到桥头，地堡里空无一人。

这12个同志钻进地堡，发现里面堆满了枪支弹药。他们正要向上级报告，发现部队都已向三个方向的街道打出去了。他们知道，这里是敌人逃跑的必经之路。上级在下达战斗任务时，也反复强调，只要堵住黄河铁桥，就能全歼敌人。

于是，这12位勇士决心留下来，用敌人的武器打击敌人。当敌人拼命向铁桥冲击，19团3营吃紧时，他们立即从地堡里猛烈开火，射出了道道炽烈的弹雨，打得反扑的敌人连头都抬不起来。

8连在西边，他们在东边，像一把有力的大铁钳子，紧紧地钳死了敌人的逃路，直到战斗结束。

∧ 兰州解放后，藏族同胞热情慰问解放军。

几天后，在一野召开的庆功大会上，这个有勇有谋的班，也应邀参加了大会，受到了一野首长的表扬。彭德怀还亲切地和这12位勇士一一握了手，并把兰州各界人民献的鲜花，送了一束给他们。

19团4连也是摸着黑接近狗娃山的，当他们还没到敌人阵地时，突然，有两个黑影向他们走来。

连长贾秋忠仔细观察了一下，断定是敌人，就对两个大个子战士命令道："把他们活捉过来！"

原来是马匪的两个逃兵，逃兵说狗娃山的敌人已经跑了。

贾秋忠一面向上级报告，一面带领部队火速冲向狗娃山。他们奋力爬上山顶，果然，大批敌人正向山下的兰州城逃跑。

"敌人逃跑了怎么办？"

“连长，我们趁敌人混乱的机会追进城去，打他个措手不及，扩大战果！”

一时，战士们七嘴八舌。

贾秋忠听后觉得很有道理，便果断地说：“对，哪里有敌人，哪里就是战场。不能失掉战机，追！”

听到追击命令，战士们顿时忘了刚爬上山的疲劳，个个像下山的猛虎，迅速向敌人发起了冲击。

正在溃逃的敌人看见解放军追赶了上来，有的把武器弹药扔掉，拼命地逃；有的干脆跪地缴械投降；但大部分还存在侥幸心理，拼命向兰州城里逃跑，一面跑，一面胡乱打枪，还不时高喊：“解放军来啦，快跑呀！”

敌人在前面拼命地逃，战士们在后面狠命地追，这是免费的“向导”。敌人进了城，4 连也就跟着追击进了城。

这时，兄弟部队也都先后追击过来。霎时，整个兰州城内枪炮声接连不断，敌人已乱成一团。

追击中，贾秋忠看到，有的敌人被枪炮声吓得魂不附体，四处逃窜；有的仍然凭借城区的建筑物负隅顽抗。4 连人人奋勇，个个争先，他们借着城区街道上的灯光，勇猛穿插，越战越勇，追歼敌人，战士们在大街小巷里穷追猛打，大街小巷里到处都是敌尸、马尸和遗弃的枪弹。

贾秋忠指挥着 4 连从城西向城东，一路打下去，势如破竹，打出了东梢门，一直追击到离市区东面十几里路的拱星墩敌飞机场。

这时，天刚蒙蒙亮。他一看，好家伙，飞机场内黑压压的一大片敌人，足有 2,000 多。

贾秋忠立即指挥 3 个排埋伏在机场周围，作好攻击准备，自己带着一班战士向敌人喊话：“赶快缴枪投降吧，缴枪不杀！我们的队伍冲上来了！”

贾秋忠想，这么多的敌人，如果敌人一反击，自己就要吃大亏；但如果一放松，敌人就有可能跑掉。他急中生智，故意高声叫道：“1 营向左，2 营向右，3 营从侧翼插过去，把迫击炮、重机枪架起来，对准敌人狠狠地打！”

这时，贾秋忠让司号员不断吹起冲锋号、调动号，俨然是一支大军临阵。

没想到这一喊，这一吹，还真帮了贾秋忠的大忙。在他们的威胁和迷惑下，敌人吓得心惊胆战，手足无措。战士们还不停地高喊："把枪都放下，站到一边去，不然就打！"

不一会儿，两个留着一嘴小黑胡子的军官，各带着一个副官，手里拿着小白旗，战战兢兢地走到贾秋忠跟前哀求地说："长官，我们乘此良机，解甲投降，全体官兵幸甚。"

其他敌人站在一旁耷拉脑袋，不敢挪动一步。他们看到自己的长官举起了白旗，都叫道："不要打了，我们缴枪！"

这两个留小黑胡子的人，是两个保安团团长。敌人很快按照指定的位置缴了枪。

为了稳定住敌人，贾秋忠对着那一大片黑压压的俘虏说："你们不要怕，我们解

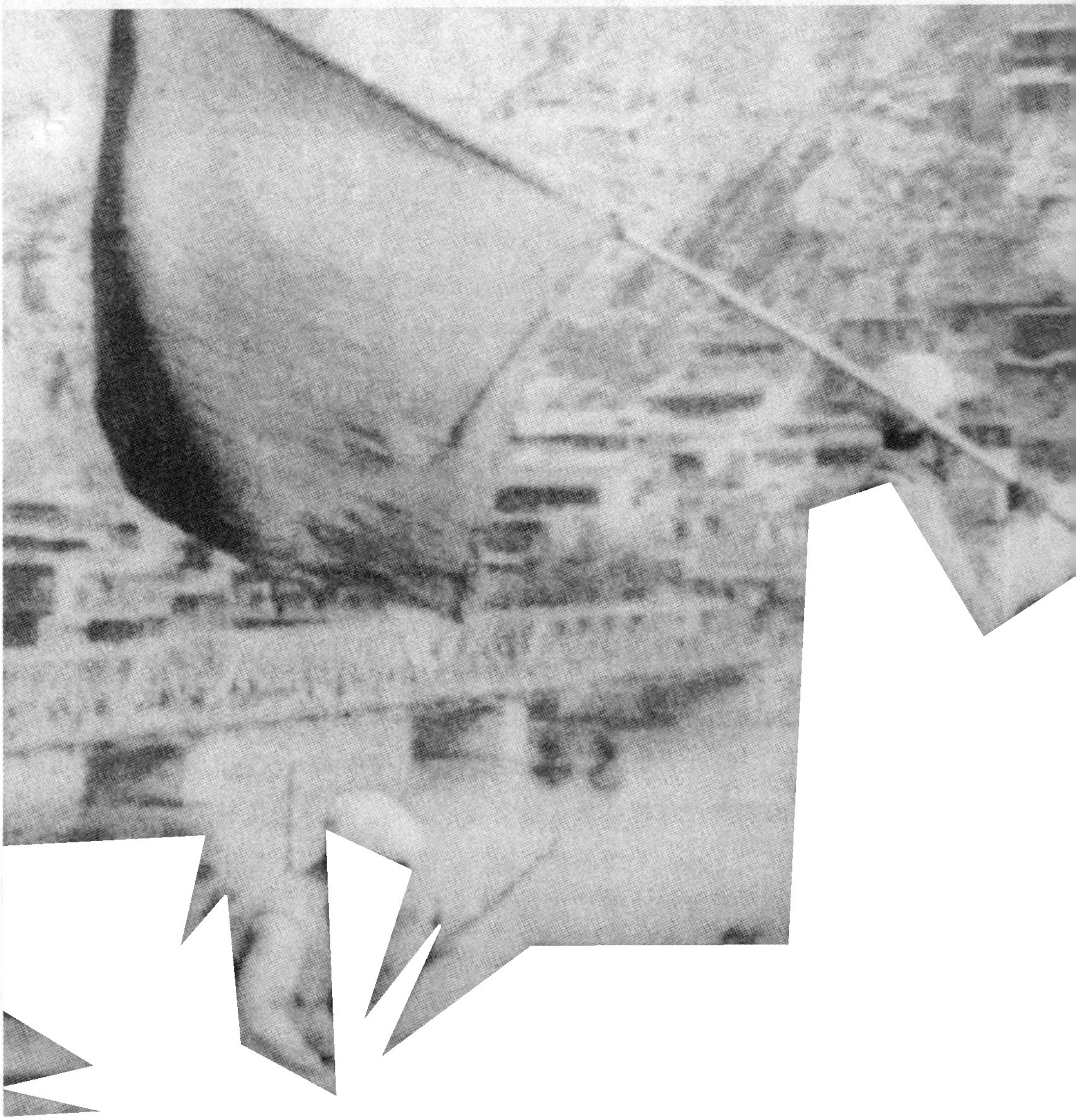

放军优待俘虏，只要放下武器，就保证你们的生命安全！”

听到这么一说，敌人紧张的神情才松弛了下来。

贾秋忠想，敌人虽然被俘虏了，但这么多的敌人个个都那么老实吗？万一有个风吹草动怎么办？毕竟自己只有一百四五十号人。

为了防止万一，贾秋忠把干部召集起来，决定将两个团长扣起来，分两批把俘虏押送回团部去；用一个排押送俘虏，两个排看押俘虏。

第一批押送俘虏很顺利。正当他们准备押送第二批俘虏的时候，马匪的4个骑兵连突然从西面窜了过来，准备向东逃跑。

贾秋忠立即派3排长靳正发前去堵截，迫其投降。与此同时，他又高声通知部队

V 我军某部将胜利的红旗插上了兰州城头。

架起重机枪、迫击炮，叫敌人看看，自己还有重武器哩！

其实，这些东西都是在这次战斗中刚刚缴获的。正好给贾秋忠派上了用场。马匪的骑兵一看，只好都乖乖地放下武器，投降了。

上午9点多，营部带着6连来到飞机场。最后清点俘虏，共有2,500多人。还缴获了大量的武器、弹药、马匹和其他的物资。

战斗结束后，野战军授予4连为"勇猛机智大量歼敌第四连"的光荣称号。

战机像灵感一样突现，我军广大指战员的自觉性和主动性使这朵灵感之花开得艳丽无比。

从这些连队的出色表现中，可以清楚地看到，当战役指挥员的决心被部属深刻领会以后所产生出来的坚决果敢，临机而断，灵活机动和大智大勇，真让人钦佩不已！

得知敌人全面溃逃的消息后，一野各部的预备队迅速地从各自的集结地出击，向城

张江霖

四川达县人。土地革命战争时期，任红四方面军第11师32团3营9连排长、32团别动队队员，红一方面军4师11团通信班长等职。抗日战争时期，任八路军第115师炮兵营副连长，晋东南抗大2大队9队队长，太岳大队1队队长等职。解放战争时期，任陕北新编第4旅771团2营营长、副团长，第一野战军第6军17师49团团长等职。

内急进，攻歼合围，这是扩大战果的最佳时机。

如果说，作为一野总预备队的第3军，理所当然地成了兰州战役收拾残局阶段的明星，那是恰如其分的。因为各个担任主攻的部队，连续攻坚数天，且有很大伤亡，25日天黑以后，他们都在加固既得阵地，准备再战，同时也确实需要小憩一下。而敌人的溃逃又是在天黑以后悄悄进行的，没被及时发现也是正常的。第2兵团6军17师第49团团长张江霖回忆说："8月26日凌晨4时左右，师部来电话告诉我们，守兰州的敌人撤退了，3军占领了黄河铁桥，友邻部队正在城内抓俘虏，并让我团8点出发去兰州城休息。"这个团是攻打皋兰山三营子的第2梯队，1梯队是50团。他们合力打下了三营子。所以，3军在收拾残局中大显身手，应该是理所当然的事，这也是彭德怀预先就谋算好的。

3军把黄河铁桥堵住了，分数路从西向东打过来，6军从南面，63军、65军从东向西，他们从三个方向猛扑过来，把溃逃的敌人压缩在兰州城里城外加以聚歼，就成为兰

州战役中很精彩的一幕。

各部队见机行事，当机立断，大有作为。不少连队歼敌过百，俘虏过千。一些在扶眉战役中解放过来的战士，现身说法，向被包围的马匪官兵喊话："我就是扶眉战役中的解放兵，解放军不杀俘虏，放下武器，就是一家人！"

结果还真起作用，使大批马匪官兵缴械投降。兵败如山倒，对彻底丧失了抵抗意志的马家军来说，他们也只能如此了。在围歼残匪的战斗中，广大指战员们的积极性、主动性和创造性得到了淋漓尽致的发挥。

3. 一点遗憾

第一野战军战史说：

兰州战役不足之处，主要是开始有轻敌思想，在缺乏充分准备的情况下仓促发起试攻，使有的部队遭到了不必要的损失。第二次发起总攻后，对敌在拼死抗争后又突然溃逃估计不足，以致部分敌军逃走，未能达到全歼目的。

这是兰州战役仅有的一点遗憾。

这两点虽然都是事实，但在所难免。辽沈、淮海、平津三大战役的胜利，太原、南京、西安的解放，再加上千里乘胜追击战，一野的许多官兵产生了轻敌思想。第19兵团某团长在攻击前曾说："两个小时拿下古城岭！"结果打了7天才攻克，就是个很典型的例子。不碰钉子，很难接受教训。其次，兰州守敌5个师约5万人，兰州一役被歼灭27,000余人，有2万多逃脱。应当看到，由于青马的拼命抵抗，我军各主攻部队均有较大的伤亡，不少主攻团伤亡过半，许多一百七八十人的连只剩下二三十人。因此，在夺取敌阵地后，才拼杀了一天，加上天色已晚，各部必然要进行补充人员弹药，巩固阵地，做次日再战的准备，而对敌突然秘密溃逃缺乏应对，也在情理之中。所幸的是，这些脱逃之敌，除了后来一部分投降，一部分解放后参加叛乱被剿灭外，大部分没有再为祸患。再则，兰州之战，由于其地形的特殊性，在客观上也形成了兵法上的"围三阙一"，为少量脱逃之敌提供了客观条件。

在缴获敌伪的大量文档中，有一封马步芳8月20日给部下的命令电报：

本署（指西北长官公署，作者注）以诱共匪于有利地形与之决战，饬秦陇兵团于兰州附近，并以有力兵团于洮河两岸；海固兵团及120军、91军于黄河两岸，凭天然障

碉筑工事严密部署，如共匪来犯，决举全力一鼓而歼灭之。

回头来读这则电文，真有滑稽之感。其实，笑话还远不止这个，就说国民党政府国防部允诺的派飞机助战兰州之事，也是个笑谈。国防部派飞机支援兰州作战，是广州会议上定下的，马步芳的下属也对此抱有很大希望。但从我接触的资料看，飞机倒是来过几次，但均和作战无关。

25日我军总攻当天，敌190师参谋长李少白看见一架飞机在阵地上空转了转就飞走了。他是这么记录的：

在这紧张关头，我们很希望来几架飞机，在解放军阵地上轰炸一下，杀杀解放军的锐气，鼓励我们的士气，使我们歇一口气。飞机终于盼来了，但只有一架，令人失望的是它在高空，嗡嗡地盘旋了几圈，没有投一枚炸弹，很快溜走了。

兰州解放几天后，兰州城东突然来了一架飞机，飞到金崖上空时，突然"咚咚"地响起了炮声，百姓们抬头一看，半空中闪闪烁烁，像雪片一样飘下来许多纸片。人们拣起一看，原来是彩色传单，纸质极好，上面印着大字："来归证"，证上写道：

亲爱的共军弟兄们：

你们是抗日有功的将士，但那些可恨的政委们欺骗了你们，驱赶你们和国军作战。赶快归来吧，你们持此证到国军这边，可以得到食宿等优待。

西北长官公署政工室

百姓们一念，忍不住笑骂："哎呀呀，你们的官兵把百姓糟蹋苦了，百姓只希望你们早点完蛋！你们不亡，天理不容！现在你们居然说出这种话来吗？这些厚脸皮的家伙，真让人笑掉大牙！"

金崖一带曾是一野第19兵团打兰州时的集结地，西北长官公署政工室真是尽职的可以。

兰州解放入城式那天，有目击者说来了两架敌机，但我军早有准备，高炮一阵猛打，打伤了一架，另一架见势不妙，扭头就跑了。

V 我军坦克部队开进兰州市区。

❶敌军被围歼时遗弃的车辆。

②

③

④

⑤

❷ 我军炮兵进入阵地，准备向敌阵地轰击。
❸ 我军某部沿京杭公路尾追逃敌。
❹ 我军的机枪阵地。
❺ 向南进军的我军炮兵行列。

[亲历者的回忆]

杨得志

(时任第一野战军第19兵团司令员)

我军试攻后经过几天准备，8月25日拂晓，向兰州发起总攻。2兵团一部首先攻占了沈家岭主阵地上的中、下狗娃山。我兵团先后攻占了窦家山、古城岭和马家山。

战斗进行得十分激烈，每一道峭壁、每一个阵地、每一道壕沟都经过了反复争夺，多次与敌人拼刺刀，展开肉搏。敌人遭到惨重的伤亡。

战斗进行到下午，守敌见宁马、胡匪和空军来援无望，又恐我军乘虚夺取西宁，断了退路，慌忙决定撤出兰州，退至黄河北岸，重新部署部队。

他们怕我军发现其企图，不得不在天黑夜暗一片混乱中逃窜。

我们发现这一重要情况，立即发起攻击。

经黄河铁桥狼狈撤退的敌人，只顾逃命，骑兵、步兵搅在一起，人马车辆争相夺路，被车压死、被马踩死和落水而亡者不计其数。

……

1949年8月26日正午，被敌人吹嘘为“攻不破的铁城”的兰州宣告解放。国民党反动集团在西北地区最大的堡垒彻底崩溃。

——摘自：杨得志《横戈马上》

★★★★★

张仲良

(时任第一野战军第4军政治委员)

我军占领沈家岭后，敌人的唯一退路黄河铁桥已处于我军火力控制之下。马继援大为吃惊，自知兰州防线已被我军攻破，无法挽救，于当日黄昏时分，绝望地发出撤退令。马步芳战前交给他坚守兰州的决心，是“马勺（木瓢）炒大豆，至焦至了”（意即孤注一掷）。可是马继援却“未焦未了”。老子的嘴，管不了儿子的腿，他仓促地把撤退任务交给他们的替罪羊——参谋长马文鼎，就惶惶然如丧家之犬，乘黑夜溜走，乘机远逃。青马在西北的反动统治，从此土崩瓦解了。

——摘自：张仲良《兰州战役中的沈家岭攻坚战》

第十章

“兰州人民翻身了！”

∧ 兰州各族人民载歌载舞，欢庆解放。

彭德怀站在望河楼上，指着黄河上不时漂过的马家军的尸体说："革命的力量，人民的力量是不可战胜的。马步芳虽然猖狂一时，但他终究逃脱不掉灭亡的下场！"
野司破天荒犒劳大家到饭馆吃饭。彭德怀说："这次会餐有两个意思，一是庆祝兰州解放，二是欢迎18兵团和19兵团。"
"天摇了，地动了，兰州人民翻身了！"兰州城大街小巷贴满了红绿标语，欢庆的人们载歌载舞。

1. 人民的力量是不可战胜的

8月26日凌晨，一野三路大军从三个方向合围攻歼兰州城守敌，与敌展开激烈巷战。

上午10时左右，第3军一部越过黄河铁桥，攻占了黄河北的最高峰白塔山制高点，完成了北面包围，残敌向西逃跑。

中午，各路大军肃清城内残敌，会师兰州城内。马步芳的精锐82军、129军，除一部脱逃外，全部被歼。

古城兰州宣告解放，回到了人民手中。

兰州的大街小巷，到处人来人往，有的部队在押送俘虏，有的战士在和市民一道清理街道上的敌尸、马尸，有的在为民房灭火，还有的在帮助开张的店铺下门板……

下午2时，彭德怀、张宗逊、甘泗淇等率领第一野战军指挥机关进驻兰州市三爱堂。

随即，兰州市军事管制委员会成立，张宗逊任主任，张德生、吴鸿宾、韩练成、任谦任副主任。

兰州市人民政府成立，吴鸿宾任市长。

兰州警备司令部成立，郭宝珊任司令员，李宗贵任政治委员。

第二天，晴空万里。早饭后，刘懋功心情很好，他对左爱说："老伙计，走，咱们去看看张德生吧。"

郭宝珊

河南南乐人。土地革命战争时期，任西北抗日义勇军司令员、红15军第78师242团团长、陕北独立1师团长等职。抗日战争时期，任甘泉独立营大队长，甘鄜独立营营长，陕甘宁晋绥联防军警备3旅8团团长等职。解放战争时期，任陕甘宁晋缓联防军三边军分区副司令员，延陵军分区司令员，警备第4旅旅长，第一野战军4军12师师长等职。

张德生刚被任命为甘肃省委书记，他们是老熟人了。在省政府楼上刚坐下，还没说上几句话，就看见彭德怀带着参谋和警卫员来了。

刘懋功见状，以为彭总有事要和张德生谈，就站起来拉着左爱准备走。但彭德怀却非常高兴地和他们一一握手，在和刘懋功握手时，他还特意地掂了几下，亲切地说："都坐下。"

刘懋功他们就又都坐下，没一会儿，彭德怀对他们说道："走，咱们到望河楼看看。"

刘懋功跟随彭德怀一块儿爬上城墙，走到望河楼时，杨得志、许光达、王世泰、张达志、罗元发、高锦纯等兵团和军的首长也都来了。

古老的黄河波澜壮阔，阳光下，古铜色的河水，打着无数的漩涡，一头向东，奔腾而去。北岸边，可见几座高大而古老的水车在不紧不慢地转动着……

彭德怀和他的将领们深情地注视着黄河，面对这条被称为中华民族不朽精神象征的大河，不禁感慨万千。

彭德怀那天的兴致非常高，话也比较多。他指着黄河上不时漂过的马家军尸体说："革命的力量，人民的力量是不可战胜的。马步芳虽然猖狂一时，但他终究逃脱不掉灭亡的下场！"

是的，他要借此机会，让身边的将领们永远记住最主要的东西：一个将帅可以指挥打赢一场战役，但要打赢一场战争，没有人民的支持是绝对不行的。

也是在兰州解放的第二天，蒋介石对兰州丢得这么快，十分不满，他大光其火，甚至骂了粗话。他对阎锡山说："马上让徐永昌飞到西宁去，叫马步芳把兰州夺回来！"

阎锡山立即指派新任国防部长的徐永昌飞抵西宁，当面向马步芳兴师问罪。

马步芳也是大为不满，他同徐永昌吵了起来，拍着桌子质问道："我马家打光了血本，胡宗南在哪儿？马鸿逵在哪儿？你们助战的飞机又在哪儿？夺回兰州？说得轻巧！"

二人不欢而散。马步芳才不理会徐永昌的那一套。当天下午，他就带着家人和亲信飞逃重庆，一走了之。到了重庆，对蒋介石要他重返西宁组织反攻的命令，马步芳也未予理睬。

高锦纯

陕西米脂人。土地革命战争时期，任红26军43师4团连指导员、骑兵团政治委员，红十五军团骑兵团政治委员等职。抗日战争时期，任山东人民抗日救国军第3军总指挥，八路军山东纵队第五支队司令员，中共胶东特委、胶东区委军事部部长等职。解放战争时期，任陕甘宁晋绥联防军警备第1旅旅长，中共关中地委书记，西北野战军第4纵队警备1旅旅长，第一野战军4军副军长等职。

> 时任国民党国防部长的徐永昌。

马继援自兰州出逃后，一路向西。当逃到永登时，碰到了同样溃逃的西北长官公署副参谋长彭铭鼎。

一天不见，马继援光蓬头垢面，很狼狈。相见之后，马继援对彭铭鼎哽咽落泪，泣不成声地说："我以为100师还完整，不料也完全损失了。"

"军座下步如何打算？"彭铭鼎问道。

"我想收集余部向凉州（今武威）转进，然后与新疆的骑5军军长马呈祥会合，再作打算。"马继援说。

但没走多远，马继援听说西宁吃紧，马步芳已经逃到重庆，就带着几十人的卫队抄小路直奔西宁。8月29日，马继援逃回西宁，见大势已去，痛哭不已，于次日携少数亲信从东郊乐家湾机场逃往重庆，并带走了黄金28箱，约2万两。

彭铭鼎一行仍向西逃，途中常见三五成群的青马下级官兵反向东走，他问道："为什么不向西走？"

"马家不要我们了，我们回家去。"马匪官兵们答。

原来，马继援在遣散残部时说：“娃儿们，你们暂且回家去，把战马当耕马，武器埋地下，待机反攻。”

2. 告慰烈士

彭德怀来到了华林坪，它的南坡就是沈家岭战场。

这里正在安葬烈士，场面庄严肃穆。这位身经百战的统帅，见过无数次的死亡和牺牲，但他的心还是很软，面对这些烈士，有些还是大孩子呀，他一边走，一边看，一边禁不住地流泪。

彭德怀多次在望远镜中看到了战士们冒着枪林弹雨，奋不顾身地扑向敌人的情景。烈士们在共和国即将诞生时，赴汤蹈火，义无反顾地牺牲了自己。他们是为了别人而牺牲了自己的人，是现在和将来的人们都要怀念和感谢的人。他们满怀为国捐躯，为民赴死的豪情，牺牲在战场上。有的烈士，先是轻伤，后是重伤，就这样，他们依然不下火线，为战友们拧手榴弹盖子，给机枪弹夹压子弹，为战友鼓舞士气，直到流尽最后一滴血；有的是在挖战壕时被敌人的冷枪、冷炮打死的；有的是在运送大炮上山时伤亡的；还有一些牺牲在被雨水泡塌的坑道里；有的甚至是累死、渴死的。胜利是他们用生命和鲜血换来的。

彭德怀止住热泪，向烈士们肃立，致敬致哀。他决定，要举行盛大的入城式，以纪念兰州解放和告慰烈士们。

后来，彭德怀多次说过：打兰州是一场恶战，是艰苦的攻坚战，有的团一千五六百人的建制，战斗结束时只剩几百人。这些英雄们为了人民的事业，粉身碎骨，其英勇的自我牺牲精神永远值得我们学习和怀念。

兰州战役，是西北解放战争史上规模最大、战斗最激烈的一次决战，也是一次大规模的城市攻坚战。敌人工事之坚固，敌人之凶悍顽强，地形之有利于敌，都是前所未有的。我军集中兵力之多，火器之强，战斗之激烈及付出代价之惨重，也是前所未有的。这场恶战，每占领一条壕沟，每攀登一道峭壁，每夺取一个阵地，都要经过艰苦鏖战和反复争夺，多次同敌人展开白刃格斗。很多阵地就是踩着敌人的尸体冲上去的。一野各部队都打得英勇顽强，涌现出了许多可歌可泣的英雄事迹。全军共伤亡9,376人。有的团打得只剩下200多人，有的连只剩下20多人，有的班、排只剩下几个人，但指战员们始终斗志昂扬，战斗不结束，决不下战场，一直坚持到最后。正是这种在共同理想鼓舞下的大无畏革命英雄主义精神，才使我们这支人民的军队攻无不克，战无不胜。毛泽东曾对打马战役作出最严重的估计，做了准备伤亡数万人的打算。实际打下来，比预想的要好得多。《中国人民解放军战史》也把兰州战役和上海战役并列为有名的城市攻坚战例。

天热，烈士的遗体必须尽可能快地安葬。许多烈士就近埋在战场附近。打扫战场时，清理烈士遗体是一项重要的工作。各部队在当地人民群众的帮助下，选择背风向阳的地方掩埋，并做好标记。后来，地方政府将这些烈士遗骨进行了移迁集中，并建设一些纪念碑亭，每年清明节和纪念日，都有人们来献花祭扫。华林坪就是其中之一。如今，它叫华林山烈士陵园，安葬着兰州战役中牺牲在沈家岭、狗娃山的烈士们。王学礼烈士、李锡贵烈士也安葬在此。1959年10月1日，甘肃省人民政府在华林山烈士陵园东侧分别为他俩建立了专门的“烈士纪念亭”，以纪念他们在解放兰州中建立的功勋。

解放兰州东面战场的古城岭、马家山和窦家山在榆中县境内。解放后，榆中人民在风景秀丽的兴隆山卧龙湾修建烈士陵园，把在兰州战役中牺牲在当地的915名人民解放军烈士的遗骨安葬在这里，以永远纪念他们的英雄业绩。兴隆山是陇右名山。抗战期间，国民政府曾把成吉思汗灵柩安放在山中的寺院里。如今，这里是国家级森林公园和风景区，每年都有大量游客来此游览。烈士们为国为民贡献了一切，人民也把最好的风水让给烈士们安息。

我在榆中生活了15年，熟悉这个地方。2006年4月29日，我专程去祭拜了兴隆山烈士陵园。从简介中得知，安葬在这里的915名烈士，是1986年8月从古城岭、太平沟、祁家坡、冯家湾、定远镇、歇家嘴、陈家庄、汤家湾、甘草店等17处烈士墓地迁来的。值得一提的是，这915名烈士中，无名烈士就有615名，有名的只有300名。并特别注明，原63军的烈士399名，其中连长3人，指导员4人。烈士陵园中心有座高大的方尖碑，门廊两侧书有朱德的两句话：

你们永远活在我们的记忆中，我们永远活在你们的事业中。

送别烈士后，彭德怀又想到俘虏的敌军医院和伤病员，在战场上是敌人，放下武器即应给予人道待遇。他对身边的参谋命令道：“告诉随军行动的第二医院院长、政委，让他们把俘获的两个敌军医院的全部官兵统统包下来；要把战场上收容的敌军伤病员统统包下来。”

这“两个统统包下来”的命令，尤其是第二个统统包下来，和马匪残杀我军俘虏和

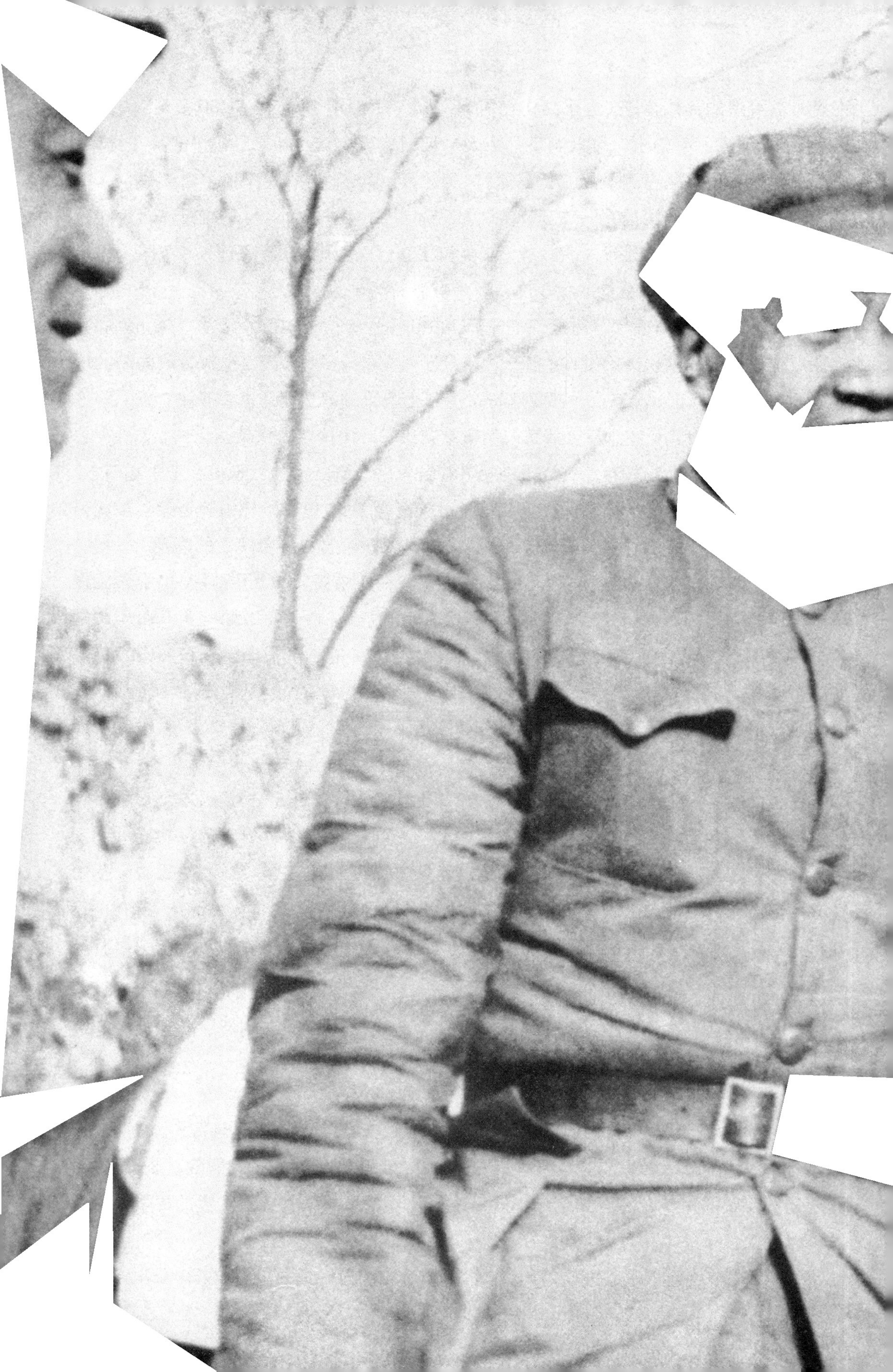

∧ 1949 年 2 月，彭德怀（右）与张宗逊（中）、赵寿山在西北前线。

伤员的暴行相比，有天壤之别。共产党人的革命的人道主义精神，闪耀着多么耀眼的人性光芒！

在兰州休整期间，一野在三爱堂召开了团以上干部会议，参加者有上千人。林伯渠、贺龙、习仲勋、甘泗淇等同志都参加了。彭德怀在会上做了兰州战役总结报告。他表扬了各个部队的英勇顽强，在谈到沈家岭战斗时，他打着手势说：

“第4军10师、11师的部队，在攻击沈家岭时，就像波浪一样，一波接着一波，直到把敌人彻底冲垮！”

接着，彭德怀说：

< 刘懋功，1955年被授予少将军衔。

刘懋功

甘肃庆阳人。土地革命战争时期，任红十五军团第78师234团营政治教导员，第232团政治委员等职。抗日战争时期，任八路军留守兵团独立营营长，关中军分区警备第1旅3团团长，陕甘宁晋绥联防军警备第1旅3团团长等职。解放战争时期，任陕甘宁晋绥联防军警备第1旅参谋长，第一野战军第4军10师师长等职。

“兰州战役的胜利，是党的胜利，人民的胜利。兰州的解放，是在党中央和毛主席的领导下，在全国人民特别是西北各族人民的大力支持下，在全国各个战场的紧密配合下，全体指战员英勇战斗取得的。”

他语重心长地告诫大家要克服居功骄傲、贪图享受、革命已到头等错误思想，严肃指出全国还有许多地方正待解放，革命新政权要巩固，残余匪特要剿灭，任重而道远，他热情地号召大家要紧握手中枪，继续战斗，彻底解放大西北，为保卫新生的革命政权和大规模的经济建设，再立新功。

彭德怀的总结报告赢得了与会同志经久不息的掌声。

那天中午，野司破天荒地犒劳大家到饭馆去吃饭。彭德怀高兴地说："这次会餐，有两个意思，一是庆祝兰州解放，二是对18兵团和19兵团表示欢迎！"

那时的兰州，只有19万人，饭馆也少得可怜，而且都很小，几乎被全包了。饭菜也很简单，就是牛羊肉和猪肉。

刘懋功回忆说，这是他平生第一次"吃馆子"，吃得很多、很饱。打兰州的七天七夜，实在饿坏了。兰州地瘠民贫，加上后勤运输困难，喝不上水，吃不上饭是常事。越是前沿越是困难。开始两三天还能吃上整颗的玉米、豆子，后来，就全靠挖点或是捡点被炮弹翻起来的土豆充饥了。当时的土豆还没长成，只有鸡蛋大小，每顿饭一人只发五六个，后来连这么大也没有了，红枣大的、手指头大的，放到盆里等不到煮熟，就捞起来连皮吃了。野司请的这顿饭，给这位师长留下了很深的印象。

3. 盛大的入城式

8月30日，第一野战军举行了盛大的入城式。

这天万里无云，碧空如洗，像是人们的好心情。"毛主席万岁！""共产党万岁！""热烈欢迎人民解放军！""庆祝兰州解放！"等红红绿绿的标语贴满了兰州城的大街小巷。东梢门上挂起的一幅红色大标语最为醒目：

天摇了，地动了，兰州人民翻身了！

一大清早，兰州的工人、市民、学生、商人、宗教界人士和居住在兰州的各族人民，满怀喜悦之情，穿着一新，手拿各色小旗，从四面八方涌上街头，载歌载舞欢庆胜利，秧歌队走一路，扭一路，喊一路：

"过年啦！解放啦！兰州人民翻身啦！"

人们开着挂有毛主席和朱总司令画像的彩车游行，年轻人兴高采烈地放鞭炮，小孩子们在人群中钻来跑去，人们欢声笑语，拥到东关大路两旁，夹道欢迎解放军入城。

入城式从早上8时半开始，由东向西进行。

走在最前面的是步兵，他们是第19兵团65军194师581团的官兵。团领导骑着缴获来的青海马，走在游行队伍的前面。

经过几天的战评和休整，指战员们洗净了沾满血污的军衣，缝补好千里追击战中磨坏底的华北纳帮鞋，擦亮了武器，操练了步伐。战士们个个都是红扑扑的脸膛，威武雄壮，神采奕奕，淳朴可爱。当队伍通过街道时，两边的人群中响起热烈的欢呼声和掌声。

紧接着的是各种炮兵、摩托化步兵、高射炮兵部队，最让人兴奋的是19兵团用汽车牵引的大口径榴弹炮和几十辆坦克，这是他们从华北战场上缴获来的，在兰州攻坚战中发挥了强大的威力。女学生们跑着，跳着，笑着，把五彩的鲜花撒在炮车上，争着往大炮筒上贴标语。

这时，天上突然"嗡嗡"地来了两架敌机。

我军游行队伍镇定自若，队形一点没有变化，战士们不看飞机，步伐更加雄壮有力。人民群众在我军坚定沉着的影响下，也秩序井然。正在这时，我游行队伍内的高射炮兵和高射机枪突然对敌机开火，一阵猛射，一架敌机被击中冒烟，另一架便扭头逃走了。

原来野战军首长早就料到敌人会来捣乱，命令高射炮兵做好了准备。也对指战员们进行了处变惊不的教育。

彭德怀笑着对身边的张宗逊、赵寿山说："蒋介石还真够气派的，派飞机来参加我们的入城式。"

贺龙挥着手中的烟斗，幽默地身边的习仲勋说："老蒋派飞机来庆贺，我们的入城式就更热闹，更精彩，更有气派了嘛！"

在欢迎队伍的前面，有一位清瘦的回族老人，他叫郭南浦，是位很有影响的爱国人士，他找到19兵团首长，自告奋勇地要去宁夏说服马鸿宾父子起义，考虑到他年龄大了，路上不安全，兵团首长没答应，但他一再坚持，兵团首长只好报告了彭总。彭总答应了，但特别交代沿途做好保卫工作。最后，郭南浦老先生果然在策动马鸿宾父子起义方面起了很好的作用。

入城的人民解放军队伍，像铁流一样威武雄壮，英姿勃发，通过兰州古城，一路接受人民群众、野战军和兵团首长、地方党政领导们的检阅，直到走出西梢门，盛大的入城式才圆满结束。

在欢庆解放的日子里，兰州人民欢天喜地，以各种形式表达自己的心意。文艺界组织了一次慰问演出，是常香玉的豫剧，野战军和党政首长同指战员们一起观看了演出。

随一野大军行动的还有15万支前的男女民工，他们来自陕北和陇东，有的还来自山西老区，担负着大军粮草、弹药和伤员的运送任务。一路上，他们人挑肩扛，马拉车运，风雨兼程，辛苦异常，大军走到哪，他们就保障到哪。现在兰州解放了，再没有什么大仗要打了，他们中的绝大多数人就要返乡了。彭德怀专门嘱咐各部队的领导说："老乡们辛苦了，我们要感谢他们！部队要把多余的骡马，和一部分物资，让乡亲们带回去用于生产和生活。"

> 时任第一野战军副司令员的赵寿山。

赵寿山

陕西鄠县（今户县）人。1924年起在杨虎城部任军事教官、营长、团长。1929年任国民党第十七路军17师51旅旅长兼汉中"绥靖"司令。西安事变时兼西安市公安局局长，事变后任38军17师师长。抗日战争时期，任第38军军长。1942年秘密加入中国共产党。1944年升任驻甘肃第3集团军总司令。1947年通电起义。后任西北野战军第二副司令员，第一野战军副司令员等职。

同时，考虑到战争就要结束了，老区人民为战争付出了极大的代价，年轻人已经很少了，彭德怀指示，凡是老区出来的战士自愿要求回家的，可以批准，尽可能给他们一些骡马和一些粮食，帮助他们回家搞生产，恢复战争创伤。这样，各部队又送走了一批老战士。

兰州解放后，彭德怀并不比打仗时轻松多少，他正按毛泽东的指示全盘谋略着青海、宁夏和新疆的解放与建设大计。第三天，他就邀请在兰州休假的新疆国民党军政人员及家属和宗教、工商各界的人士座谈，向他们宣传我党、我军的政策，商谈和平解放新疆问题，并希望他们多做工作，说服自己的上级、同事和亲朋好友，归向人民，走上光明前途。他还接见了起义的甘南藏军司令黄正清将军，鼓励其大胆工作，安定了甘南藏区。

慢
SLOW

∧ 兰州解放后，我军通过黄河铁桥继续追歼敌人。

4. 西逃的省政府投诚了

正当兰州人民欢欣鼓舞地庆祝胜利的时候，原国民党甘肃省政府一行却在不断地向西奔逃。

8月24日深夜，西北长官公署代长官刘任就迫令甘肃省政府立即撤离兰州。

其实，他们的逃亡早就开始了。

自解放西安后，一野大军所向披靡，以雷霆万钧之势，风卷残云，直指兰州。兰州已危如累卵，风声鹤唳，草木皆兵。8月初，国民党驻兰州的党、政、军、省参议会等机关，银行、报社以及官僚、军阀、资本家、地主豪绅，均已纷纷携带家眷、细软，向青海、武都和河西三个方向出逃。兰州差不多就是一座无政府状态下的空城了。

25日晨，甘肃省政府代主席丁宜中率领省府职员逃往河西。这一行的人最多，成分最复杂，也最受波折和惊吓。主要有国民党中央委员、甘肃省民政厅长马继周、国民党甘肃省党部副主任委员、省财政厅长寇永吉、建设厅长骆力学、教育厅长宋恪、省保安副司令王孔安、蔡呈祥、保安司令部参谋长崔世昌、社会处处长于衡达、地政局局长何让、主计长朱煌及中、下级职员300余人。随逃的省属其他人员有：甘肃省银行总经理刘望苏、副总经理张令琦、党家驹、省参议副议长（代行议长职务）郭维屏、秘书长张开选、国民党甘肃省党部书记长陆锡光、《甘肃国民日报》社社长关洁民、中央社兰州站主任唐雄、调统室主任（中统特务头子）王富国等人；还有几个是国民党中央驻兰机关的负责人如：甘、宁、青考铨处处长邓春膏、审计部甘肃审计处处长王籍田、立法委员董正、监察委员权少文等。

随着解放军的不断西进，他们也就不断地向西奔逃，走走停停，先是永登，后是武威，再是酒泉。

在武威到酒泉的途中，刘任遭遇车祸，头部受了伤，他以治伤为借口，将烂摊子丢给了长官公署副参谋长彭铭鼎，乘飞机一走了之。

兵败如山倒。出逃的路上，到处都是散兵游勇，明火执仗，拦路抢劫，随时有“货被抢，人被杀”的危险。丁宜中是个书生出身的人，一路上都让省政府秘书、民政厅视察室主任赵世英代他行事。

在酒泉时，一些省府的个别处、局及解放区出逃的专员、县长们亲自将印信当面交给丁宜中而自行逃走，还有的将印信托人或是打发人送来，来人将印信当面扔在地下，转身便走。

树倒猢狲散。丁宜中每接到一颗“官”印，总是唉声叹气地对赵世英说：

“完了，真的是全完了！”这些代表着国民党政权覆灭的物证，丁宜中都叫赵世英保管。

9月24日深夜，他们又从酒泉仓皇出逃，漆黑之夜，向西奔命，这里也到处是散兵游勇，四处枪声，此起彼伏，拦路抢劫，接连不断。好在这支队伍有30多辆汽车，连成大队，为了壮胆，车灯开得通明，一路上幸未遭到抢劫。25日下午到达甘、新交界的星星峡，26日下午又到了哈密。

次日上午，丁宜中在哈密专员公署二楼会议室召开了甘肃省政府进疆后的第一次临时省府委员扩大会议，由省政府秘书赵世英作记录。

会议只讨论了今后走哪条路的问题。会上围绕去留形成了激烈的争论。主张外逃的外省籍人王孔安、刘望苏等人说：

“共产党决不会给我们好果子吃的，我们把这些重要物资带着，先赴南疆、入印度，再道转香港到台湾去！”

兰州警察局局长郭庄，是惟一赞成外逃的甘肃人。

而本省人则主张把已运出的全部贵重物资保存好，仍回甘肃向共产党投诚，争取“立功赎罪”，反正都是中国人，总比跑到外面去当“白华”强。财政厅厅长寇永吉说：“我是甘肃人，与其让散兵游勇和缠头（对维吾尔族的蔑称）打死在沙滩叫老鹰吃了，不如把骨头抛在家乡故土。”

丁宜中虽耿耿于怀于起义，但怯于一些人的威慑，始终没敢提出。争执结果有二：一是电请陶峙岳发给出国护照，派飞机送印度，并附上此去的23人名单；二是前往迪化（今乌鲁木齐市）与陶峙岳、包尔汉采取一致行动。当天夜里，就收到陶峙岳的复电说：

一、新疆已通电和平起义，护送出国不便；二、迪、哈之间，道路不宁，暂缓来迪。

28日深夜，哈密驻军哗变，一时枪声四起，哈密成了一片火海，银行、金店、商号、富户被抢劫。这些逃亡的省府大员因人生地不熟，又是黑夜，一时慌乱之中，有的钻到厕所，有的爬羊圈、马厩，其狼狈之状，无以言表。好在这次兵变，未闯入专署，这些人有惊无险，躲过一难。

29日上午，哈密余火未息，郊外又枪声四起，有人报告说，保护他们的哈密专员早已携眷逃入南山。

情急之中，丁宜中只召集了四个厅长开了个紧急会议，会议仍由赵世英作记录。在走投无路之下，他们决定：

“以甘肃省政府的名义，主动携带原运出的全部贵重物资，回甘肃向人民政府投诚，移交印信、档案、物资。”

当天下午，丁宜中和赵世英两人向哈密驻军陶峙岳部的178旅旅长莫若我移交了下列物资：白银15万两；大烟土8,100余两；卫生器械及进口药品82箱；大卡车3辆、雪佛兰卧车1辆。

以上物资，由省政府派原会川县长赵佩琴押送至迪化，呈交一野1兵团王震司令员。

办完移交手续后，丁宜中一行急忙于当日下午启程返回，向甘肃省人民政府投诚。

车行一天一夜，30日下午走到甘肃安西县红柳园处时，远远看见一队解放军进疆的先头部队迎面而来，丁宜中对身边的赵世英说：“还是你去吧，代表我们去投诚，怎么说你知道。”

解放军的代表是位姓谢的营长，当赵世英说明投诚的来意后，谢营长高兴地说：“我代表军政委欢迎你们爱国的实际行动！”

至此，丁宜中总算是松了一口气。他们终于主动将千里迢迢带走的大量贵重物资，又千里迢迢地带回，送到了人民的怀抱。由于他们所带的金银、物资较多，谢营长正在率领部队进疆途中，表示不便办理接交手续，双方经商定后，由谢营长派人护送他们回酒泉移交。

10月2日下午，仍由赵世英代表，向酒泉军管会移交了下列物资：黄金900多两，银币1,000余元，大卡车17辆、吉普车数辆。由于重要档案70余箱是省一级的，酒泉军管会不便接收，要他们去兰州移交。军管会派人护送他们回到兰州。

在兰州，又是由赵世英出面，将重要档案，省政府各厅、局、专员公署、县政府铜质印信26颗，及丁宜中等14人的投诚人员简历名册交与兰州军管会。

至此，这个民心丧尽的国民党甘肃省政府在中华民国的历史上遂告灭亡。

与此相反，一个新生的人民政权正在欣欣向荣、健康蓬勃地成长、壮大。为了迎接解放，接管国统区的旧政权，建设大西北，中共中央决定，从陕甘宁边区的陕北、晋绥、晋南等革命根据地抽调干部2,000多人，集中训练，进行接管新区的各项政策教育。1949年5月，甘肃随军工作总团在晋南成立，霍维德、杨一木分别担任团长和政委，全团跟进陕西待命。扶眉战役后，工作总团奉命紧随解放大军西进。同时成立

> 时任第一野战军政治部副主任的张德生。

张德生

陕西榆林人。土地革命战争时期，任中共府谷县委组织部、甘宁青特委组织部部长，汉中特委宣传部部长，中共汉中道委宣传部部长，中共三边特委书记等职。抗日战争时期，任中共陕西省委组织部部长、省委书记，中共关中地委书记，陕甘宁晋绥联防军警备第1旅政治委员，中共中央西北局秘书长等职。解放战争时期，任西北野战军政治部副主任、第一野战军政治部副主任等职。

霍维德

陕西绥德人。1925年加入中国共产党。曾任中共绥德县委书记、陕北苏维埃政府副主席、陕甘宁边区政府财政厅厅长、晋南行署副主任等职。建国后，历任西北军政委员会交通部部长，甘肃省人民政府副主席、副省长，中共甘肃省委书记处书记、第二书记，山东省第三届政协副主席等职。

了“中国人民解放军兰州市军事管制委员会”。8月4日，“兰州军管会”在西进途中的陇县城内召开了第一次会议，从而拉开了工作序幕。8月8日，陕甘宁边区政府决定成立甘肃行政公署，任命王世泰为主任，霍维德和吴鸿宾分别为第一、第二副主任，并于当日到职视事。8月14日，定西解放。19日，中共甘肃省委宣布成立，张德生任书记。26日攻克兰州后，兰州军管会和甘肃省委正式就位工作。

> 1949年9月3日，第一野战军司令员兼政治委员彭德怀与政治部主任甘泗淇在兰州留影。

从此，人民政府把一个政权所应担当的事务全部担当起来了。政治、军事、经济、金融、工业、农业、商业、公安治安、教育、卫生、文化、新闻、民政工作、民族事务、联络统战等诸多事务全面接管、全面启动。新生的人民政权带着无比的热情、信心和希望，开始了崭新和高效的运转。

广大地下党员公开了身份，和青年知识分子及人民群众怀着建设新生活的极大热情和勇气，积极地投身到各种工作中去了。当时，百废待兴，很多人都是自愿义务工作的，当拿到微薄的报酬时，许多人都说，"为人民服务还能要钱吗？"可见新政权的向心力是多么的大。

共产党和人民政府以其深远的眼光和宽阔的胸怀，向旧政权广大人员伸出了援手，通过教育、培训、改造，欢迎他们加入新的生活和工作。据统计，各机关单位先后登记旧公职人员8,610人，经审查教育，分别情况进行了处理，其中6,088人分配了工作，占70.8%；遣散回家劳动生产的1,026人，占11.9%；介绍学习1,246人，占14.37%。为了改造公教人员的思想，还专门开办了革命大学。

省内的建政工作也立即展开。各地废除了保甲制度，初步建立和巩固了县、区、乡各级人民政府机构，配备了区以上各级干部，并开展接管、支前、反霸、减租、清债和土改等项工作。

解放区的天是晴朗的天，解放区的人民好喜欢。

几千年的黑暗历史终于过去了。甘肃崭新的一页从此翻开！

❶ 我军某部在山间追剿敌军残部。

②

③

④

⑤

❷ 我军某部在山区行军。
❸ 我军某部的炮兵阵地。
❹ 我军某部缴获的敌坦克。
❺ 我军步入庆祝延安光复大会会场。

廖汉生

(时任第1军政治委员)

1949年7月，毛主席为我人民解放军确定的《解决西北敌军的方针》中指出，对青、宁二马应予区别对待：首先打击马步芳；马鸿逵是傅作义将军的拜把兄弟，曾派人向傅作义将军表示有向我求和之意。毛主席设想在消灭马步芳后，对马鸿逵可在军事打击下尽量争取，用政治方式加以解决；同时，鉴于青马在政治上占统治地位，在军事上也比宁马强大，歼灭了青马，即可基本上解决西北问题。

7月28日，我第一野战军第1兵团，抓住了扼守陇山要隘固关、掩护青马主力退却之敌骑兵第14旅，并予以歼灭，使骄横一时的青马第一次遭到重创。

马步芳为阻止我军西进，决心孤注一掷，据守兰州，作最后挣扎。我第1兵团主力（欠第7军）及第62军奉命经天水、临洮，进占临夏，突破兰州守敌的右翼。此举大出马步芳意外，使其惊恐万分，深感后方空虚，大大动摇了军心。8月25日，我军对兰州发起总攻，给青马主力以毁灭性的打击。从此，青马兵败如山倒，一蹶不振，彻底丧失了与我军正面较量的能力。兰州战役的胜利，为宁夏、甘肃、新疆等西北诸省特别是青海省的解放创造了决定性的条件。

——摘自：廖汉生《解放青海》

★★★★★

陈定行

（时任国民党第120军第173师代理师长）

在兰州战役中，黄河以南完全由马家军部队负责，非马家部队除炮兵团外均在黄河北岸布防……

战斗是8月19日晚开始的，23日、24日两天最为激烈，但在第120军阵地上只有东河口对岸有解放军的侦察部队活动，并不时鸣枪搜索。26日兰州解放，马家军全部被歼。在黄河激浪中不时发现被冲没的大量人马尸体，也有不少抱着木头在激浪中高呼救命的散兵。这一支统治西北20年的反共、反人民的所谓马家劲旅，终于在解放军的沉重打击下，彻底溃败了。

——摘自：陈定行《兰州解放前后的国民党第120军》

第十一章

胜利，
献给共和国的厚礼

∧ 1949 年，彭德怀在兰州解放大会上检阅部队。

兰州战役胜利之后，马步芳、马继援望风而逃，飞赴重庆，1兵团不费一枪一弹解放西宁；青马残兵败将聚众投降，青马家族封建军事集团彻底覆灭；溃逃河西的国民党军残部3万余人在酒泉起义。
马鸿逵父子且战且退，一飞了之；马鸿宾父子被策动起义；宁马军事集团土崩瓦解，银川、宁夏全境解放。

1. 西宁已是一座空城

兰州解放后，彭德怀立即发布了解放大西北的作战命令。第一野战军乘胜前进，王震率第1兵团向青海进军；许光达率第2兵团向河西走廊进击，直逼新疆；杨得志率第19兵团向银川攻击前进。

兰州战役的重大胜利，使大西北的国民党军残部心惊肉跳，成了惊弓之鸟，惶惶不可终日，再加上原有的矛盾，更使他们四分五裂，一片混乱。往往一触即溃，不是被歼，就是投降，明智的就选择投诚起义，归向人民。

8月28日，王震命令所属部队分别从永靖、临夏、兰州向青海进军。

考虑到青马的大部分上层军官为临夏人，解放临夏后，王震经常与临夏的宗教界和上层人物接触，通过他们力求和平解放青海。他不仅亲自登门拜访他们，还派人找回躲藏在山里的马步芳的亲戚马丕烈，请来马步芳的叔父马良等人，劝说他们做马家军的工作。

经王震的劝说，这些人很快组成了“临夏赴青海和平代表团”（又称“劝降团”）。王震又让人写了一封义正辞严的《劝降书》，并派人参予其中协助劝降团的工作。

劝降团走一路，劝一路，直抵西宁市，劝说警察局维持好社会治安，又到马步芳的公馆，劝说从兰州逃回的马步芳残部的头头脑脑放下武器投诚。张宗逊副司令员后来回忆说：“这个劝降团不断揭露青马的反动宣传，为我军行动提供了很大的方便。劝降团动员敌军政官员和散兵到军管会报到，对维护地方秩序，起了很大作用。”王震这个“不战而胜”的办法，受到了毛泽东和彭德怀的赞扬。

配合政治攻势，我1军为1兵团的第1梯队，一路上势如破竹，风卷残云，日夜兼程，直捣青马的老巢西宁。战士们长途跋涉，风餐露宿，战胜疲劳，硬是人不停腿，马不停蹄，连轻伤的伤病员都在咬牙赶路。我军所到之处，敌地方保安部队纷纷缴械投降。

V 1949年9月5日，我军解放青海省省会西宁市。

9月5日，1军侦察科长孙巩带着先遣骑兵侦察部队约600余人，在无任何抵抗的情况下，于中午率先进入西宁市。

西宁已是一座空城。

1军前卫2师5团到达西宁东郊平安驿时，遇到前来迎接解放军的原西北民生公司的13辆汽车，遂乘车进城。

9月6日清晨，1军主力、2军前卫第5师开进西宁城，受到各族人民的热烈欢迎。

我军没放一枪一炮，解放了西宁。

从兰州逃回的青马残兵败将，跑到西宁马步芳的公馆才知道，马步芳、马继援父子扔下他们，独自飞了。

主子跑了，部队垮了，这些青马军队的头头脑脑们的抵抗精神彻底崩溃。82军副军长赵遂、190师师长马振武把大家召集在一起开会，说："大家都说说看，今后怎么办？"

没了主子，说话就随便了。马振武说："能飞的都飞了，我们对他们父子也没有效不完的忠。再打下去，肯定是死路一条。"

马继援留下的信是要"娃儿们"解甲归田，把枪埋起来，等待时机，继续反共。小"娃儿们"好办，散伙各自回家就是了。但这些大大小小的头儿们考虑的是共产党要对他们怎么办？他们之中不少有西路军的血债，怎能不怕算旧账？

但讨论来讨论去，都只有投降为上。正好此时临夏的"劝降团"也到了，这些无首的群龙开始了与解放军接洽投降事宜。

9月8日，82军副军长赵遂、参谋长马文鼎、100师师长谭呈祥、参谋长马元庆、骑兵团团长马成骏、248师师长韩有禄、190师骑兵团团长高登瀛、357师师长杨修戎等率残部300余人在西宁西北的上五庄；骑兵8师师长马英、190师师长马振武等率残部2,000余人在三角城，分别向我军投降。

不久，82军政工处长王洛宾、100师政工处长马启

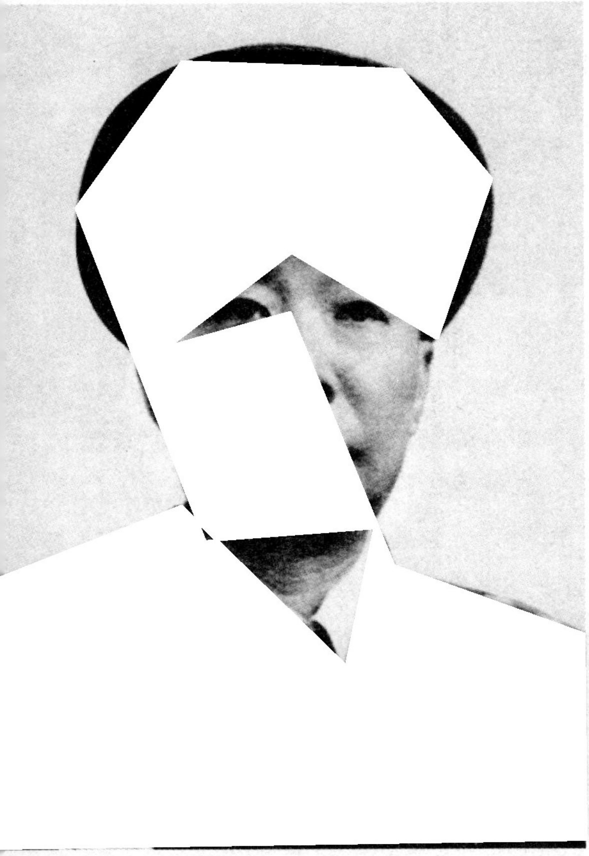

∧ 郭鹏，1955 年被授予中将军衔。

∧ 王恩茂，1955 年被授予中将军衔。

郭　鹏

湖南醴陵人。土地革命战争时期，任红六军团第 17 师团长，红二军团第 6 师师长，红 32 军参谋长等职。抗日战争时期，任八路军第 120 师 359 旅参谋长、副旅长，晋西北军区第 5 分区司令员，八路军南下第一支队副司令员，湖南抗日救国军副司令员等职。解放战争时期，任中原军区 359 旅旅长，晋绥野战军第 2 纵队 359 旅旅长，西北野战军第 2 纵队副司令员，第一野战军 2 军军长等职。

王恩茂

江西永新人。土地革命战争时期，任红六军团政治部宣传干事，红二方面军政治部总务处处长等职。抗日战争时期，任八路军第 120 师 359 旅政治部副主任、旅副政治委员，八路军南下第一支队副政治委员，湘鄂赣军区副政治委员等职。解放战争时期，任中原军区 359 旅政治委员，吕梁军区政治部主任，晋绥野战军第 2 纵队政治部主任，第一野战军第 2 军政治委员等职。

先、190 师副师长马子俊、568 团团长马耀武、569 团团长马登霄、357 师副师长马庆德、新编军 2 旅 1 团团长马生智、大河坝专员马华宏、骑 1 师独立旅副旅长黎新屏、独立骑兵11 团团长绽福寿等军官先后率部属数千人向我军自动投诚。10日敌新编军骑兵 2 旅旅长马学英向我临夏驻军投降。

至此，往日不可一世的青马军事集团终于走到了自己命运的尽头，彻底覆灭。

9 月 8 日，中共中央电贺西宁解放。

一野前委决定第 1 军留驻青海。

王震即率兵团指挥部和郭鹏、王恩茂的第 2 军顶风冒雪，翻越祁连雪山，强行军途中，王震诗兴大发，即口占一首：

白雪罩祁连，
乌云盖山巅。
草原秋风狂，
凯歌进新疆。

大军在扁都口消灭了青马骑兵旅和保安团后，直抵酒泉，和许光达的第2兵团会师，两支10万人的红色大军既切断了河西残敌向新疆的退路，又威震新疆大门。

9 月 24 日，国民党西北军政长官公署副参谋长彭铭鼎、第 8 补给区司令曾震五、河西警备总司令部参谋长汤祖坛等，在酒泉率91军、120 军残部等共约 3 万多人起义。

2. 解放宁夏

兰州战役后，宁夏马鸿逵仍然执迷不悟。他根据蒋介石的电令，亲往重庆参加军事会议，制定了“打光、烧光、放水”的对策，让其子宁夏兵团司令马敦静重新调整部署，设置了三道防线，企图阻止我军北进，顽抗到底。但他自己却再也没敢回宁夏。

马鸿逵、马鸿宾虽是叔伯兄弟，但二人历来不和。马鸿宾受马鸿逵的排挤，所属的第 81 军有起义意向。

为争取和平解决宁夏问题，中共中央和毛泽东早就通过傅作义、邓宝珊等人做马鸿逵、马鸿宾的工作。兰州解放后，杨得志又派兰州有名望的回族老人郭南浦先生前往宁夏做争取工作。毛泽东多次指示一野首长，要将马鸿逵和马鸿宾区别对待。指出马鸿逵残杀陕北人民甚多，从来没有做过好事，“应尽可能解决马鸿逵部，越彻底越好。酌量保存马鸿宾部，照我军制度改编”，指明了解放宁夏的基本方针和政策。

9月2日，我19兵团10万大军分左、中、右三路向宁夏挺进。左路63军188师于9月5日分三路沿黄河两岸北进，至12日逼近景泰，守敌骑兵少将旅长张钦武率部千余人投诚，景泰解放。该师乘胜北渡黄河，17日占领沙坡头、迎水桥，兵临中卫城下。

同时，中路军和右路军也向北急进。12日，64军190师解放同心县；14日，第191师占领中宁县北重镇鸣沙洲，守敌贺兰军望风而逃。中午，190师解放中宁县城。至此，宁马的第一道防线已被突破。

在解放大军压境，军事、政治双管齐下的攻势下，宁马81军军长马惇靖率部起义。该部的起义，对宁夏的形势发生了重大影响，进一步孤立、分化和打击了马鸿逵的势力，加速了宁夏解放的进程。这时，宁夏兵团司令马敦静将所属的3个军11个师的兵力重新部署，企图在金积、灵武一带组织防御，做困兽之斗。

我19兵团决心首先消灭宁马主力128军于金积、灵武地区。以64军配属兵团机械化营和坦克战车队，并指挥第195师、独立第1、第2师，共5万余人为主攻部队。同时命令第63、65军从中宁等地北渡黄河攻击贺兰军，配合金积、灵武地区作战。

9月19日至21日的金灵之战，歼敌主力第128军，俘虏7,300人，缴获大批火炮、汽车、枪支、弹药。

金灵之战的胜利，使宁马防线全面崩溃，首府银川完全暴露在我军的攻击之下。加之绥远董其武通电起义，中卫81军起义，让本来就惶恐不安的宁马高级将领丧失了再战的决心。马鸿逵之子宁夏兵团司令马敦静乘飞机逃离银川。

在我强大的军事压力下，9月20日下午，宁马贺兰军军长马全良、第128军军长卢忠良、第11军军长马光宗等将领发出停战、听候改编的通电。彭德怀于21日复电表示欢迎。23日，我19兵团司令员杨得志、政治委员李志民，宁夏方面军政代表卢忠良、马光天、马廷秀分别在《和平解放宁夏问题之协议》书上签字。

但协议签字前后，宁马的贺兰军及第11军相继溃散作乱，我军已不能按双方签字的和平解决协议条款处理宁夏兵团，新华社因故撤消了原拟于9月24日公布该协议全文的决定。23日，马鸿宾自银川向我19兵团告急：

宁夏部队已形成崩溃现象，官不能管兵，到处发生抢劫事情，请杨司令员即速派兵进驻宁夏。

据此，杨得志即令64军军长曾思玉火速派兵进驻银川，稳定局势。曾思玉当即派191师572团两个营乘车于24日赶到银川。随后，该师主力入城，银川秩序得以安定。

宁夏战役从9月2日始至23日结束，历时21天，由于采取了军事打击与政治争取相结合，对马鸿逵和马鸿宾部区别对待的方针，使宁夏问题得到比较顺利的解决。共计毙伤敌989人，俘虏18,000人，争取起义1.2万人，投诚2,599人，合计3.3万余人。

至9月底，宁夏全境解放，宁马家族对宁夏数十年的封建统治彻底结束。

> 曾思玉，1955年被授予中将军衔。

曾思玉

江西信丰人。土地革命战争时期，任红一军团第36师团政治委员，第2师司令部通信参谋，军委警卫团政治委员等职。抗日战争时期，任八路军115师教导第3旅兼鲁西军区政治部主任，运河支队政治委员，冀鲁豫军区第8军分区司令员等职。解放战争时期，任晋冀野战军第1纵队副司令员，冀察军区副司令员，冀察热军区司令员、华北军区第4纵队司令员，第19兵团64军军长等职。

3. 和平解放新疆

在全国解放战争取得决定性胜利的新形势下，中共中央、中央军委和毛泽东充分考虑到新疆的历史和现状，为使新疆各族人民免受战争创伤和损失，作出了争取和平解放新疆的决策。

兰州解放后，毛泽东发出了“极盼早占新疆”的指示。中央军委和第一野战军前委决定第1兵团率第2军和第2兵团的第6军进军新疆。第2军在西宁时就进行了解放河西，准备进疆的政治动员。9月21日，王震的第1兵团和许光达的第2兵团的10万大军即席卷河西，集结于酒泉、安西一线，直叩新疆大门。

为了确保解放新疆，9月20日，第一野战军前委作出重要决定，认为新疆国民党军有投降、抵抗、逃窜三种可能。野战军的作战方针是，力争敌军投降，充分准备武力解决，防止敌人逃窜。

当时，国民党在新疆驻军共7万余人，其处境是外有重兵压境，内有三区民族军的威胁，孤悬塞外，进退两难。新疆军政当局出于不同的利害关系，内部分化成两派。一派是主和的爱国将领，以新疆警备总司令陶峙岳、新疆省主席兼迪化保安司令包尔汉、新疆省政府秘书长刘孟纯、迪化市市长屈武、新疆警备总司令部参谋长陶晋初、新疆警备副总司令兼南疆警备司令赵锡光、新疆供应局局长郝家骏、第8补给区司令曾震五等为代表。

另一派是坚决与人民为敌的反动势力，以整编第78师师长叶成、整编骑兵第1师师长马呈祥、整编第78师179旅旅长罗恕人、新疆省政府副主席穆罕默德·伊敏、曾任新疆省政府主席的麦斯武德、曾任新疆省政府秘书长的艾沙、哈密行政公署专员兼新疆保安副司令尧乐博斯、新疆省政府财政厅厅长贾尼木汗、曾任阿山公署专员的乌斯满等为代表。他们在美国驻迪化副总领事马克南的策划下，企图以其掌握的兵力，阻止我军进

国民党新疆省政府秘书长刘孟纯

广东惠州人。曾任国民党军第1军2师团党代表，南京中央军校政治教官等职。抗日战争爆发后，任湖南省政府办公厅副主任、省府主任秘书，军委会政治办公厅副主任、秘书长等职。抗日战争胜利后，任西北行营、西北军政长官公署秘书长，新疆省政府委员兼秘书长，新疆日报社社长。1949年9月，与陶峙岳等人率新疆省国民党军政机关起义。

屈　武

陕西渭南人。第一次国共合作时任国民党第二届中央候补执行委员。1926年到苏联学习。1938年后，历任国民党军事委员会顾问事务处处长，陆军大学教官，立法委员，国民党军事委员会参议，中苏文化协会秘书长，陕西省政府委员兼建设厅厅长，新疆省政府委员兼迪化市（今乌鲁木齐）市长等职。1949年4月任国民党和谈代表团顾问，同年9月在新疆起义。

邓力群

湖南桂东人。1935年参加革命，在一二·九运动中任北平学生联合会执行委员、中华民族解放先锋队区队长、总队部代理组织部长等职。1936年加入中国共产党。抗日战争时期，任中央党校教务处秘书、教员，马列研究院党委书记，中央政治研究室组长、中央材料室研究员等。解放战争时期，任中共吉北地委宣传部长，榆树县委副书记，东北财委办公室副主任，辽宁省委政策研究室主任等职。

疆。这些人，除出逃国外的，后来全是死硬的叛乱分子，被我剿灭。

毛泽东决心和平解决新疆问题，他在建国前夕的百忙之中，曾约见和多次致函张治中将军，请张治中将军出面作新疆和河西国民党军旧部的工作，张治中欣然应承。

张治中将军同情中共，和中共在各个时期都有着许多良好的交往，和周恩来私交不错，有三到延安的佳话，是惟一没有和我军作战过的爱国将领，曾任西北军政长官，并兼任新疆省主席，对新疆做过许多好事，在新疆有着举足轻重的影响。国共和谈破裂后，经周恩来真诚挽留，张治中将军决定留在北平，并决然地脱离了国民党。

张治中将军也不负毛泽东所托，在毛泽东约见的当晚就给新疆的警备司令陶峙岳将军和包尔汉主席发了封情真意切的电报：

陶副长官岷毓兄、鲍主席尔汉兄（即包尔汉）：

今全局演进至此，大势已定；且兰州解放，新省孤悬，兄等为革命大义，为新省和平计，亦即为全省人民及全体官兵利害计，亟应及时表明态度，正式宣布与广州政府断绝关系，归向人民民主阵营。在中央人民政府未成立前，接受人民革命军事委员会之领导。治深知毛主席对新省各族人民、全体官兵、军政干部常表关切，必有妥善与满意的处理。治已应邀参加即将召开之新政协会议，并承毛主席面商希望治能返新一行。当允如有必要，愿听吩咐。甚望兄等当机立断，排除一切困难与顾虑，采取严密部署，果敢行动，则所保全者多，所贡献者亦大。至对各军师长或有关军政干部，如有必要，盼用治名义代拟文电，使皆了解接受。兄意如何？盼即电复。

张治中

此电报经先期到达伊犁的中共代表邓力群转送至迪化。陶峙岳和包尔汉接到电报，连夜密商后，立即复电如下：

文白将军钧鉴：

9月10日电奉悉。新局前途，承详切指示，至深感激。自全国和局未成，钧座留平不返，职等在此，半年来与绍周、孟纯、经文诸兄，无时不审慎筹议，在保障国家领土，维护本省和平，及避免军队无谓牺牲之三项原则之下，选择时机，和平转变。经长时间的努力，此项主张业已获得全疆人士及全军将士之拥护。除少数法西斯，如马呈祥、叶成、罗恕人等动向尚难逆料外，其余全数部队均将就驻原地，继续维持地方秩序。待马等问题解决后，即由峙岳领导，宣布与广州政府脱离关系，依照《国内和平协定》接受人民军事委员会之领导。至政府方面，在策略转变时，即同时根据钧座与三区所定之《和平条款》，邀请三区原参加省政府委员返迪，恢复合作，遵循已定之和平、统一、民主、团结政策，及本省《施政纲领》，在中央人民政府尚未成立之前，暂时维持地方政务，听候中央命令，组织本省临时人民政府，预计上项工作，本月内可全部圆满完成。职等自信，深明革命大义与本身职责，个人对政治上绝无企求，只期全省和平获得保障，人民不致涂炭，军队不致牺牲，则对国家、对各族人民应尽之责任，即已达成，亦即有以负毛主席及钧座之期望也。此间人民殷盼钧座早日莅临指导，何时命驾，恳先电示为祷。

职陶峙岳、包尔汉

张治中收到陶峙岳和包尔汉的联名电报后，即将电报转呈周恩来，周恩来将电报亲自送到毛泽东手中。毛泽东读完电报后高兴地笑了，对周恩来说："快把电报转彭大将军过目。"

至此，新疆免除战火，和平解放的大局已定。

陶峙岳将军对顽固派叶成、罗恕人、马呈祥等人，多次苦口婆心，晓以利害，他甚至只身登门苦劝，但叶成等人终不为所动。最后，陶峙岳对他们说："人各有志，不能强勉，但你们要交出兵权，不能带走部队。"

9月24日，顽固派叶成、罗恕人、马呈祥等人只带少数亲信经南疆出逃印度。

顽固派头目一走，25日，陶峙岳将军领衔通电起义，郑重宣布驻新疆国民党军自即日起与广州政府断绝关系，竭诚接受毛主席的八项和平声明与国内和平协定。

26日，包尔汉率国民党新疆省政府通电起义。

28日，毛泽东和朱德联名复电，嘉勉陶峙岳和包尔汉。

彭大将军不负中共中央、中央军委和毛泽东的深切期望，呕心沥血，殚精竭虑，率领第一野战军全体将士，在西北局、西北军区和广大各族人民群众的大力支持下，同心协力，浴血奋战，终于在新中国建立前夕，解放了大西北全境，为新中国的诞生献上了一份厚礼！

蒋介石先生以中国的太阳自居，他曾说过：中国不能有两个太阳。

毛泽东则说，他非要出一个太阳给蒋先生看看。

兰州战役之后不久，这颗太阳就于10月1日在北京的天安门城楼上升起来了！

> 1949年9月25日，时任国民党新疆警备总司令的陶峙岳宣布起义。

中國
人民解放軍

❶ 在战斗中缴获敌人的部分武器。

②

③

④

⑤

❷ 我军与敌人展开激战。
❸ 我军缴获的敌军野战炮。
❹ 向前线挺进的我骑兵部队。
❺ 我军在工厂区追歼敌人。

杨得志

(时任第 19 兵团司令员)

马鸿逵长期跟随蒋介石反共反人民，对宁夏兵团控制较严，上层军官又多为他的心腹。兰州解放前，他曾到重庆接受了国民党政府的数百万银元的军饷，并表示“死守宁夏”。

在我进军宁夏中，他已逃往重庆。

而马鸿宾与马鸿逵则不完全一样……

马鸿宾父子虽有起义的意愿，他仍然顾虑重重，犹豫不决。

一是因为他们所处的地位和对我们党的政策了解不够，二是受国民党反动派政府的牵制……

我们要第64军代表第19兵团向马惇靖发出通知，表示我们欢迎他们起义，并愿意与他们谈判起义的具体事宜，但不能拖延。

我们限定了谈判的时间，明确指出“过时不候”。

这样，马鸿宾父子才最后下定起义的决心。

——摘自：杨得志《横戈马上》

★★★★★

张治中

(时任国民党西北军政长官)

新疆所以能够和平解放，首先是全国解放特别是解放大军沿河西走廊向新疆挺进造成的形势。

其次是我们1946～1948年所执行的和平民主政策，缓和了民族仇恨，奠定了新疆和平的基础。

再其次是军心民意都倾向和平，大家为和平而努力，少数人想孤注一掷也不能不有所顾虑。

最后是新的军政负责同志的共同努力，使动荡不安、几度濒临危险的局势安定下来……

——摘自：张治中《和平解放新疆》

《聚歼天津卫》《解放大上海》《合围碾庄圩》《进军蓉城》
《保卫延安》《血拼兰州》《喋血四平》《剑指济南府》
《鏖战孟良崮》《席卷长江》《攻克石家庄》《总攻陈官庄》
《围困太原城》《登陆海南》《兵发塞外》《重压双堆集》

1.部分图片由解放军画报社供稿

摄影作者(按姓氏笔画排列)：

于天为	于庆礼	于成志	于　坚	于　志	于学源	马金刚	马昭运	马硕甫	化　民	孔东平	毛履郑
王大众	王文琪	王长根	王仲元	王纪荣	王甫林	王纯德	王国际	王　奇	王学源	王　林	王述兴
王青山	王春山	王振宇	王晓羊	王　鼎	王　毅	邓龙翔	邓守智	丕　永	冉松龄	史云光	史立成
田　丰	田建之	田建功	田　明	白振武	石嘉瑞	艾　莹	边震遐	任德志	刘士珍	刘长忠	刘东鳌
刘　叶	刘庆瑞	刘寿华	刘保璋	刘　峰	刘德胜	华国良	吕厚民	吕相友	孙天元	孙庆友	孙　候
安　靖	成　山	朱兆丰	朱　赤	朱德文	江树积	江贵成	纪志成	许安宁	齐观山	何金浩	余　坚
吴　群	宋大可	张　平	张　宏	张国璋	张　举	张炳新	张祖道	张崇岫	张鸿斌	张谦谊	张　超
张颖川	张　熙	张醒生	张　麟	时盘棋	李　丁	李九龄	李久胜	李书良	李夫培	李文秀	李长永
李　风	李克忠	李国斌	李学增	李家震	李　晞	李海林	李基禄	李　清	李维堂	李雪三	李景星
李　琛	李　锋	李瑞峰	杜　心	杜荣春	杜海振	杨绍仁	杨绍夫	杨　玲	杨荣敏	杨振亚	杨振河
杨晓华	沙　飞	肖　迟	肖　里	肖　孟	肖　瑛	苏卫东	苏中义	苏正平	苏河清	苏绍文	谷　芬
邹健东	陆仁生	陆文骏	陆　明	陈一凡	陈书帛	陈世劲	陈希文	陈志强	陈福北	周有贵	周　洋
周　鸿	周　锋	周德奎	孟庆彪	孟昭瑞	季　音	屈中奕	林　杨	林　塞	罗　培	苗景阳	郑景康
金　锋	姚继鸣	姚维鸣	姜立山	祝　玲	胡宝玉	胡　勋	赵　化	赵　良	赵　奇	赵明志	赵彦璋
郝长庚	郝世保	郝建国	钟　声	凌　风	唐志江	唐　洪	夏志彬	夏　枫	夏　苓	徐　光	徐肖冰
徐　英	徐振声	流　萤	耿　忠	袁汝逊	袁克忠	袁绍柯	袁　苓	贾　健	贾瑞祥	郭中和	郭　良
郭明孝	钱嗣杰	陶天治	高　凡	高礼双	高　帆	高　宏	高国权	高洪叶	高　粮	崔文章	崔祥忱
常　春	康矛召	曹兴华	曹　宠	曹冠德	盛继润	章　洁	野　雨	隋其福	雪　印	博　明	景　涛
程　立	程　铁	童小鹏	董　青	董　海	蒋先德	谢礼廓	雁　兵	韩荣志	鲁　岩	楚农田	照　耀
路　云	熊雪夫	蔡　远	蔡尚雄	裴　植	潘　沼	黎　民	黎　明	冀连波	冀　明	魏福顺	

(部分照片作者无记载：故未署名)

2.部分图片由 gettyimages 供稿
